张武超 丁 虹 主编

张媛媛 冯丽霞 副主编

职业教育与就业指导

清华大学出版社
北 京

内 容 简 介

本书为落实国家有关部门关于做好大学生就业创业工作的最新通知和精神,为帮助大学生提高就业能力、职业发展能力和创业能力而编写。全书共 10 章,第 1～4 章为职业教育部分,旨在引导学生从职业的角度了解社会、了解自己,促进学生理解职业生涯规划理论并提高其职业生涯规划的能力,帮助学生加强对职业道德、身心健康和团队精神的认识和培养。第 5～10 章为就业与创业指导部分,旨在促进学生提高就业信息的搜集、筛选和应用能力,指导学生掌握求职材料准备的重点与方法,掌握求职应聘的原则与技巧,指导学生以我国最新的劳动法规和就业创业政策为依据,提高自己在择业与就业中的权益保障能力,增强自己在适应职业、发展职业和创业中的意识和能力。

本书具有知识系统、案例丰富、贴近实际、操作性强、适用范围宽泛等特点,因此既可以作为高职高专院校学生毕业教育的首选教材,也可供广大社会读者参考。

本书封面贴有清华大学出版社防伪标签,无标签者不得销售。

版权所有,侵权必究。侵权举报电话:010-62782989　13701121933

图书在版编目(CIP)数据

职业教育与就业指导/张武超,丁虹主编. --北京:清华大学出版社,2015
全国高职高专商务应用规划教材
ISBN 978-7-302-40052-3

Ⅰ. ①职… Ⅱ. ①张… ②丁… Ⅲ. ①大学生－就业－高等职业教育－教材 Ⅳ. ①G647.38

中国版本图书馆 CIP 数据核字(2015)第 089297 号

责任编辑:田　梅
封面设计:傅瑞学
责任校对:李　梅
责任印制:刘海龙

出版发行:清华大学出版社
　　　　网　　　址:http://www.tup.com.cn, http://www.wqbook.com
　　　　地　　　址:北京清华大学学研大厦 A 座　　　　邮　　编:100084
　　　　社 总 机:010-62770175　　　　邮　　购:010-62786544
　　　　投稿与读者服务:010-62776969,c-service@tup.tsinghua.edu.cn
　　　　质 量 反 馈:010-62772015,zhiliang@tup.tsinghua.edu.cn
　　　　课 件 下 载:http://www.tup.com.cn,010-62795764
印　刷　者:北京富博印刷有限公司
装 订 者:北京市密云县京文制本装订厂
经　　销:全国新华书店
开　　本:185mm×260mm　　　印　张:14.5　　　字　　数:333 千字
版　　次:2015 年 11 月第 1 版　　　印　　次:2015 年 11 月第 1 次印刷
印　　数:1～2000
定　　价:33.00 元

产品编号:064532-01

前言

当前,高校毕业生就业难,已经成为学生困惑、家长着急、学校重视、全社会广泛关注的焦点问题。解决大学生就业问题,在促进就业、拉动内需、发展经济、关注民生、稳定社会、构建和谐社会等方面具有重大的作用,因此成为各高校工作的重中之重。

虽然从中央到地方,我国各级政府高度重视大学生的就业问题,不仅下发了多个关于大学生就业的文件,而且采取了强有力的紧急解决措施,并先后出台了多项鼓励自主创业的优惠政策。但是大学生就业难的问题还是日益突出,就业形势依然紧张且严峻。

随着高等教育的发展,今后相当长的一个时期内,大学毕业生数量将继续增加。根据教育部发布的统计数据,2014年大学毕业生699万,2015年大学毕业生将达到750万,大学生就业压力将持续加大。因此大学生就业问题已成为关系到国家政治稳定、社会经济发展、维护人民群众根本利益的重大全局性问题。

面对我国大学生就业的紧迫形势和激烈竞争,不仅对从业大学生素质的要求更加严格,而且对职业从业能力与就业求职技能技巧也提出了越来越高的要求。加强大学生就业求职应用技能培训,强化大学生创新创业素质培养,提高大学生就业与履职竞争力,使其尽快顺利走上社会工作岗位,更好地为我国经济建设服务。这既是应届大学生从业人员可持续快速发展的战略选择,也是本书出版的真正目的和意义。

本书作为高职高专院校学生职业教育与就业指导的特色教材,坚持科学发展观,严格按照国家教育部关于"加强国民素质教育"的要求,以教育部《大学生职业发展与就业指导课程教学要求》为指导而精心设计编写。

全书共10章,以学习者就业发展能力培养为主线,配合国家正在实施的大学生就业工程,帮助大学生提高就业创业能力和职业发展能力。根据就业与从业的基本过程和规律,系统介绍:职业意识、职业定位、职业规划、职业道德和创业教育,了解就业信息、掌握求职技能与方法、明确就业相关政策法规、依法保护各项就业权利等必备知识,并通过借鉴成功经验和必要的自我实践体验与训练,提高就业应对处理能力。

由于本书融入了大学生职业教育与就业指导最新的实践教学理念,力求严谨,注重与时俱进,具有知识系统、案例丰富、贴近实际、对就业创业操作具有指导性作用。因此本书既可以作为高职高专院校大学生毕业就业教育的优选教材,也是广大社会待岗求职人员不可缺少的岗前自我训练指导手册。

本书由李大军筹划并具体组织编写,张武超和丁虹任主编,张武超统改稿,张媛媛、冯丽霞为副主编;由大学生就业创业教育专家林玲玲教授主审。作者为冯丽霞(第1章),丁虹(第2章、第7章),王瑞春(第3章),郭鹏(第4章),冯春苗(第5章),张武超(第6章、第10章),张媛媛(第8章),尚闯红(第9章),刘剑(附录);华燕萍、李晓新(文字修改、版式调整、制作教学课件)。

在本书编写过程中，我们借鉴了大量有关大学生创新创业、职业教育与就业指导等的最新书刊和网站资料，参阅了国家和教育部历年颁布实施的大学生就业创业相关法律及管理规定，并得到北京市教育委员会高校原毕业生就业指导中心任占忠主任和编委会专家教授的具体指导，在此一并致谢。为配合教学，本书配有电子课件，读者可以从清华大学出版社网站(www.tup.com.cn)免费下载。因作者水平有限，书中难免存在疏漏和不足，恳请同行和读者批评指正。

编　者
2015 年 7 月

目录

第 1 章
职业与职业选择

【学习目标】

1. 职业的特点、功能。
2. 职业资格证书对高职学生求职就业的作用。
3. 高职学生应该考取哪些职业资格证书。
4. 应该如何了解和选择职业。

【技能要求】

1. 我国现阶段职业调查分析。
2. 收集职业资格证书信息。

引导案例

职业发展，路在脚下

李霞是一所高职院校电子商务专业的学生，2014 年毕业后进入一家电子商务公司做酒店预订工作。然而，她最初却对这份工作产生了一丝困惑。下面是她返校参加系里举办的校友座谈会上的发言稿，谈的是其求职过程和上岗后的一些感受。

我当年填报志愿的时候，只觉得电子商务是个很流行的专业，根本不知道和工作有什么关系。三年期间我学习了很多专业课程，转眼之间就要毕业了，我对自己今后的就业去向却十分困惑：毕业了，我能干什么呢？茫茫然到了三月份。其间也有不少单位招聘，可总觉得没有适合自己的，有的是专业不对口，有的是只招男生不要女生。"我该怎么办？"这个问题越来越严重地困扰着我。

后来我决定凡是社会和学校举行的招聘活动都参加。但是漫无目标，看看这个觉得自己能干，看看那个也觉得自己行。递出无数的简历后，终于有一家公司向我招手了，还是一家电子商务公司呢，我感觉自己要飞起来了。

面试的那天我兴冲冲地去了，结果那是一家通过网络做酒店预订的公司，我的工作就是接听预订电话，客人入住酒店就算完成一次业务。收入是基本工资加业务提成，没有固定休息日。难道这就是电子商务？不管怎样，我打算继续干下去，因为这毕竟是我的第一份工作，毕竟能提供给我一份收入。

日子一天天过去了，我对自己的工作越来越熟悉，做事也越来越踏实仔细，公司也为我和其他新员工提供了很好的发展机会。半年过去了，我被聘任为部门业务主管。好像一切都是自然而然发生的,我内心原先的困惑也不知不觉地就淡了。我知道,在这个过程中我改变了许多。

在这里我要告诉亲爱的学弟学妹们,在校期间,一定要尽量充实自己,全面地提高自己的素质。另外,大家要尽早确定自己的职业发展方向,这是影响我们择业就业的关键问题。这方面准备得越早,我们的进步就会越快。最后,我们要学会耐心,不要马上决定这个工作是否适合我,只有工作一段时间才有资格选择。

李霞同学所经历的困惑带有普遍性,很多同学在高考期间选择大学专业的时候,往往会望文生义地想当然,或者听凭家长的安排。现在,新生入学以后,学校一般都会安排专业教育,也会安排职业指导或就业指导课程,告诉大家专业是什么,职业是什么,它们之间有什么关系;什么是职业生涯,我们要建立怎样的职业生涯意识;以及将来我们应该如何选择职业,等等,目的就是使同学们尽早了解,尽早准备。

本书也是出于这种目的而编写的,同学们上课前和上课后都可以读一读,肯定会有收获。希望同学们在听课和阅读之后,以及在自己求职择业的时候,不再有李霞同学曾经有过的困惑。我们这本教材,从了解职业开始。

1.1 职 业 概 述

1.1.1 职业的含义

俗话说:"三百六十行,行行出状元。"这里所说的"行",一是指行业,二是指职业。行业产生出职业,职业存在于行业。那么,什么是职业? 从理论上说,职业是人们从事的相对稳定的、有经济收入的、专门类别的社会劳动,是人们所承担的社会责任与义务,所拥有的社会权利的重要体现。

职业和我们每个人都有密切的联系,每个具有劳动能力的人都会在他的一生中从事一种或几种职业,都会经历自己的职业生涯,并通过职业生涯实现自己在社会中的发展,实现自己的理想和价值,为家庭、组织和社会做出贡献。了解职业、认识职业,对我们选择职业、寻求职业发展是很重要的。

怎样理解职业的定义? 我们可以从以下几个方面进行分析。

1. 职业的经济性

职业的经济性也可以称为职业的目的性,是指人们从事职业活动的主观动机,即可以从中取得一定的经济收入,这既是人们从事职业活动的基本动机,也是从事职业活动的结果。职业与人们的生存直接相关。直到现阶段,劳动还是人们谋生的需要,人们必须通过从事一定的职业活动获取自己生存的必要条件。

对于高职学生来说,大学毕业就意味着我们具备了独立生存的基本能力,而选择职业、从事职业活动会为我们新的生活奠定必需的基础,这个基础就是经济收入。

职业的经济性使得职业活动和个人出于爱好兴趣或出于某种责任感而从事的活动,比如收集活动(集邮等)、社会公益活动(经常参加义务劳动等)区别开了。

2. 职业的价值性

职业活动既是个人生存的需要,也是有利他人的活动,两者是不能分开的。对他人有利进而对组织、对社会有利,就是职业的价值性。在现代社会中,职业的价值性可以直接表现为对所服务的顾客有利,比如通过销售工作为客户服务;还可以表现为对组织中各部门和各个成员相互合作协调地开展工作有利,比如企业仓库保管工作或办公室文秘工作就有利于其所服务的部门和成员的工作。

职业活动的价值性要求我们必须及早建立服务意识,要求我们真正理解利己首先要利他,收获一定是在耕耘和付出之后的道理。尽管任何一个人从事职业活动都是为了取得一定的经济收入,获得个人生存的经济基础,但这一定是服务的结果。认识不到这一点,就不能很好地开始自己的职业生涯,就可能在职场中走弯路。

3. 职业的社会性

职业是个人与社会相结合的具体方式之一。个人与社会可以通过家庭、非正式群体和网络等许多方式相结合,但个人通过职业与社会结合,是一种正式的并且稳定的方式,是除家庭之外最重要的一种与社会结合的方式。

职业的社会性一方面表现为一个人从事职业活动必然要与其同事、领导、下级、客户、供应商、关系群体成员等相联系;另一方面表现为一个人工作得好坏会对他人产生直接或间接的影响,他人工作得好坏也会对该职业人产生直接或间接的影响。这就要求我们必须建立合作意识、团体意识、组织意识,个人必须融入群体。以自我为中心和个人至上是不行的。

职业的社会性还有另外一层含义,就是某一职业的从业者应该达到一定的数量,能够构成一个群体。按照我们国家现在确定新职业的标准,其从业人数要达到 5000 人以上。

4. 职业的专门性

职业是社会分工的必然结果,是社会分工的具体体现。职业是依据劳动对象、劳动条件、劳动方式而相互区分的,每一个职业都有自己特定的活动内容、活动方式。比如纺织劳动和服装制作的区别,商品批发和商品零售的区别,等等。

职业的专门性一方面形成了不同职业的专门技术和技艺,即职业技能,需要学习和掌握;另一方面形成了不同职业的道德规范和行为规范,即职业规范,要求人们必须遵守。

另外,职业的专门性也是我们设置专业的重要依据,学习专业在很大程度上就是学习职业的相关知识和技能,所以必须重视专业学习。

高等职业教育是就业前的准备性教育,同学们在学习期间既要学习相关职业技能,也要了解相关职业规范;既要锻炼能力,也要养成良好的个人素质。这样做会为毕业时的求职就业奠定良好的基础。

5. 职业的稳定性

职业产生于社会分工,以一定的生产经营管理技术为基础,满足一定的社会需要。职业一旦形成便会在或长或短的时期内存在和发展。有些职业存在的历史已经十分久远,比如一些手工制作活动、农业种植活动等;有些职业存在的历史比较短暂;有些职业是新近刚刚形成的,如 IT 业的一些职业。

职业的稳定性使人们学习掌握职业知识和技能成为可能,也使人们的职业生涯发展和规划成为可能。我们应该利用职业的稳定性,充分学习掌握职业知识和技能,很好地规划个人职业生涯。

1.1.2　职业的特征

我们从社会总体的角度看,职业具有以下主要特征。

1．时代性特征

不同时代、不同经济和社会发展阶段,职业表现出以下方面的区别。

（1）数量上的特征

工业社会的不同发展阶段,职业在总体数量上是有明显区别的。随着社会的进步,职业总的趋势不断增加。过去人们常说"三百六十行",而现今社会中的职业远远不是三百六十行所能概括的,而是以千计,甚至以万计。职业数量的增加反映了社会分工的不断细化,反映了人们从事劳动的多样化。

小测试

请列举你所熟知的几种职业,有哪些是过去有而现在已经没有了的? 有哪些是现在有而过去不曾有过的?

（2）结构上的特征

不同经济和社会发展阶段,职业的结构有很大区别。通常我们按产业结构来划分职业结构,即第一、第二、第三产业中的职业结构。农业社会中主要以种植、采集、畜牧、渔猎等职业为主;工业社会以各种制造业的职业为主。1973 年,丹尼尔·贝尔提出后工业社会理论,认为现代社会正在从产品经济转向服务经济,大多数劳动力不再从事农业和制造业,而是从事各种服务业活动,如保健、娱乐、研究、教育和管理等。

事实上,自 20 世纪下半叶以来,第三产业发展迅速,GDP 产值不断上升,从业人口不断增加。在美国等发达国家和地区,第三产业创造的产值已经超过国民经济总产值的50％,有的已达到 70％甚至更多,吸引的从业人口也在 2/3 以上。我国自改革开放以来,经济发展迅速,社会变化快,经济结构也已经发生了很大的改变,相应地带动了职业结构的变化,其中沿海地区及大中城市尤为显著。北京的第三产业早在 20 世纪 90 年代后期就在全国率先达到了 50％以上,北京地区的从业人口也更多地集中在第三产业。

应该说,职业结构的变化对大学生求职就业有着更为直接的影响,关注职业结构的改变应该是大学生个人职业生涯规划中的一个重要方面。

（3）活动内容和方式上的特征

同一职业在不同时代或经济社会发展的不同阶段,其内容和方式也会部分地改变。比如,办公室文秘,过去做办公室事务主要是抄抄写写,现在就要利用各种办公自动化设备和手段;计划经济时期的产品销售就是坐等顾客上门,今天做产品销售业务则必须制订产品推销计划、开发市场、寻找客户、交流沟通、提供售后服务,业务内容是过去所不能相比的。

小测试

你能描述出在你所感兴趣的职业中,人们是如何工作的吗?

2. 多样性特征

多样性指的是职业的数量和种类的特征。按照国际职业分类,职业共分为 8 个大类、83 个小类、284 个细类、1881 个职业;加拿大《职业岗位分类词典》把职业共分为 23 个主类、81 个子类、489 个细类、7200 多个职业;1999 年,我国颁布的《中华人民共和国职业分类大典》将职业共分为 8 个大类、66 个中类、413 个小类、1838 个职业。

我国自"职业分类大典"颁布至今,又有超过 100 个新的工作陆续产生,被列入职业范畴。职业的多样性,职业种类的增加,反映了经济与社会的发展变化,也为求职者提供了越来越广阔的选择空间。

3. 层次性特征

(1) 不同职业的社会地位和社会声望有区别

不同职业在人们心目中具有不同的社会地位和社会声望,这主要由三方面因素造成。

一是职业环境。指的是职业的自然环境和社会环境,前者如井下作业、室外作业、高空作业等;后者如工作的技术条件、劳动报酬、福利待遇、晋升机会等。

二是职业的责任和功能。指的是一个职业能够对社会发展承担什么样的责任、做出多大的贡献,比如科学基础研究和工程技术应用是有区别的,承担一个组织的管理决策和在一线从事执行性、操作性工作是有区别的。一个职业承担的社会责任越大、贡献越大,人们对它的评价就越高。

三是职业对从业者的素质要求。显然,对从业者素质要求越高,人们就会认为该职业具有较高的社会地位和社会声望。

(2) 同一职业内部不同层级之间的社会地位和社会声望有差别

一般来说,如果按照职业所要求的能力和责任,它可以分为以下六个层次。

① 非技能性工作,不要求独立决策和创造能力。

② 半技能性工作,在有限的工作范围内要求具备最低限度的技能和知识,具备一定的操作能力。

③ 技能性工作,要求具备熟练的技术、专门的知识和判断力。

④ 半专业性和管理工作,要求具备一定的专门知识和判断力,对他人承担最低限度的责任。

⑤ 专业性工作,要求具备大量的知识和判断力,具有相当的责任和自主权。

⑥ 高级专业性和管理性工作,要求高水平的知识、智力,拥有较大的自主权力,承担更多的决策和监督责任。

试试看

你认为高职学生就业应该定位在哪个或哪些层次上?

4. 地域性特征

职业在地域分布方面也具有一些特点,具有相对的地域集中性。比如汽车制造业几大集团主要分布在东北、上海、广州、湖北、重庆、北京、南京等地,相应地也就集中了相关职业和职业群体。职业的地域性反映了地区或地域之间经济与社会发展的不同特征。一般来说,经济与社会发展水平越高、速度越快的地方,就越能够吸引和聚集相关的职业和从业人员。

1.1.3 职业的功能

1. 职业对个人的功能

（1）职业是维持个人和家庭生存的基础

高职毕业生在自己的职业生涯开始阶段，主要是寻求适合自己发展的职业方向，积累社会经验，锻炼职业能力。获取一定的经济收入可以使我们的职业发展有一个较好的基础。作为刚刚毕业的高职学生应该清楚的是，获得一定的经济收入是我们开始个人生活的基本保障，也是我们的一项基本权益，但在职业生涯刚刚开始的时候，收入可能并不是我们选择职业的主要标准，也可能不是我们从事某一职业活动的主要目的。

石化行业一家大型企业的人力资源部门负责人说，高收入不见得就是适合自己发展的工作，适合自己发展的工作刚起步时的收入也不一定高。毕业生如果在两者的选择上游移不定，很可能会损害其一生的事业前景。他说得很有道理。在取得收入和选择事业平台上，我们建议要更看重适合自己发展的事业。

（2）职业可以促进个人多方面的发展

实际表明，能够与职业相结合的个人兴趣会更持久、更深入、更有效。人的个性也会在职业活动中、在与他人的相互联系与合作中不断完善。职业场合是锻炼人的特长和能力的最好场合，往往也是实现个人理想和价值的最好场合。职业不仅会提供给每个人以经济报酬，更会满足每个人发展自我和完善自我的需要。

（3）职业可以满足个人成就感

市场经济社会中，个人的成就往往体现在职业生涯中，职业的成功会给个人带来地位、名誉、权力的满足感。对多数人来讲，职业成功的途径很多，但大体上可以分为两类：一类是所谓技术或业务的途径，沿着这条途径通过不断提升自己的专业能力求得进步，比如从技术员到工程师、从一般销售人员到主管销售人员；另一类是所谓管理的途径，沿着这条途径通过管理梯次不断提升自己，比如说从班、组长到店铺经理，再到公司经理。

当然还可能有第三条途径，就是沿着自主创业、开创自己事业的道路不断发展。目前，大学生自主创业越来越多，也受到国家政策的鼓励和支持。

（4）职业是提升和实现个人价值的重要途径

个人的价值在于对他人有利、对组织有利、对社会有利。每个人为社会做贡献有很多方式，从事职业活动是最重要、最稳定的一种，也是将个人利益和社会利益相互结合起来最好的一种。为社会做得贡献多，个人价值就会得到增值。

（5）职业体现了个人对社会的责任和权利

选择并从事职业活动是每个具有劳动能力的人的基本权利，我们要珍视这个权利，因为它是我们生存和发展的基本条件之一。为此，每个即将走上社会的高职毕业生，应该主动地承担起对自己的责任、对家庭的责任，进而承担起对组织和对社会的责任，自觉地成为社会的一名合格公民。

2. 职业对组织的功能

① 组织是相关职业的组合体，组织活动与职业活动是一个问题的两个方面，所以，职

业及职业活动构成了组织及组织活动。也可以说,组织活动体现为职业活动,职业活动实现着组织的存在和运转。

② 职业活动创造出组织的效率和效益,组织成员越是"职业化",组织就越是稳定,其活动就越富有成效。

③ 职业活动创造出组织的社会价值,组织对社会的贡献是由每个组织成员富有成效的职业活动做出的。

3. 职业对社会的功能

① 职业是社会分工劳动的具体体现,是人们相互结合起来形成生产力,推动经济与社会进步的具体方式、途径和手段。

② 职业活动创造社会财富,这和劳动创造财富是一个问题的两个说法。

③ 职业也是维持社会稳定的重要条件。

1.1.4 职业的形成与发展

1. 职业的形成与演进

（1）传统社会的职业

人类的社会劳动分工产生于原始社会后期,第一次社会大分工是畜牧业从农业中分离出来,从此社会经济划分为两大领域,也就形成了两类职业;第二次社会大分工是手工业从农业中分离出来,从而形成了手工制作领域的各种职业,如纺织、制陶、酿酒、建筑等。

农业社会延续了几千年,生产力一直处于低下的水平,职业的演变速度也是很缓慢的,新的职业很少出现,传统职业的活动内容和方式大体不变,比如在我国农业生产中,"刀耕火种"的方式延续了很长时间。

工业社会使人类发展进入了崭新时代,生产力快速发展,科学技术的发明和应用,极大地促进了社会分工。新的产业、新的行业、新的劳动手段和劳动方式层出不穷,从而极大地促进了职业的演变和更替,现在的大部分职业都是在那个时代出现的。

在 18 世纪的工业革命时期,纺织和采掘是先行工业国家的主要经济活动,集中了大批劳动人口;19 世纪下半叶,冶金、交通、能源是主要工业国家的重要经济活动;20 世纪上半叶,各种加工制造占据了经济活动的主要位置,如汽车制造、家用电器产品制造等;20 世纪下半叶,电子和计算机行业成为主要的经济活动,并且从那个时期起,第三产业开始以日益加快的速度发展,吸收了越来越多的劳动人口。

（2）21 世纪职业的发展

进入 21 世纪,经济活动及职业的发展又呈现出新的特点,主要体现在以下方面。

① 高新技术产业的发展使得相关职业以集群的方式迅速出现,并且以其技术含量高、对从业人员素质要求高、工作回报高的特点吸引了众多的新生劳动人口,其中尤以受过高等教育的大学生为多。

② 第三产业中的传统职业如商业(批发、零售)、服务业(餐饮、修理、生活服务)依然占据重要位置,而越来越多的新型职业如旅游、保险、理财、咨询、培训、体育、健身、娱乐和文化传播等正在日渐走进人们的生活,成为人们特别是新生劳动人口的职业选择。

③ 职业的内涵和方式发生很大变化,有些延续了几十年甚至几百年的职业,其活动

内容和活动方式也发生了新的变化,比如销售产品,过去就是一买一卖,现在为顾客提供购买咨询服务是其主要的内容;过去维修家用电器,掌握维修技术基本上就行了,现在则需要维修人员掌握与顾客沟通的技巧。

④ 职业对从业人员的素质要求发生了很大变化,特别值得注意的是,建立在技术进步和社会需要基础上的职业的发展变化,使得职业能力越来越多地表现为心智能力,也就是说,"动手能力"越来越多地演变为"动脑能力"。这种改变是趋势性的,作为高职学生应该特别注意这种变化,有意识地调整自己的认知方式和兴趣特点,以适应职业变化对我们提出的新的要求。

小测试

请举例说明或描述 21 世纪职业的新特点,看看它对从业人员提出了哪些要求。

2. 影响职业发展的主要因素

(1)科学技术进步与应用

科学技术的进步与应用一是会促成新的社会分工的产生,二是会改变劳动方式与劳动过程,从而形成新的职业或改变现有职业的活动内容与活动方式。例如,现代纺织技术改变了纺织劳动,造就了现代纺织工人;蒸汽机车的问世诞生了火车司机这个职业;电子计算机使得一大批人成为计算机操作者;手机的普遍使用又使得一批人以手机维修为谋生手段,等等。科学技术是推动生产力发展的主要动力,也是促进职业形成与发展的最重要因素。

(2)社会需求

职业的形成和发展离不开社会需求的拉动,这在第三产业领域表现得更为明显。比如,节约家务劳动时间的需求催生了家政服务这个职业;家庭投资理财的需求使个人理财顾问成为一个新兴职业;导游为人们外出游览提供服务;速递公司的员工使人们可以足不出户寄送或收取信函和物品;为了提高核心竞争力,一个组织可以把自己的非核心业务外包给专业公司,从而催生了诸如人力资源代理、财务代理、工商税务代理等种种职业活动。

可以预计,随着社会进步,组织、个人和家庭需求的日益多样化和需求水平的不断提高,为满足这些需求而形成的职业会越来越多。

所以,关注科学技术的进步和应用,关注社会需求的变化,会使我们的职业选择更加灵活和多样,职业发展的空间会越来越大。

【案例分析】

职业资格证书:求职就业添双翼

马西西是北京一所财贸职业学院的毕业生。作为财会系的学生,她和同学们一样在毕业时取得了会计资格证书,这使得她的求职过程颇为顺利。在面试一家民营企业财务部门的岗位时,凭着自己的出色表现和会计资格证书,她被聘用了。两年以后她成为这家单位财务部门的年轻骨干。事实上,对这个学院财会专业的学生来说,他们并不缺少就业机会,他们常常是在几个单位中进行挑选。

杜广志是这所学院广告系的毕业生,上学期间对计算机很感兴趣。虽然专业课也有不少是与计算机有关的,但他还是利用业余时间参加了学校组织的几个计算机专业方面的培训班,取得了相应的证书,也正是凭着这几个计算机方面的证书他被一家银行总部的网络运营管理部门录用了。尽管是跨专业就业,但杜广志自己还是很满意的,因为毕竟这也是他喜欢的工作。

1.2　职业分类和职业资格证书

我们前面说到,不同的职业有各自的知识和技能,对从业人员的素质也有不同的要求。职业资格证书就是这种要求的具体体现。取得职业资格证书是达到了职业基本要求的有效证明。高等职业教育不同于研究型教育的一个重要方面,就是学生不仅要取得学历证书,还要取得相关的职业资格证书,也就是我们常说的"双证书"。

"双证书"是高职学生求职就业的有力"武器",这里我们就需要了解一下有关职业分类和职业资格证书的问题。

1.2.1　职业分类

职业分类是以工作性质的同一性为基本原则,对社会职业进行的系统划分与归类。可见,"工作性质相同"是职业分类的基本标准。采用这个标准有利于政府部门的宏观管理。下面介绍的职业分类的国际标准和我国颁布的《中华人民共和国职业分类大典》所依据的都是这个标准。

所谓工作性质就是一种职业区别于另一种职业的根本属性,一般表现为职业活动的对象和方式的区别。比如说,教师以学生为服务对象,导游以游客为服务对象,这就是教师和导游的区别;营业员是在店铺里为光顾商店的顾客提供销售服务,推销员一般是通过登门走访为顾客提供销售服务,这就是营业员和推销员的区别。

在不同国家和地区,在经济和社会发展的不同阶段,职业分类不尽相同。

1. 职业分类的国际标准

1958 年,联合国颁布《国际标准职业分类》,将职业分为 4 个层次、8 个大类、83 个小类、284 个细类、1506 个职业。其中,8 个大类分别是:

① 专家、技术人员及有关工作者。

② 政府官员和企业经理。

③ 事务工作者和有关工作者。

④ 销售工作者。

⑤ 服务工作者。

⑥ 农业、牧业、林业工作者和渔民、猎人。

⑦ 生产和有关工作者、运输设备操作者和劳动者。

⑧ 不能按职业分类的劳动者。

联合国的职业分类为各个国家进行职业分类提供了重要的依据。

2. 我国的职业分类

1999 年 5 月,我国颁布《中华人民共和国职业分类大典》(以下简称《职业分类大典》），将我国职业分为 4 个层次、8 个大类、66 个中类、413 个小类、1838 个职业。其中 8 个大类是：

① 国家机关、党群组织、企业事业单位负责人，含 5 个中类、16 个小类、25 个职业。

② 专业技术人员，含 14 个中类、115 个小类、379 个职业。

③ 办事人员和有关人员，含 4 个中类、12 个小类、45 个职业。

④ 商业、服务业人员，含 8 个中类、43 个小类、147 个职业。

⑤ 农林牧渔水利生产人员，含 6 个中类、30 个小类、121 个职业。

⑥ 生产、运输设备操作人员及有关人员，含 7 个中类、195 个小类、1119 个职业。

⑦ 军人，含 1 个中类、1 个小类、1 个职业。

⑧ 不便分类的其他人员，含 1 个中类、1 个小类、1 个职业。

自我国《职业分类大典》颁布以来，又有新的职业产生。人力资源和社会保障部发布的 12 批新职业名单如下。

第 1 批新职业：

2004 年 8 月 19 日，人力资源和社会保障部正式向社会发布第 1 批 9 个新职业，具体职业名称为形象设计师、锁具修理工、呼叫服务员、水生哺乳动物驯养师、汽车模型工、水产养殖质量管理员、汽车加气站操作工、牛肉分级员、首饰设计制作员。

第 2 批新职业：

2004 年 12 月 2 日，人力资源和社会保障部正式向社会发布第 2 批 10 个新职业，具体职业名称为商务策划师、会展策划师、数字视频（DV）策划制作师、景观设计师、模具设计师、建筑模型设计制作员、家具设计师、客户服务管理师、宠物健康护理员、动画绘制员。

第 3 批新职业：

2005 年 3 月 31 日，人力资源和社会保障部正式向社会发布第 3 批 10 个新职业，具体职业名称为信用管理师、网络编辑员、房地产策划师、职业信息分析师、玩具设计师、黄金投资分析师、企业文化师、家用纺织品设计师、微水电利用工、智能楼宇管理师。

第 4 批新职业：

2005 年 10 月 25 日，人力资源和社会保障部正式向社会发布第 4 批 11 个新职业，具体职业名称为健康管理师、公共营养师、芳香保健师（SPA）、宠物医师、医疗救护员、计算机软件产品检验员、水产品质量检验员、农业技术指导员、激光头制造工、小风电利用工、紧急救助员。

第 5 批新职业：

2005 年 12 月 12 日，人力资源和社会保障部正式向社会发布第 5 批 10 个新职业，具体职业名称为礼仪主持人、水域环境养护保洁员、室内环境治理员、霓虹灯制作员、印前制作员、集成电路测试员、花艺环境设计师、计算机乐谱制作师、网络课件设计师、数字视频合成师。

第 6 批新职业：

2006 年 4 月 29 日，人力资源和社会保障部正式向社会发布第 6 批 14 个新职业，具体职业名称为数控机床装调维修工、体育经纪人、木材防腐师、照明设计师、安全防范设计评估师、咖啡师、调香师、陶瓷工艺师、陶瓷产品设计师、皮具设计师、糖果工艺师、地毯设计师、调查分析师、肥料配方师。

第 7 批新职业:

2006 年 9 月 21 日,人力资源和社会保障部正式向社会发布第 7 批 12 个新职业,具体职业名称为房地产经纪人、品牌管理师、报关员、可编程序控制系统设计师、轮胎翻修工、医学设备管理师、农作物种子加工员、机场运行指挥员、社会文化指导员、宠物驯导师、酿酒师、鞋类设计师。

第 8 批新职业:

2007 年 1 月 11 日,人力资源和社会保障部在上海召开第 8 批新职业信息发布会,正式向社会发布 10 个新职业,这些职业是会展设计师、珠宝首饰评估师、创业咨询师、手语翻译员、灾害信息员、孤残儿童护理员、城轨接触网检修工、数控程序员、合成材料测试员、室内装饰装修质量检验员。

第 9 批新职业:

2007 年 4 月 25 日,人力资源和社会保障部发布了第 9 批新职业,这 10 个新职业是衡器装配调试工、汽车玻璃维修工、工程机械修理工、安全防范系统安装维护员、助听器验配师、豆制品工艺师、化妆品配方师、纺织面料设计师、生殖健康咨询师和婚姻家庭咨询师。

第 10 批新职业:

2007 年 11 月 22 日,人力资源和社会保障部在青岛召开第 10 批新职业信息发布会,正式向社会发布我国服务业领域近来产生的 10 个新职业的信息。这 10 个新职业是劳动关系协调员、安全评价师、玻璃分析检验员、乳品评鉴师、品酒师、坚果炒货工艺师、厨政管理师、色彩搭配师、电子音乐制作师、游泳救生员。

第 11 批新职业:

2008 年 5 月 28 日,人力资源和社会保障部在广州市召开第 11 批新职业信息发布会。公布了动车组司机、动车组机械师、燃气轮机运行值班员、加氢精制工、干法熄焦工、带温带压堵漏工、设备点检员、燃气具安装维修工 8 个新职业信息。

第 12 批新职业:

2009 年 11 月 12 日,人力资源和社会保障部在上海召开第 12 批新职业信息发布会,正式向社会发布 8 个新职业的信息。皮革护理员、调味品品评师、混凝土泵工、机动车驾驶教练员、液化天然气操作工、煤气变压吸附制氢工、废热余压利用系统操作工、工程机械装配与调试工。

下一步,人力资源和社会保障部将启动《中华人民共和国职业分类大典》的修订工作,以客观反映我国职业的发展变化情况。

试试看

对照你所学习的专业,它对应的是哪类(个)职业?请找出"职业分类大典"中对它的描述。

3. 职业分类的其他标准

在国外,按照脑力劳动和体力劳动的性质和层次分类是一种通行的做法,也就是常说的白领和蓝领。白领工作人员包括专业性和技术性工作人员（会计师、建筑师、工程师、医生、教师等），农场以外的经理和行政管理人员、销售人员、办公室工作人员等。蓝领工作人员包括手工艺及类似的工人、农场以外的工人、服务行业的工人等。现在又有了金领、灰领的职业划分。

通常人们认为，我国现阶段高等职业教育培养的是"灰领"人才。这种分类可以反映劳动的性质区别和社会地位的不同，是人们在日常生活中常用到的分法。

试试看

你觉得哪些职业可以划入"灰领"范围？你愿意从事这类工作吗？

在国外，还有按照人的心理个性差异划分的职业类别。这种分类方法是根据美国职业指导专家霍兰德创立的"人格-职业"类型匹配理论，把人格类型分为六种，相应地也就有六种职业类型。它们是：现实型、研究型、艺术型、社会型、企业型、常规型。这种分类对求职者按照个性特点寻找相适合的职业，以及用人单位根据岗位对从业者的个性要求选用人才有比较直接的指导作用。对于高职学生来讲，了解自己的个性特点，也是选择适合职业的前提条件之一。这部分内容同学们可以参看本书第 2 章。

应该指出的是，职业分类是一个动态的过程，它会根据经济和社会的发展阶段、根据国家经济与社会管理的需要适时做出调整。

职业分类从不同的角度对各个职业做出了规定和界定，每种职业都有其特定的内涵。例如，我国颁布的《职业分类大典》依据的是人们所从事工作的性质的同一性，也就是每类职业在工作性质上具有共同的特征；而美国学者霍兰德的分类方法依据的是人的个性以及职业对人的个性的要求。不同职业对从业人员提出了不同的素质要求。

了解职业的分类，有利于我们认识和把握不同职业的特性，有利于我们在高职学习阶段有意识、有针对性地做好职业准备，为毕业时求职就业奠定基础。

1.2.2 职业资格和职业资格证书

1. 职业资格

我们所说的职业资格是对准备从事某一职业的劳动者必备的学识、技术和能力的基本要求。职业资格包括从业资格和执业资格。

从业资格是指从事某一专业的学识、技术和能力的起点标准；执业资格是指政府对某些责任较大、社会通用性强、关系社会公共利益的专业实行准入制度，是依法独立开业或从事某一特定专业的学识、技术和能力的必备标准。高职学生通常可以考取和获得的是从业资格。

目前我国共对 100 多个职业做出了从业资格标准，颁布了相应的职业标准。共有几十个职业有了各自的执业资格标准。

2. 职业资格证书

我们所关心的职业资格证书是对达到职业资格规定的必备的学识、技术和能力的劳动者颁发的证明。职业资格证书包括从业资格证书和执业资格证书。

劳动者取得从业资格证书必须以从业资格认定为基础。从业资格的认定由政府劳动、人事及其他相关主管部门组织实施,由政府批准的考核鉴定机构通过学历认定、资格审查或考试、专家评定、职业技能鉴定等方式进行。经认定和考核合格者,可取得证书。

目前我们常见的从业资格证书包括营业员、推销员、调酒师、美容师、美发师、前厅服务员、餐厅服务员、导游、出版物发行员、客房服务员、摄影师、汽车驾驶员等共有100多种。劳动者取得执业资格必须参加执业资格考试,合格者可取得证书。取得证书并经过注册登记者,可依法独立执业。

目前我国已有几十个专业建立了执业资格制度并对考核合格者颁发证书,其中只实行考试制度的包括医师、药师、中药师、教师、统计员、法律顾问、价格鉴定师、珠宝玉石质量检验师等;需要持证者注册的包括注册会计师、注册建筑师、注册律师、注册资产评估师、注册地产评估师、注册拍卖师、注册税务师、监理工程师等。

3. 职业技能和职业技能鉴定

我国的人力资源和社会保障部制定并颁布《国家职业标准》,对从业者资格做出限定,并规定职业等级。

我国的职业标准一般根据具体的职业不同,把职业等级划分为3～5个等级,例如将物业管理员职业划分为物业管理员、助理物业管理师、物业管理师三个等级;企业人力资源管理师职业划分为四级至一级企业人力资源管理师四个等级;营销师职业划分为营销员、高级营销员、助理营销师、营销师、高级营销师五个等级。在对同一职业的从业者提出基本一致的职业道德和基础知识要求的基础上,还对该职业所对应的不同等级的从业者从工作内容、能力要求和相关知识等方面提出了不同要求。

劳动者参加的从业资格考试称为职业技能鉴定。职业技能鉴定由政府批准成立的职业技能鉴定机构负责组织实施。根据人力资源和社会保障部网站2014年5月28日发布的《2013年度人力资源和社会保障事业发展统计公报》,至2013年年末全国共有职业技能鉴定机构9865个,职业技能鉴定考评人员25.27万人。全年共有1838.57万人参加了职业技能鉴定,比上年增长0.44%;1536.67万人取得了不同等级职业资格证书。其中取得技师、高级技师职业资格的有49.98万人。

高等职业院校与政府劳动主管部门和职业技能鉴定机构不断加强联系,在高等职业教育中引入职业技能鉴定,使越来越多的高职学生参加职业技能鉴定,取得职业资格证书。

职业技能鉴定的内容包括:职业知识、操作技能、职业道德三个部分。鉴定形式一般包括知识考试、技能考核两个部分。

4. 其他证书

目前,除去政府劳动、人事和其他主管部门颁发的从业资格和执业资格证书外,还有行业协会组织颁发的证书以及国外机构经我国主管部门批准在我国境内颁发的证书,包括职业资格证书和技术等级证书等。如微软工程师、IBM工程师、C&G证书,等等。它们在不同的领域和程度上得到用人单位的认可,取得这类证书要通过这些机构组织的考试和考核。

5. 证书的作用

(1) 有助于学习和掌握职业知识与技能

通过参加职业技能培训,可以初步掌握相关职业知识和技能,建立职业意识,养成

职业行为规范,为毕业阶段求职就业打下坚实的基础。这也是高等职业教育的本质所在,是高等职业教育区别于普通教育的关键。

(2) 有助于个人职业生涯规划与发展

通过参加职业技能培训,可以发现和稳定个人的职业兴趣,修炼和完善个人性格,使个性发展与职业生涯尽早地结合起来,为自己职业生涯的长期发展奠定良好的基础。很多情况表明,高职学生越早地发现和养成个人的职业兴趣,就越有利于完善个人的性格,越有利于早做职业规划,从而使学习的方向更明确,学习的动力更足。

(3) 有助于提升个人就业竞争能力

通过参加职业技能培训,可以拓展个人能力领域,提升个人在未来职场的竞争能力。为了更好地及时地就业,高职学生有必要在自己和家庭力所能及的范围内掌握多方面技能,取得多证书。对于高职毕业生来说,就业可以在专业范围内,也可以跨专业就业,在学校学习期间尽可能地取得多证书,对就业和未来职业发展非常有益。

6. 证书的分类

从证书与专业的关系和对就业的作用的角度,可以把各种证书分为三类。

第一类,核心证书。这类证书与专业有着直接的联系,对求职就业有直接的作用。例如,保险代理人证书之于保险专业的学习和就业,导游证书之于导游专业的学习和就业,会计证书之于会计专业的学习和就业。如果是师范专业的学生并且打算从事教师职业,那么,必须首先要通过普通话考试,再参加教师资格考试取得教师资格证书。

第二类,能力拓展性证书。这类证书与专业可能有间接的关系或者没有什么关系,但对于拓展个人能力范围,增强就业竞争能力有重要影响,取得这类证书对求职就业有很大的帮助。比如学习金融专业的学生不妨拿一本会计证,学习计算机专业的学生拿一本秘书证,这样会有利于拓宽就业范围。

第三类,通用性证书。这类证书是现在从事几乎任何职业都需要的,它们反映了现代职业活动对人们基础能力的共同要求,比如英语等级证书、计算机等级证书、汽车驾驶证书,等等。

核心证书和通用性证书是必拿的,拓展性证书应该在力所能及的前提下尽量取得。在同学们的职业生涯规划中,应该把参加职业技能培训和考试,取得职业资格证书和技术等级证书列为重要的内容。

试试看

对照自己所学专业以及个人志向和兴趣,列出你打算考取的证书,为此你应该做哪些准备?

【案例分析】

职业选择,如何入手

肖萍是商务英语专业的学生,毕业时经学校推荐应聘到一家国有控股的农产品进出口公司。在同学们看来这是一份很不错的工作。公司领导安排她做小麦市场产销存信息的收集整理,为主管人员的市场分析提供资料。

应该说这项工作对她熟悉业务很有好处。但经过了一段时间后,肖萍觉得天天看专业报纸杂志,从网上采集信息这种工作不适合自己,她比较喜欢的是与人接触的工作。经过再三考虑,她还是选择了离开这家单位。后来她找了一家私企,在市场部做产品推广,不久就做了业务组长。她觉得很充实也很有成就感。

1.3 职业选择

我们在本章的开头就讲过,选择职业既要了解自己也要了解职业,这样才能避免求职过程中的盲目性,才能有备而来。除此之外,我们还要明确自己的求职目标,了解大学生就业形势,以便将主观和客观相结合,迈好个人职业生涯的第一步。这里,我们就介绍一下在求职就业过程中同学们应该注意的一些最基本的问题。

1.3.1 职业选择的原则

1. 立足现实 着眼发展的原则

（1）立足现实

立足现实主要有以下四个方面的意思。

① 立足于现阶段大学生就业的基本形势。当前,我国国内经济趋稳的基础还不够稳固,全社会宏观就业压力增大。2014 年,全国普通高校毕业生规模达到 727 万人,比 2013 年增加 28 万人,高校毕业生就业形势更加复杂严峻,促进就业的工作任务更加艰巨繁重。尽管政府各级主管部门和各个高校近几年加大了就业工作力度,但就业形势严峻是一个不争的事实。在这样的形势下,高职毕业生求职就业必须从现实出发,降低期望值,抱着积极而平和的心态寻找适合自己的岗位。

从现实出发我们可以看到,近几年高职毕业生就业是以中小型企业、民营企业、私营企业为主要去向,这些企业吸引了超过 2/3 的应届毕业生。这些企业具有机制灵活、用人不拘一格的特点,看能力不看学历,学生在这些企业就业可以得到很好的锻炼,不少学生进步很快,两三年的时间内就可以成为单位的业务骨干。所以,作为高职毕业生,我们不能仅仅盯着大机关、大单位、国有单位,更应看到上述那些企业才是我们发挥自己才干的主要领域。

② 立足于现阶段用人单位对大学生的需求。进入 21 世纪,我国高等教育不再是精英教育,而是日益走向大众教育。在北京、上海这样的发达城市,多数高中毕业生可以升入大学,这意味着全民素质的提高。大学毕业生到各类用人单位都要从一线做起,从基层做起。作为高职毕业生,应该合理地规划自己的职业生涯,至少在自己职业生涯的起步阶段要面向基层,做好充当一名合格的、出色的一线员工的心理准备。

事实上,现在不少用人单位招聘大学毕业生,特别是高职毕业生,主要是为了满足改善一线员工队伍素质结构,提高一线生产经营能力的需要。对于高职毕业生来讲,没有一线的从业经历也不会真正地成长起来。

③ 立足于个人的知识和能力的实际。高等职业教育是面向实际的教育,它的教学与培训体系、内容和方式以培养一线应用型技术人才为中心。所以,高职学生的知识和能力

结构不同于本科以上的大学生。了解自己的知识结构，了解自己的能力基础，合理规划自己的职业生涯，特别是规划好自己的起步阶段，是每个高职学生应该做好的功课。但这恰恰也是目前高职学生普遍还没有做好的功课，我们开设职业指导课程的目的之一就是帮助大家解决好这个问题。

④ 立足于个人的个性特点。应该说，每个人都有自己的个性特点，包括兴趣、性格、理想、价值观念等，彼此不同；而不同的职业和工作对从业人员的个性和素质要求也不相同。理想的状况是每个人都能根据自己的个性特点找到适合的岗位和工作，每个岗位和每份工作都能找到最适合的人，即所谓"人职匹配"。

为了最大限度地实现学有所用，人尽其才，高职毕业生可以根据自己的个性特点选择职业，既有利于个人职业生涯的发展，也有利于满足用人单位的人才需求。这样做还可以避免在求职就业过程中容易出现的盲目性和攀比性，"案例"中的肖萍就是很好的例子。

（2）着眼发展

对于高职毕业生来说，要把自己毕业阶段的求职就业当作职业生涯的起点（实际上也是如此），而不是当作全部的职业生涯。在起点阶段寻找到适合的职业固然是很好的事情，如果没有找到适合的职业，也大可不必消极等待，仍然要积极主动及时地完成自己的就业活动，开始自己的职业生涯，在工作中寻求发展和突破。

毋庸讳言，由于我国现阶段劳动力供大于求的局面，会有部分大学毕业生一时找不到适合的岗位和工作，在这种情况下，我们主张同学们应该先就业，在工作中积累经验，在工作中寻找、发现、培养自己新的志趣。实际在很多情况下，志趣是培养出来的，特别是对于刚刚走上社会的学生来讲，个性发展并不完善，自己认为擅长的东西也许并不真的擅长，自己认为感兴趣的东西也许只是一时兴起。

从学校到社会、从学生到职业人是一个真正的蜕变过程，这个过程可能会完全改变一个人。所以，我们不必死抱着学生生活中形成的东西不放手，相反，要敢于放手，敢于丢掉学生时代的想法，真正地从零做起。这样去做了，我们其实不会损失什么，反而会有所收获。

2. 主动选择，及时就业的原则

我国现阶段大学生就业实行"市场导向、政府调控、学校推荐、学生与用人单位双向选择"的制度。这一制度赋予了大学生就业充分的自主权，大学毕业生应该建立主动就业和及时就业的意识。

（1）主动就业就是不等、不靠、不依赖

现在，仍然有部分大学生在就业问题上等学校、等家长，依赖心理很重，这是很不适应现代社会对人的基本要求的。现代社会是竞争的社会，是凭借个人能力求生存、求发展的社会。学校也好，家庭也好，可以提供帮助，但是代替不了每个人的自我选择和自我发展。

没有自主意识，不自觉地锻炼自己这方面的能力，即使依靠学校或家庭的帮助找到自己认为合适的工作，也是很难在工作中有所作为的。

（2）主动就业就是要自主判断、自主选择

为此，同学们应该培养自己收集、分析就业信息的能力，培养自己寻找就业机会、把握就业机会的能力；培养自己适应环境变化、融入环境整体的能力。在这个前提下，同学们可以利用家庭关系、师生关系、同学关系,利用学校提供的各种机会,广开渠道,多方争取。有了主动就业的意识和心态,同学们就能够在各种机会中得到锻炼;没有这种意识和心态,只不过是在"守株待兔",随波逐流,完全被命运所操控,是不可能得到理想的结果的。

（3）主动就业就是及时就业

有些同学因为目前就业形势比较严峻,有等一等、拖一拖的想法,部分家长也觉得家里不指望孩子挣钱,不就业就算了,待一段时间再说。其实,这对学生个人的职业生涯发展是非常不利的。因为,虽然每个人在自己的一生中会有几十年的从业经历,但是对个人发展有重大影响的只是有限的几个时间段,这几个关键步骤直接影响着个人发展的方向和成就。其中,从学校到社会,从学生到职业人这个步骤是具有决定作用的。迈出这一步时间的早晚,会导致明显的差异。

很多事例告诉我们,早就业的学生在职业意识的树立、职业行为的形成等方面要明显优于晚就业和没有就业的学生,当早就业的学生已经进入职业角色,担当起业务责任和社会责任时,后一类学生仍然徘徊在学生状态,双方距离由此就拉大了。所以,我们主张,作为高职毕业生,在就业阶段就要尽早完成就业任务,以便及时地开始自己的职业生涯。

1.3.2　职业选择的依据

影响大学毕业生职业选择的因素很多,这些因素构成了大学生职业选择的依据。主要包括以下几项。

1. 所属行业

选择什么样的行业作为自己事业发展的领域对一个人来讲是十分重要的。不同行业在国民经济和社会生活中处在不同的地位,具有不同的社会作用。比如,采掘业、冶金业被认为是基础行业;汽车、房地产业被认为是国民经济支柱产业;而互联网、IT业则被视作新经济的代表。不同行业具有不同的发展前景,因而对新生劳动力具有不同的吸引力。

更为直接的是,不同行业的人才需求类别、规格彼此不同,对人才思维品质、行为规范有不同的要求。比如,制造业的人才需求多集中在生产制造方面,对应聘人员的专业有特定要求,并且需要应聘人员具备踏实、沉稳、精细的品质;商业服务业是直接服务于顾客的行业,要求应聘人员具备与人交流沟通的能力,要有为顾客热情服务的意识;IT业产品更新速度快,员工年龄结构年轻化,要求从业者具备较强的创新意识和能力,以及良好的团队协作意识和能力,等等。

选择行业也即选择自己的事业领域。选择事业领域对大学生来说是非常重要的一件事情。一个人在自己一生的职业生涯中,可能会变换若干的工作单位,发生几次职业变动。一般来讲,变换工作单位是可以的,一生只服务于一个单位的情况今后会越来越少,但一定要注意的是,不要轻易变换自己的事业领域。如果在事业领域方面不稳定,频于跳槽,每跳一次都意味着从头开始,重建基础,对个人而言将要付出巨大的时间代价,甚至可以说,这样的跳槽越多,距离成功的目标越远。

2. 单位性质和特点

在我国,用人单位大体上可以分为企业单位、事业单位、政府机关。不同单位在用人方面具有不同的特点。以企业单位来说,可以按照投资者性质分为国有企业、民营/私营企业、外资/合资企业；按照规模不同可以分为大型企业、中型企业、小型企业。

一般来讲，外资企业特别是其中的大型、知名企业，历史比较长，经营管理规范化程度高，企业文化成熟，对人才规格要求高。这类企业通常建立了完备的人力资源体系，招聘程序严谨，培养模式清晰，聘用政策稳定。对大学毕业生来说，进入这类企业后，重要的是尽快适应企业文化，融入企业群体。

现阶段的国有企业多已建立了市场化的经营管理机制，逐步走上了市场经济轨道，再加上历史比较长，有一定的基础，规章制度比较齐全。但是由于传统惯性，在人才使用上仍然存在着论资排辈现象和重使用轻培养的问题。高职毕业生进入这类企业，既要耐得住寂寞也要锻炼自我发展的能力。

民营/私营企业自20世纪90年代以来发展很快，已经成为国民经济的重要力量和吸收新生劳动力的最大领域。民营/私营企业机制灵活，发展速度快，其中有些已经成为行业中有影响力的成员。民营/私营企业用人不拘一格，不唯学历，有能力者上，无能力者下，再加上民营/私营企业多在竞争十分激烈的行业，大学生进入企业后能得到很好的锻炼。但是，民营/私营企业具有成熟的用人模式的还比较少，人力资源体系不够完善，人才流动性大也是它们的一个特点。

大型企业生产经营规模大，管理比较严谨规范，内部分工细致，责任明确，也就是人们常说的"一个萝卜一个坑"，有利于大学毕业生在某一个专业岗位上锻炼成长；中小型企业经营管理机制灵活，和大企业相比内部分工比较粗化，常常"一个萝卜几个坑"，有利于大学生培养自己多方面的能力。

总之，不同企业的性质特点不同，对大学生素质、能力和个性的要求不同，了解这些有利于大学毕业生更好地选择自己的职业方向。

3. 整体薪酬待遇

取得比较理想或可以接受的收入，是每个大学毕业生在求职就业中必然要考虑到的问题，不同企业的薪酬待遇的区别，是影响大学生职业选择的一个重要而现实的因素，相当多的毕业生是把这一因素放在了首要位置。在这个问题上我们的建议如下。

第一，看眼前更要看长远。第一份薪酬固然重要，但和一个企业能够提供给我们的成长空间相比，它又不是最重要的。关键是我们要看这个企业是不是有一个完善或比较完善的薪酬体系，它是不是按照员工的能力和贡献支付劳动报酬。如果有这样一个薪酬体系，可以认为该企业人才成长的空间是比较大的，成长的途径是通畅的，将来获得一份理想的收入是可以预期的。

第二，看工资收入更要看整体报酬。我们说一个人在一个组织内可以得到的报酬不仅仅表现在货币收入上。除去工资收入外，劳动报酬还可能表现为各种非工资性、非货币性收入，比如良好的工作环境，更为重要的各种组织培训，企业的知名品牌效应给员工个人带来的社会声誉和社会地位，等等。在有些情况下，这样的报酬比工资收入还要重要些，更值得我们去珍惜。

所以，我们应该建立整体薪酬待遇的意识，从这个角度去看待我们的第一份收入。

4. 个性特征

每个人都有自己的个性特征，由生理和心理素质所决定，表现在思维方式、行为方式的彼此区别上。因此,每个人都有自己最适合从事的职业活动。职业选择的一个重要方面就是依据个性特征选择适合的职业。

为此,同学们一方面是要在学习期间,借助职业指导和咨询,借助心理学的测量工具了解自己的个性特征,另一方面则是要通过多种途径,如收集报刊、网上资料、勤工俭学、企业考察实习等,尽可能多地了解感兴趣的行业和企业,尽可能多地接触准备选择的职业活动。这样可以比较好地避免求职就业中的盲目性,也可以避免就业以后不必要的流动性,从而为自己的职业发展节约宝贵的时间资源。

1.3.3 了解职业,做好就业准备

1. 了解职业的基本途径

了解职业才能够选择职业。对于高职学生来说,了解职业的主要途径如下。

① 课堂教学,通过教师的讲课了解相关职业。

② 校内实习,不少高职院校建立了校内实习实训基地,模仿企业环境和生产经营管理,可以使受训学生间接地接触生产经营管理活动。

③ 学校组织的校外实习实训,通常各院校都和相关企业建立有学生实习实训合作关系,这种实习实训是很接近真实的职业活动的。

④ 学校组织的企业人士讲座和座谈。

⑤ 学生个人联系的勤工俭学、打工、实习实践活动。

⑥ 学生通过报纸、杂志、互联网收集的有关信息资料。

⑦ 学生通过个人社会关系间接了解到的相关信息。

2. 了解职业的基本方面

(1) 工作内容

这个职业是做什么的? 比如推销员的工作职责和工作内容是什么? 推销生活用品和推销工业用品是一样的吗? 同样被人们称为"柜员",证券公司柜员和银行柜员从事的工作一样吗? 银行柜员(正式的名称是"银行储蓄员")的工作职责和工作内容是什么?

(2) 工作方式

这个职业是怎样做的? 比如推销员可以分为电话推销员和户外推销员,他们的工作方式方法是一样的吗? 银行储蓄员的工作方式是怎样的? 现在的办公室文秘是如何开展工作的?

(3) 工作条件

这个职业是在怎样的工作环境中进行的? 是户外作业还是室内作业? 是机械操作还是手工制作? 技术条件如何?

(4) 工作要求

这个职业对从业人员有哪些要求? 比如在大饭店工作对身高和个人形象的要求,从事外贸业务对英语水平的要求,从事零售也可能会经常加班加点,做导游需要具备较强的独立工作能力,等等。

(5) 工作回报

这个职业的薪酬水平如何? 除工资收入外有没有其他的福利待遇? 用人单位为个人

的发展提供哪些条件？是否有业务培训？这个职业的社会地位和社会声望如何？

针对上述问题，建议同学们从入学时起，建立一个职业调查档案，选择两三个自己感兴趣的职业，按照上述几个方面，随时收集、记录、整理各职业的信息资料，从一年级做起，看看到底自己会对这些职业了解多少，这对于我们确立自己的职业方向和求职就业将有很大的帮助。

【关键术语】

职业、职业功能、职业分类、职业资格、职业资格证书、职业选择

【请你筹划】

请你去人才市场做一个人才需求调研，了解自己所学的专业对应的岗位或岗位群有哪些？根据本专业所对应的职业或岗位，确定应该考取的职业资格证书，做出在校期间的学习和考证计划。要求目标明确，进度合理，可操作性强。

第2章
自我职业认知

【学习目标】

1. 了解自我的气质、性格、能力和兴趣特点。
2. 通过人格测试及个性判断了解自己的职业人格。
3. 结合专业及对职业的认知选择自己的职业目标。

【技能要求】

1. 能够进行较为客观的个性分析。
2. 能够进行自我职业人格测量与分析。
3. 能够通过社会环境分析与自我分析,明确自己的职业方向。

引导案例

职业性格成就了杨元庆

杨元庆,安徽合肥人,籍贯浙江舟山,生于安徽合肥。联想集团总裁兼首席执行官。杨元庆1982年毕业于合肥一中,1986年毕业于上海交通大学,1989年在中国科学技术大学取得计算机专业硕士学位,同年进入联想集团工作。

1994年,出任联想微机事业部总经理;1995年,出任联想集团助理总裁;1996年,晋升为集团副总裁;1998年,任集团高级副总裁兼联想电脑公司总经理。2000年,任联想集团高级副总裁兼联想电脑公司总裁。2001年,成为联想集团总裁兼CEO。2011年11月2日,出任联想集团董事长。杨元庆的快速成长经历是一个传奇,是什么成就了他的职业发展?

1989年初,杨元庆抱着到企业做研发、伺机出国的想法来到了联想。但联想此时最需要的并不是研发人员,而是出色的营销人员,这样,杨元庆就被分配去销售。

杨元庆后来回忆说:"我们那个年代,自我意识还不像今天的年轻人这样强烈。我自己总是被安排去做原本并不是太感兴趣的工作。但我的性格是做任何事情都认真去做,力争把它做好,而不是仅凭兴趣去做事。"

其实,杨元庆突出的特点是凡事认真、刻苦去做,善于从实践中学习,而且学得很快。他虽然没有学过管理,也几乎不看有关公关、谈判技巧方面的书,但杨元庆赢得"大单"的能力却很强。

在联想的成长经历,使他的性格成为一个矛盾的集合体:敏捷却又内敛、刚硬却又含蓄。他在行动的时候总是带着一种强烈的霸气,锋芒毕露,对任何事任何人,都是一副坚决、固执和不肯妥协的态度。杨元庆的成功不是赢在兴趣上,而是赢在认真、刻苦、善于学习的职业性格上。

根据职业人格 MBTI① 测试,杨元庆人格类型是 ISTJ(内向、理智、思考、判断即检查员型②),特点是细致、谨慎地执行好现有规则。检查员型的人通常是忠实、严谨而负责的。他们内心相当敏锐,对事实有精确的把握,基于这些信息,他们做出决断时相当果断和干脆,且原则性很强,制订好的计划一定要严格去执行,即使牺牲一些个人利益也在所不惜。

这样的品格加上严谨、对事实敏锐的分析和高效的执行,对于检查员型的人的初期发展非常重要。在达到一定程度之后,检查员型的人就要尝试放开眼界,从全局的、开放的角度去做事和思考问题,成就自己的成功。杨元庆的学习和工作都恰当地吻合了他的职业人格,在执着与机遇中,他不断地获得成功。

企业人力资源开发越来越重视开发员工的潜质,心理学的发展为发现员工潜质提供了测量工具,MBTI 就是当今流行的一种性格测试工具。企业选拔新员工时开始使用这些心理测量工具。同学们了解自己的个性心理和职业人格,不但能帮助自己更清楚地了解自我,还可以帮助自己更好地规划自我、发展自我,在人才竞争中获胜。

2.1 个 性 心 理

个性心理是个体在社会关系中所形成的各种心理现象的总和。它包括个性倾向、个性心理特征和自我调节等。在现实中,我们常发现一些人始终兴趣盎然地做着那些在另一些人看来很无聊无趣的事情,并取得了骄人的成功;一些人却成为"职业跳蚤",总是不停地跳来跳去换工作,到头来一事无成,这实际上是个性心理尤其是个性心理特征对职业选择与发展的影响。正确认识自己的人格特征,对今后的职业发展影响越来越重要。本节主要介绍气质、性格、兴趣、能力等与职业相关的个性心理及其对职业的影响。

2.1.1 气质

所谓气质是指人的情感和活动发生的速度、快慢、强弱,以及动作的敏捷或迟钝等方面的心理特征。气质特点一般通过人的相互交往显示出来,气质使人的个性充满色彩,有的人感情产生得很快,转变得也很快;有的人平静沉着,不易动感情。而有的人勇猛;有的人亲和;有的人沉稳;有的人抑郁等。

1. 气质的类型

不同气质特征构成不同的气质类型。最早研究气质现象的是古希腊著名医生希波克利特,他根据日常观察和人体内四种体液中血液、黏液、黄胆汁、黑胆汁,各人多寡不同的假设,把气质分为四种类型:多血质、胆汁质、黏液质和抑郁质。这四种基本气质对应类

---

① MBTI 全称 Myers-Briggs Type Indicator,是一种自选型、自我报告式的性格评估工具,用以衡量和描述人们在获取信息、做出决策、对待生活等方面的心理活动规律和性格类型。

② 检查员型为 MBTI 人格理论 16 种人格中的一种,其特点是细致、谨慎地执行好现有规则。

型的人在行为方式上的典型表现如下。

（1）多血质

多血质的人属于敏捷好动型。活泼好动，敏感，反应迅速，极易适应环境、与人交往，但兴趣易变，缺乏恒心，称之为活泼而易变的人，气质上称为多血质。

（2）胆汁质

胆汁质的人属于战斗型。直率热情，精力旺盛，情绪冲动，行动敏捷，心境变化剧烈，具有外倾性，称之为热情而急躁的人，气质上称为胆汁质。

（3）黏液质

黏液质的人属于缄默沉静型。安静稳重，反应缓慢，沉默寡言，情绪不易外露，注意力集中不易转移，善忍耐，具有内向性，称之为沉着而稳定的人，气质上称为黏液质。

（4）抑郁质

抑郁质的人属于呆板羞涩型。情绪体验深刻，柔弱易卷、孤僻、行动迟缓，注意细节，机智敏感，多疑多虑，具有严重内倾，因而情绪体验强烈而深沉，易受挫折，称之为情感深厚而沉默的人，气质上称为抑郁质。

气质本身无好坏之分，并不能决定一个人活动的社会价值和成就高低。每种气质都存在某种积极或消极方向发展的可能性。胆汁质的人爽朗勇敢有进取心，但也可能粗心暴躁。多血质的人活泼机敏，但也可能轻浮不踏实。黏液质可以养成稳重、坚毅的个性，但也可能变得冷漠、固执。抑郁质的人工作细心，守纪律，情感深刻，但也可能发展成缺乏自信、遇事优柔寡断的性格。

2. 气质与职业

气质体现了个体差异，不同气质对事业的成功有相当大的影响。理解不同气质的长处与短处，对职业选择、修炼性格、提高学习与工作效率、处理人际关系、了解对方、了解自己等都有重要影响。如表 2-1 所示，列出了不同气质特点与职业选择的关系，供同学们参考。

表 2-1　气质类型与适合职业表

类别	多血质	胆汁质	黏液质	抑郁质
特征	活泼好动、敏感	热情、直率、外露、急躁	稳重、自制、内向	安静，情绪不易外露，办事认真
优点	举止敏捷、姿态活泼；情绪色彩鲜明，有较大的可塑性和外向性；语言表达和感染能力强，善于交际	积极热情、精力旺盛，坚忍不拔；语言明确，富于表情；性情直率，处理问题迅速而果断	心平气和、不易激动；遇事谨慎，善于克制忍让；工作认真，有耐久力，注意力不易转移	感受性强，易相处，人缘好；工作细心谨慎、稳妥可靠
缺点	粗心浮躁，办事多凭兴趣，缺乏耐力和毅力	易急躁，热情忽高忽低，办事粗心，有时刚愎自用、傲慢不恭	不够灵活，容易固执拘谨，一旦激动会变得强烈稳固而深刻	遇事缺乏果断与信心，适应能力差，容易产生悲观情绪
适合的职业	政府及企业管理人员、外事人员、公关人员、驾驶员、医生、律师、运动员、公安、服务员等	导游、推销员、勘探工、作者、节目主持人、外事接待人员、演员等	外科医生、法官、财务人员、统计员、播音员	机要员、秘书、人事编辑、档案管理员、化验员、保管员

2.1.2　性格

受后天生活环境的影响,在行为方式上,个体可能选择进取、平淡、变化、刺激等不同的生活方式,这些选择大多与性格有关。性格表现出一定的习惯性,对职业选择和发展都会产生直接影响。

1. 性格概述

性格是人们对现实的一种相对稳定的态度以及与之相适应的习惯行为方式。性格是后天形成的,影响性格的因素主要有后天的生活环境、所受教育和先天的气质。性格不仅表现在对人、对自己的态度上,同时也表现在对职业的选择和态度上。

请同学们放下手中的物品,进行一个简单有趣的测试:把双手放在胸前,将十指交叉握在一起,观察左拇指在上方还是右拇指在上方。

如果左拇指在上方,那么你属于“感性”或“艺术型”的性格,大脑右半球功能比较占优势,富于情感,想象力丰富,多愁善感,具有文学家、艺术家的气质。你会发现你说话是非常感性的,思维具有发散性,适合去做一些有创意性的工作。

如果右拇指在上方,那么你属于“理性”或“思维型”性格,大脑左半球功能占优势,富于理智,善于思考,逻辑性强。这种人具有思想家、政治家、科学家的气质。说话严谨,适合去做一些研发性的工作。

关注性格差异对职业选择的影响能帮助你选择自己的职业发展方向。职业分工的精细化,使企业人力资源部门开始关注个体性格特征的差异所引起的工作差异。目前,一些企业开始引入性格测试,把性格测试作为选择某些岗位员工的必备程序,今后采用性格测试招聘新员工的做法在企业招聘中会越来越普遍。

2. 性格与职业

近年来,国外用人单位在选人时认为性格比能力重要。其原因是,如果一个人能力不足,可通过培训提高;但一个人的性格与职业不匹配,要改变起来就困难多了。所以,在招聘时,将性格的测试放在首位,当性格与职业相匹配时,才对其能力进行测试检查。

由于人们从事的职业各自具有不同的特点,因而对从业人员的性格特点也会提出不同的要求。一般来说,开朗、活泼、热情、温和的性格,比较适合从事外贸、涉外、文体、教育、服务以及其他同人群交往多的职业;多疑、好问、倔强的性格,比较适合从事科研、治学方面的工作;深沉、严谨、认真的性格,比较适合做人事、行政、党务工作;而勇敢、沉着、果断与坚定是新型企业家和管理者不可缺少的性格。

有人说“性格决定命运”,性格对人的职业生涯成败起着举足轻重的影响。如果你从事的职业与你的性格相适应,你的工作就会得心应手,心情舒畅,也容易取得成就。如果你的性格特点与你从事的职业不相适应,这种性格就会阻碍工作任务的完成,使你感到被动,缺乏兴趣并难以胜任;即使能够完成工作任务,常常也会感到疲倦或力不从心,精神紧张。

2.1.3　兴趣

在不经意间,我们发现做有些事时并没刻意投入很大的精力,效果居然出奇的好,或许是所做的事契合了本人的兴趣,是兴趣在其中发挥了意想不到的作用。

1. 兴趣概述

兴趣是指以特定活动、特定事物为对象,个人在积极选择的爱好倾向上产生的情绪紧张状态,它是个人积极探索某种事物或进行某种活动的倾向,它标志着个人在某方面的积极性。兴趣是一种无形的力量,可以培养,也可以改变。

(1)兴趣的分类及作用

① 物质的兴趣、精神的兴趣和社会的兴趣。物质的兴趣与你的需要相关联,表现为对物质的迷恋和追求,例如收藏的兴趣。精神的兴趣主要是指对文化、科学、艺术的迷恋和追求,例如写作、绘画、书法、摄影、发明创造等兴趣。社会的兴趣主要是指对社会工作和组织活动等的兴趣。

② 直接兴趣和间接兴趣。你喜欢跳舞、打球,可能是因为这些活动本身对你有吸引力,通过这些活动你会获得愉快和满足,这种对活动本身的兴趣就是直接兴趣。你可能感到学外语是一件很枯燥的事情,但对学外语的结果如可以继续攻读学位、可以直接了解国外最新专业信息、可以找到称心的工作等深感兴趣,这种对活动结果的兴趣就是间接兴趣。直接兴趣和间接兴趣可以互相转化,也可以相互结合,从而更有效地调动我们的积极性。

③ 兴趣的作用。获得诺贝尔物理奖的华人科学家丁肇中说过:"兴趣比天才重要。"名人及成功人士的经历告诉我们,兴趣在职业选择及将来的事业发展中发挥了关键作用。兴趣是成功的一个重要的推动力,它能将你的潜能最大限度地调动起来,使你长期专注于某一方向,做出艰苦的努力,取得令人瞩目的成绩。你对某种职业感兴趣,就会对该种职业活动表现出肯定的态度,并积极思考、探索和追求。

(2)兴趣的发展阶段

从时间纵轴上看,兴趣的发生和发展一般要经历这样一个过程:有趣—乐趣—志趣。

有趣是兴趣过程的第 1 个阶段,也是兴趣发展的低级阶段,它往往短暂易逝,非常不稳定。处于这一阶段的兴趣常常与你对某一事物的新奇感相联系,随着这种新奇感的消失,兴趣也会自然地逝去。

乐趣是兴趣过程的第 2 个阶段,它是在有趣定向发展的基础上形成的,是兴趣发展的中级阶段。在这一阶段中,学生的兴趣变得专一、深入起来,如喜爱文学的学生很可能会成天沉溺于文学作品中。

志趣是兴趣发展过程的第 3 个阶段,当乐趣同你的社会责任感、理想、奋斗目标结合起来时,乐趣就变成了志趣。志趣是你取得成就的根本动力,是成功的重要保证。

2. 兴趣与职业

兴趣是职业选择的一个基本方面,可以为职业选择提供有效的信息。兴趣可以用来预测人的工作满意感和工作稳定性,工作满意是职业适应的一大标志。

兴趣不代表能力,你对某一特定职业有兴趣并不意味着你能干好这个职业;同样,如果你具有从事某项工作的能力但缺乏兴趣,那么你在该职业生涯上成功的可能性也是非常小的。你只有对某一种职业感兴趣,并且具有该职业所要求的能力,才能做好这项工作。

具体来说，兴趣对你的职业影响主要表现在以下三个方面。

（1）兴趣是职业选择的重要依据

正像你在日常生活中喜欢从事自己感兴趣的活动一样，你也倾向于寻找与此有关的职业（类型），特别是在外界环境限制较小时，你更倾向于选择自己感兴趣的职业。因而，对你的兴趣或兴趣类型有了正确的评估后，就可以预测或帮助你的职业生涯选择。

（2）兴趣可以增强职业适应性

曾有人进行过研究：如果从事自己感兴趣的职业，则能发挥你的全部才能的 80%～90%，而且长时间保持高效率而不感到疲劳；而对所从事的工作没有兴趣，只能发挥你全部才能的 20%～30%。

（3）兴趣影响工作稳定性

一般来说，从事自己不感兴趣的职业很难让你感到满意，并由此导致工作的不稳定。高职大学生在选择职业时，不仅需要知道自己有能力从事什么样的工作，也需要知道自己对哪类工作更感兴趣，并能满足自己的职业愿望。只有将能力和兴趣结合起来考虑，才更有可能取得职业生涯的成功。

2.1.4 能力

1. 能力概述

能力是指人们顺利完成某种活动所必须具备的心理特征。能力又可分为一般能力和特殊能力。一般能力是指在很多种基本活动中表现出来的共同能力，如观察力、记忆力、抽象概括能力等。通常意义上的一般能力主要是指人的智力能力。特殊能力是指出现在某些专业活动中所必需的多种能力有机结合的能力，如数学能力、音乐能力等。

心理学家在对人的心理特征进行研究的过程中，试图通过量化的方法把抽象化的意识表示出来。美国心理学家桑代克就通过因素分析发现了语文、数学、空间、知觉速度、字词流畅性、记忆、推理这七种主要的心理能力，他以此为基础综合出言语意义理解、数字敏锐度、知觉速度、推理和空间关系识别五类能力倾向，形成了基本心理能力测验量表。

能力倾向测验种类繁多，都可用于职业指导，但与兴趣测验结合起来使用最多的还是多项能力倾向测验，对兴趣测验与能力倾向测验表结合起来应用于职业指导起到了很好的推动作用。

2. 高职生能力特点

高等职业教育的培养目标是培养面向基层、面向生产和服务一线的应用型、技能型人才。高等职业教育在专业设置上是按社会职业或技术岗位需要培养技术应用型人才，强调技术应用教育，突出学生技术应用和操作能力培养。在高职教学课程设置上，其理论课与实操课课程设置各占 1/2，并通过实训，加大学生的动手能力训练，增强学生的职业适应能力。根据高等职业教育自身的特性，高职学生应具有如下能力特点。

（1）动手能力强

高等职业教育重在培养技术型人才，在高职教育模式下培养出的学生能够掌握相关的职业新知识、新工艺、新设备、新技术，并具备较强的动手能力和分析、处理、指导、解决一线生产实际问题的能力,学生在校期间基本完成了岗前知识和能力的各种准备。

（2）岗位适应能力强

高等职业教育采用订单式培养模式,根据社会需求确定人才培养目标,针对相应的职业岗位培养人才,高职大学生能很快适应职业岗位。

（3）社会能力强

社会能力是指从事职业活动和社会活动所需的行为能力,包括人际关系、职业道德、语言与文字能力等,是在开放的社会生活中每个人必备的基本素质。高等职业教育是以职业能力为核心的教育,职业院校重视学生社会能力的培养,通过参与社会活动或第二课堂活动注重培养学生的社会能力。一般而言,高职大学生进入社会后,处理事情表现得比较冷静、沉着,应对环境变化的能力强。

（4）职业意识强

高等职业教育是以就业为导向的教育,专业设置与社会职业岗位相对应,职业定位清晰,学生明确职业定向。学习的目的性、针对性强,学生就业意识强。

3. 能力培养与职业

职业教育是就业教育。高等职业教育在课程设置上重视职业能力的培养,高职学生的职业能力是靠学习过程中不懈的努力换来的。环境为你创造了客观条件,最终是否具备较强的职业能力,要依靠你自己坚持不懈的个人奋斗,始终把学习的目标放在职业能力的提高和发展上。

此外,高职生还要注重综合能力的培养,即始终注重行为养成习惯的培养,形成健全的职业人格;始终重视专业知识和技能的学习,用扎实的专业能力叩开职业之门;始终重视培养团队合作精神,通过实现职业活动目标实现人生价值;始终重视责任感培养,不担责任不能胜任职业。

2.2 人职匹配理论

现代职业环境特性对从业者的个性要求更加细致,分析研究从业者的职业人格有利于企业人力资源合理配置,也有利于员工发挥个体潜能和创造力。

2.2.1 霍兰德职业人格理论

通过人格分析,对不同人群从事的职业进行分类,使职业与性格之间建立起联系,并根据人格特点指导求职者寻找适合的职业类型,让适合的人做适合的事,顺应了人的天性,发挥了人的潜质。霍兰德职业人格理论就是要揭示人的个性与职业选择的关系。

1. 个性与职业匹配

美国著名职业指导专家霍兰德教授长期从事职业咨询工作实践,通过对不同人员的职业生涯过程进行深入研究,发现了人格与职业的匹配关系,提出了"人职互择理论"。

霍兰德认为某类职业通常会吸引具有相同人格特质的人,而具有相同人格特质的人对许多生活事件的反应模式相似。他们创造了具有某一特色的生活环境,包括工作环境。在同等条件下，人和环境的一致性将增加个体的工作满意度、职业稳定性和职业成就感。

人职匹配理论将人格与职业均划分为不同的大类，当属于某一类型的人选择了相应类型的职业时，即达到了匹配。社会对个人的指导，也就是达到人格类型与职业类型的匹配。人格与职业的匹配可以是多方面进行，可以扩展到气质与职业匹配、兴趣与职业匹配、能力与职业匹配、价值观与职业匹配等方面。

2. 霍兰德职业理论

霍兰德提出的人格与职业匹配理论，一直被公认为职业指导方法有效的重要理论和方法。霍兰德从心理学价值观理论出发，经过大量的职业咨询指导实例的积累，提出了职业活动意义上的人格分类，包括：现实型、研究型、艺术型、社会型、企业型、传统型六种基本类型，并把社会职业划分成相应的六种类型。

以现实型为例，从人格类型上来说现实型是一种人格类型，其个性特点是害羞、真诚、持久、稳定、顺从、实际。现实型职业指的是偏好需要技能、力量、协调性的体力活动。现实型人格和现实型职业相对应，就做到了人格与职业相匹配。

（1）霍兰德人格—职业匹配论内容

表 2-2 列出了六种职业人格类型的个性特点和适合各自个性特点所匹配的职业。

表 2-2　霍兰德的个性类型与职业列表

类　型	个　性　特　点	适合的职业
现实型（R）——偏好需要技能、力量、协调性的体力活动	害羞、真诚、持久、稳定、顺从、实际	机械师、操作工、厨师、农技师
研究型（I）——偏好需要思考、组织和理解的活动	分析、创造、好奇、独立	生物学家、经济学家、数学家、新闻记者
社会型（S）——偏好能够帮助和提高别人的活动	社会、友好、合作、理解	社会工作者、教师、议员、临床心理学家
传统型（C）——偏好规范、有序、清楚的活动	顺从、高效、实际、缺乏想象力、缺乏灵活性	会计、业务经理、银行出纳员、档案管理员
企业型（E）——偏好那些能够影响他人和获得权力的活动	自信、进取、精力充沛、盛气凌人	法官、房地产经纪人、公共关系专家、小企业主
艺术型（A）——偏好需要创造性表达和丰富想象力，且无规则可循的活动	富于想象力、无序、杂乱、理想、情绪化、不实际	画家、音乐家、作家、室内装潢家

在六种人格类型中，每一种类型的人都有自己的特点和长处，也有一定的不足，无所谓哪一种好些，哪一种差些，而只有与职业类型是否协调、匹配的问题。然而社会中的人是复杂的，往往不能用一种类型来简单概括，而是兼有多种性格特征，我们需要从中选择最为突出的人格特征。

（2）六种人格类型之间的关系

霍兰德教授设计了一个平面六边形来解释各种职业人格类型之间的相互关系。其中用六个角代表现实型、传统型、企业型、社会型、艺术型和研究型六类人格类型，各类型的关系如图 2-1 所示。其中，每一种人格类型与其他五种类型都有连线，连线距离越短，两种类型的相关性越大；连线距离越长,两种类型的相关性越小。

具体来说每一种人格类型与其他五种人格类型的关系可以分为三类。

一是相近关系,比如现实型与研究型的人都不太偏好人际交往,这两种职业环境中也都较少有机会与他人接触。

图 2-1　霍兰德人格类型的相互关系

二是中性关系,比如现实型与企业型的人的共同点就比现实型与研究型的人的共同点少,现实型与企业型相关程度较低。

三是相斥关系,在六边形上处于对角线两端的职业人格类型就是此类关系,如现实型与社会型的相关程度最低,传统型与艺术型的共同点最少,企业型与研究型为相斥关系。

（3）霍兰德职业选择原则

① 适宜原则。即每种职业人格类型的人适宜从事同种类型的职业,如现实型的人最适宜从事现实型的职业,社会型的人最适宜从事社会型的职业等。

② 相近原则。即每种职业人格类型的人选择从事与人格类型相近关系的职业,比较容易适应,如现实型的人选择从事传统型职业或研究型职业比较容易适应。

③ 中性原则。即人们选择从事与人格类型呈中性关系类型的职业,经过艰苦努力,也能适应,如现实型的人选择从事企业型职业或艺术型职业,就需要艰苦努力才能适应。

④ 相斥原则。即人们选择从事与人格类型呈相斥关系类型的职业,则很难适应,如现实型的人选择从事社会型职业就很难适应。

本章的霍兰德职业人格测试（见第4节）可以帮助你快速发现和了解自己的职业人格类型,帮助你确定自己的职业兴趣和能力特长,并帮助你进行职业决策。

2.2.2　职业人格对职业发展的影响

在霍兰德的理论中,人格被看作兴趣、价值、需求、技巧、信仰、态度和学习个性的综合体。就职业选择而言,兴趣是个体和职业匹配的过程中最重要的因素,直至目前,霍兰德职业兴趣理论是最具影响力的职业发展理论和职业分类体系。

1．个性差异越来越明显

职业兴趣作为一种特殊的心理特点，由职业的多样性和复杂性反映出来。职业兴趣上的个体差异是相当大的，也是十分明显的。因为，一方面，现代社会职业划分越来越细，社会活动的要求和规范越来越复杂，各种职业间的差异也越来越明显，所以对个体的吸引力和要求也就迥然不同；另一方面，个体自身的生理、心理、教育、社会经济地位、环境背景不同，所乐于选择的职业类型、所倾向于从事的活动类型和方式也就十分不同。

2．兴趣对职业的影响力增强

现代人力资源管理的基本原则是将合适的人放在合适的岗位上。人与职位的匹配应该包括两个方面的内容：一是人的知识、能力、技能与岗位要求相匹配；二是人的性格、兴趣与岗位相适应。因此，企业在招募新员工时，如果能够坚持以霍兰德的职业兴趣理论为指导，不仅可以招募到适合本企业的人才，还可以在招聘工作中减少盲目性。通过职业兴趣的测试，企业还可以给予新员工最适合的工作环境，以期最大限度地在工作中发挥他们的聪明才干。

3．职业价值观多元化

职业价值观就是对职业好坏持有不同的评价和取向。职业价值观决定了人们的职业期望，影响着人们对职业方向和职业目标的选择，影响着人们就业后的工作态度和劳动绩效水平，从而影响了人们的职业发展情况。

按照中国社会传统的价值观，人们选择职业时，更倾向于寻求社会声望高的职业而不是最适合自己个性特点的职业。但社会经济的快速发展使得人们的职业价值观趋于多元化，寻找与个性匹配的职业正在成为一种趋势。

2.3　职业能力测试

职业能力测试目前已成为人才选拔中一项重要的测量工具，特别是企业高级人才的引进，如每年的公务员选拔与录用考试。了解当今流行的测量工具，帮助自己了解个体的职业倾向，有利于今后的职业定向和职业发展。

2.3.1　当前主要的职业测试软件

目前社会上流行的职业测试软件较多，有国外引进的，也有国内心理学界自主开发的，针对职业测试，以下介绍几种职业测试软件，为同学们提供参考。

1．北森朗途职业规划测评系统

（1）系统介绍

北森联合国内权威机构主持开发的国内第一套直接面向大学生就业、职业规划的人才测评系统，此系统整合了职业咨询师、测评顾问、人力资源专家多年的职业指导经验，实现了国际上权威的动力理论与广泛人格理论的有效结合，力求在最短时间内捕捉被测者的职业素质及心态，具备引导学生进行职业规划的功能，更具备统计、查询功能，可用于就业指导、分析研究，是高校就业老师对学生进行就业指导的专业测评工具，也是大学生了解自身，进行职业规划的得力助手。

（2）北森朗途职业规划系统主要测评内容

职业规划系统从人格和动力两个方面来对测试者做出评估。

所谓的人格因素是指一个人独特的思维方式与行为模式，它在人们适应环境的过程中形成，并在一个人对待现实的态度、行为方式中表现出来，是一种较为稳定的有核心意义的个性心理特征。这种心理特征的差异导致每个人认识问题的方式不同，在行为上风格各异，并且在不同的环境和情境下，直接影响每个人能力特长的发挥和表现。

职业规划系统中的人格测验部分基于瑞士心理学家荣格提出的心理类型学理论，它在临床、咨询、企业培训、团队沟通等方面的实践中都被证明是有效的。

动力是引起、维持和指引人们从事某种活动的内在动力，是人类行为动力中调控机制的重要组成部分，是人类行为的原动力。职业规划系统中的动力测验部分（2004 版）由四个分量表构成，即：影响愿望、成功愿望、挫折承受、人际交往。这些方面分别用于帮助测试者了解自己在以下方面的特点。

① 影响愿望。在组织行为过程中，力图获得巩固和利用权力的内在需要，试图以自己的思想、意图影响和控制他人，控制环境和牵引对自己有影响的作用力的愿望。

② 成功愿望。在面对任务情境时，朝向高标准，设置具有挑战性的工作目标，并为实现这一目标进行艰苦努力，希望获得优秀成绩的欲望。

③ 挫折承受。在现在或将来可能遇到的挫折、困难和失败面前的心态、情绪反应以及特定的行为方式。

④ 人际交往。在生活和工作中对人际关系的关注与重视程度、与他人建立并保持良好关系的愿望和技巧，以及能够获得的人际支持的程度。

（3）北森朗途职业规划测评对大学生提供的帮助

① 更好地理解自己。通过对自己的 MBTI 性格类型、动力特点的深入理解，了解自己的性格特质、适合的岗位特质、心态等对择业的影响。

② 拓宽思路。通过对自己的性格、心态的了解，对适合自己的岗位特质、工作特质的理解，认识到更多的可能性，从而拓宽自己的思路和择业范围。

③ 规划职业生涯。根据报告提出的优劣势，适合的职业、适合的工作环境、发展建议，你可以更清晰地规划自己的职业生涯。

2. 安人大学生职业测评系统

该系统由北京安人测评技术有限公司开发。该公司是中国首家具备国际化视野与本土化经验的专业测评服务提供商。该公司以心理测量科学为基础，致力于为个人与组织机构提供优秀的测评软件与测评服务。

（1）系统功能

作为大学生职业生涯规划的服务性工具，大学生职业生涯规划系统具有许多切实有用的功能，主要表现在以下方面。

① 了解自己的职业个性特征。通过职业兴趣测验，大学生将了解到自己最感兴趣的职业是什么；通过职业能力测验，大学生将了解到自己最适合的职业是什么；职业人格类型测验将协助他们了解自己的个性特征对自己的职业生涯发展有什么影响。了解学生

的职业个性特征有助于学校就业指导工作的有效开展,同时提高心理辅导、职业指导等特色教育的水平。

② 进行职业生涯发展自我诊断。本系统是动态的规划系统,不仅包含对现实状况的评估,同时还将通过独特的"职业生涯阻碍测验"了解到哪些因素影响到自己的职业生涯发展,从而有意识地在这些方面予以提高。

③ 了解用人单位的测评手段。目前国内大部分招聘单位已经在人才招聘环节采用了测评手段。大学在校生可以利用本系统为参加应聘提供实战前的预演,对职业心理测评的流程和用途有所了解。

④ 建立大学生职业发展档案。本系统根据受试者个性、兴趣、能力及环境因素做出综合的科学预测。学校可以通过本系统获取全面、真实的原始数据,可以建立起大学生职业发展档案。

(2)测验介绍

本系统从社会认知职业生涯发展理论模型出发,包含四个不同测量方面的量表,分别测量受试者的行为风格、职业兴趣、职业能力和职业生涯发展阻碍因素。

① 行为风格测验。让你清楚地看到自己的个性及行为风格特征,以及这些特征将带来哪些方面的优势、存在哪些有碍发展的隐患。量表是根据著名心理学家荣格的心理类型理论发展而成的,由于具有信息量大、信度和效度好等优点,已经成为目前世界上应用最广泛的识别个体差异的测评工具之一。

行为风格测验主要用于了解受测者的个人特点,包括性格特点、潜在特质、待人处世风格、职业适应性以及发展前景等。简而言之,第一个量表是对受试者个体内在性格特征的全面衡量。

② 职业兴趣量表。将个人兴趣与职业类型相联系。通过 MBTI 测试,你可以清楚地了解自己有着怎样的个性特点,但是未必知道这样的特点和行为风格导向怎样的职业。因而在个人兴趣方面,它是对 MBTI 测量的进一步深化,能测出受试者个人秉性和偏好在职业选择方面的体现;在职业类型方面,则根据科学权威的分类方法概括出相应的职业类型,确定受试者特定的职业兴趣对应着怎样的职业类型。

③ 职业能力测验。职业能力是一个人顺利地完成职业活动所必备的心理特征,不同的职业对人的能力有不同的要求,因此,通过了解自己的职业能力特征,也就是在未从事或学习某种职业之前,了解自己已具备的潜能或心理品质,就可以预知自己未来从事哪方面的职业能够使个人的才能得到更大的发挥。

此量表的目的在于测出受试者是否具备从事某类职业的能力,以及在多大程度上具备这样的能力。如果不具备,那么有没有潜在的能力使自己通过学习获得所需的职业能力。

④ 职业生涯发展阻碍测验。考察了个人行为风格、职业兴趣和能力之后,我们还要综合考量用户职业生涯发展的阻碍因素(Career barriers)。这些阻碍因素是指不利于我们职业生涯发展的个人因素,这些因素使我们职业选择不顺利,或造成职业生涯发展困境长久无法突破。

在职业生涯适应的过程中,如果我们能对这些阻碍问题做出适当的处理,将会减少面临职业生涯发展阻碍时的紧张与焦虑情形,使自己在职业生涯发展过程中获得满足,进而发展出成功的职业生涯。

2.3.2 正确认识职业测评

面对人力资源市场众多的测评工具,需要进行理性选择。一些同学进行某种测评指导后,对测评结果存在一些局限性的理解,对测评结果过于迷信或过分怀疑都过于直观。对于目前职业测评工具的市场化运作,同学们需要有一个更客观、更理性的认识。

1. 客观看待职业测评的指导作用

职业测评可以帮助我们清楚地认识自我,了解自己的性格特征和职业倾向,帮助我们准确地进行职业定位,找到职业生涯发展的有效起点,扬长避短,在职业道路上事半功倍,走得更远。但是,职业测评并不是万能的,它不能解决所有人的所有问题。而对于测评结果,更是需要正确地对待。

首先,对于刚大学毕业的年轻人来说,对各种专业的人才素质要求还没有全面、深刻地了解,即使测评结果显示你适合某种工作,也只是从性格、能力或未来能力、兴趣等几个方面提供的参考,而你能否适应职业本身的压力、节奏、竞争力及职业对经验、学历等的要求,则往往是测评之外的事。所以在不知所措时,先就业,等自己对各种职业有了一定的了解后再择业,才是明智之举。

其次,有的职业测评显示一些职业较适合性格外向的人做,但实践中一些性格内向的人也会做得很好,为什么?因为一种职业对人才的需求是多样性的。所以,个人的职业测评最好和单位用人的测评结合起来,即用人者可能比你更了解你是否适合某种职业。

职业选择决策是一个复杂的、动态的过程,要考虑很多因素。在做具体决策时,除了将测评结果作为你的参考依据外,还要考虑以下一些因素,如职业的发展前景、职业的工作环境、职业给你带来的经济及非经济的报酬、你的个性特征与职业要求的匹配性、你的能力特长与职业要求的一致性以及亲友对你的期望,等等。这些信息需要你自己去获取,也可以向有关的专家或专业机构咨询。

2. 职业测评具有局限性

大学生职业规划和求职就业使职业测评工具在大学流行起来,从理论层面看,职业测评有一定的科学性和实用性,它的原理是对职业和人的个性进行分类,然后进行匹配,让一个粗心大意的人去从事条理性、事务性的工作显然不适合。然而,所有的心理测评都有它的局限性。拿职业测评来说,其原理基于统计学意义,个性化相对缺乏,其结论的可靠性和适用性就要打个问号。

首先,西方心理测验的文化背景难以完全适合中国人。目前许多测试题都是从西方引进的,有研究表明,中国人不适合做西方人编制的心理测验。这是因为我们在做诸如 16PF 等问卷时无法避免社会赞许心、默认心和“中庸”取向。因此,如何针对中国人特有的心理特性和能力素质,建立适合中国人常规评价体系是我们目前应该解决的。

其次,利益驱使下的商业化运作的弊端问题。有的测评机构以节约为本,加上从业人员缺乏专业知识,引进了一些粗制滥造的测评软件。这些软件没有中国的常模,文卷编制也存在问题,科学性要受到质疑。这对参加测试的人会有误导,明明是文理都适合的,测试结果却是只能学文,结果把学生的理科前途毁了。心理学测试只能是给被测者一个建议,一个参考性意见,不能作为评判性的标准。适合不适合还有待于个人的努力。但很多商家在利益驱动下兴风作浪,严重破坏了人才测评的良性发展。

再者,世界上没有一种职业是完全根据某个人的性格特点来设定的。所谓职业规划,无非是在自己的个性特点与社会现实之间寻求一个平衡点,这种平衡势必要求我们做出一定的妥协。要想取得成功,固然需要选择一条最适合自己的职业发展道路,但是,很多时候我们必须做一些自己不喜欢做的事情。职业选择不同于孩提时的梦想,它是现实的,甚至是残酷的。

2.3.3　个性心理测试

心理测试为人们了解个性心理特征提供了数量化的测量工具,企业招聘活动也在通过心理测试选拔适合的员工。这里提供了气质、性格和霍兰德职业人格三套测试题,希望同学们通过测试,发现自己的个性特征,根据个性特征选择职业。

1. 气质测量及职业分析

测评目的:心理学家通过大量的观察、分析、研究,总结出通过量化方式对人的气质进行测量的方法。下面就是一套气质测试试题,可以测一测你的气质属于哪种类型。

提示:60 道题,可帮助你大致确定自己的气质类型。在回答这些问题时,你认为很符合自己情况的,记 2 分;比较符合的,记 1 分;介于符合与不符合之间的,记 0 分;比较不符合的,记 –1 分;完全不符合的,记 –2 分。

测试题

(1) 做事力求稳妥,不做无把握之事

(2) 遇到可气的事就怒不可遏,觉得把心里话全说出来才痛快

(3) 宁肯一个人干事,不愿很多人在一起

(4) 到一个陌生环境很快就能适应

(5) 厌恶那些强烈的刺激,如尖叫、噪声、危险镜头等

(6) 和人争吵时,总是先发制人,喜欢挑衅

(7) 喜欢安静的环境

(8) 喜欢和人交往

(9) 羡慕那种善于克制自己感情的人

(10) 生活有规律,很少违反作息制度

(11) 在多数情况下情绪是乐观的

(12) 碰到陌生人感觉很拘束

(13) 遇到令人气愤的事,能很好地自我克制

（14）做事总是有旺盛的精力

（15）遇到问题常常举棋不定，优柔寡断

（16）在人群中不觉得过分拘束

（17）情绪高昂时，觉得干什么都有趣；情绪低落时，又觉得什么都没有意思

（18）当注意力集中于一事物时，别的事很难使我分心

（19）理解问题总比别人快

（20）碰到危险情景，常有一种极度恐怖感

（21）对学习、工作、事业怀有很高的热情

（22）能够长时间做枯燥、单调的工作

（23）符合兴趣的事情，干起来劲头十足，否则就不想干

（24）一点小事就能引起情绪波动

（25）讨厌做那种需要耐心、细致的工作

（26）与人交往不卑不亢

（27）喜欢参加热烈的活动

（28）爱看感情细腻、描写人物内心活动的文学作品

（29）工作学习时间长了，常感到厌倦

（30）不喜欢长时间谈论一个问题，愿意实际动手干

（31）宁愿侃侃而谈，不愿窃窃私语

（32）别人说我总是闷闷不乐

（33）理解问题常比别人慢

（34）疲倦时只要短暂的休息就能精神抖擞，重新投入工作

（35）心里有话宁愿自己想，不愿说出来

（36）认准一个目标就希望尽快实现，不达目的，誓不罢休

（37）学习、工作同样一段时间后，常比别人更疲倦

（38）做事有些莽撞，常常不考虑后果

（39）老师或师傅讲授新知识、技术时，总希望他讲慢些，多重复几遍

（40）能够很快地忘记那些不愉快的事情

（41）做作业或完成一件工作总比别人花的时间多

（42）喜欢运动量大的剧烈体育活动，或参加各种文艺活动

（43）不能很快地把注意力从一件事转移到另一件事上去

（44）接受一个任务后，就希望把它迅速解决

（45）认为墨守成规比冒险强些

（46）能够同时注意几件事物

（47）当我烦闷的时候，别人很难使我高兴起来

（48）爱看情节起伏跌宕、激动人心的小说

（49）对工作抱认真严谨、始终一贯的态度

（50）和周围人们的关系总是相处不好

（51）喜欢复习学过的东西（知识），重复做已经掌握的工作

（52）希望做变化大、花样多的工作

（53）小时候会背的诗歌，我几乎比别人记得清楚

（54）别人说我出语伤人，可我并不觉得这样

（55）在体育活动中，常因反应慢而落后

（56）反应敏捷，头脑机智

（57）喜欢有条理而不麻烦的工作

（58）兴奋的事常使我失眠

（59）教师讲新概念，常常听不懂，但是弄懂以后就很难忘记

（60）假如工作枯燥无味，马上就会情绪低落

统计方法及类型分析如下。

（1）分数统计方法

计算总分：把每题得分按表 2-3 所示的题号相加，并算出各栏的总分。

表 2-3　气质类型分类统计表

胆汁质		多血质		黏液质		抑郁质	
题号	得分	题号	得分	题号	得分	题号	得分
2		4		1		3	
6		8		7		5	
9		11		10		12	
14		16		13		15	
17		19		18		20	
21		23		22		24	
27		25		26		28	
31		29		30		32	
36		34		33		35	
38		40		39		37	
42		44		43		41	
48		46		45		47	
50		52		49		51	
54		56		55		53	
58		60		57		59	
总分		总分		总分		总分	

（2）所属类别判断

如果多血质一栏得分超过 20 分，其他三栏得分较低，则为典型多血质；如这一栏在 20 分以下，10 分以上，其他三栏得分较低，则为一般多血质；如果有两栏的得分显著超过另两栏得分，而且分数比较接近，则为混合型气质，如胆汁质、多血质混合型、多血质、黏液质混合型、黏液质、抑郁质混合型，等等。

如果一栏的得分很低，其他三栏都不高，但相接近，则为三种气质的混合型，如多血质、黏液质、胆汁质混合型或黏液质、多血质、抑郁质混合型。

（3）气质类别分析

多数人的气质是一般型气质或两种气质的混合型，典型气质和三种气质混合型的人较少。气质在职业活动中虽然不影响工作的内容和方向，但却影响效率与工作安排的恰当性。不同的职业劳动，对从业者心理素质的要求也是不同的。

同学们在企业招聘中，应尽可能创造条件，使个人的气质与从事的工作相适应。因势利导，充分利用气质特点，充分发挥自己的优势，创造出最佳业绩。

2. 职业性格测试

测试目的：

通过测试，了解自己的职业性格特点，根据这一特点为今后选择职业提供建议。

性格作为人的一种心理特性具有一定的稳定性，但又不是一成不变的。客观环境的变化和个人的主观调节都会使性格发生变化，所以性格与职业的顺应也并非绝对的，而是具有一定弹性。

现在你是否想测试一下自己的个性，看看自己属于哪种个性？适合做哪种类型的工作？这里提供了一个小小的职业个性测试。下面 50 个问题，凡是符合你情况的就写 A，不符合的就写 B，模棱两可的就写 C。

测试题

（1）遇到高兴的事，我总是很爱笑

（2）能立即适应新环境

（3）喜欢兴奋而紧张地劳动

（4）能与观点不同的人和睦相处

（5）经常与朋友借出、借入东西

（6）喜欢别出心裁地做一些别人未做到或不愿做的事

（7）我认为人的幸福应自然流露出来，不应拘小节

（8）大庭广众下工作显得更富生气

（9）我宁愿把问题挑明，而不愿一个人生闷气

（10）我不经常分析自己的思想和动机

（11）我期盼生活有变化，不要死水一潭

（12）与其先考虑是否能成功，倒不如先干干试试

（13）马上可以领会新工作的要领

（14）发生事故不惊慌，能想办法摆脱困境

（15）对社会上发生的事情很关心

（16）对实际生活无用的知识，不感兴趣

（17）一旦知道行不通，立刻改变主意

（18）看到别人做错事，马上提醒他

（19）认为处事要先发制人

（20）有许多要做的事情，不知从何下手

（21）任何说话的场所都愿参与

（22）喜欢研究别人而不喜欢研究自己

（23）做事粗糙

（24）不愿别人提示，而愿独出心裁

（25）不愿回想自己的过去

（26）对别人十分信任

（27）走路、穿衣、说话我不喜欢磨磨蹭蹭的

（28）我交的朋友很广泛，各种各样的

（29）我尽量注意不伤害别人的感情

（30）今日事情今日做，能做的事情马上做，用不着左思右想的

（31）别人说三道四，我并不介意

（32）人生应当充满冒险，这是很有意思的

（33）不论理由如何，我认为自杀的人都是很傻的

（34）我喜欢体育运动，也爱看电视中的体育节目

（35）写信不打草稿

（36）愿意帮助别人

（37）心里有事，存不住

（38）过十字路口时，红灯亮但没来车就穿过马路

（39）听别人说话，脑子里会不断涌出新主意

（40）与朋友聊天时，不顾忌别人在场

（41）常常与别人商量

（42）不管谁和我说话，我都坦然自如

（43）只要是我信服的人，我愿意听从调遣

（44）我好读书，而不求其解

（45）不怕失败

（46）很受孩子们的喜欢

（47）空闲时不知如何打发时间

（48）有什么想法，常愿意告诉别人

（49）对什么问题都发表议论

（50）听到别人的意见就很快改变自己的看法

数据统计及评价如下。

（1）分值统计方法

写 A 的记 2 分，B 记 0 分，C 记 1 分，最后相加即得出总分。

（2）性格评价

根据目前世界上广泛应用的、由瑞士著名心理学家荣格提出的性格倾向说，把性格分成外向型和内向型两大类。总分在 70 分以上属外向型；41～69 分属平衡型（性格的倾向不明显）；40 分以下的，视为内向型。

具有外向型性格的人，经常对外部事物表示关心，开朗、活泼、感情外露，自由奔放，做事当机立断、不拘小节，具有独立性、活动性、协调性、现实性、开放性、灵活性强

的特点。在学习和工作上,反应较快,但往往从兴趣、情感出发,缺乏计划性和持久性。具有内向型性格的人,重视主观世界,内心世界丰富,常沉浸在自我欣赏和幻想之中,沉着、安静、处世谨慎。

3. 霍兰德职业人格测试

根据霍兰德的六种职业类型,通过下列测试测一测自己的职业人格,目的是给人们提供关于自己人格类型的看法,进而为自己职业发展之路的设计提供参考依据。

测试题

(1) 传统型人格(C)

下面的五个职业和两个休闲活动,在你已经有了必要的技能的前提下,有哪些你感兴趣或者是觉得合适的。

① 职员

② 接待员

③ 图书馆工作人员

④ 会计

⑤ 建筑监理

⑥ 收藏

⑦ 打扑克

对于下面五个问题,回答"是"或"否"。

① 我喜欢整洁地、按部就班地完成事情

② 我的意见和行为通常是中庸的

③ 我的家和生活方式要尽可能实用和舒服

④ 我承认我那些群体的传统价值(家庭、工作、邻居)

⑤ 我对实际的日常事情更感兴趣,而不是关于它们的哲学讨论

(2) 社会型人格(S)

下面的五个职业和两个休闲活动,在你已经有了必要的技能的前提下,有哪些你感兴趣或者是觉得合适的。

① 护士

② 学校教师

③ 顾问

④ 教职人员

⑤ 家政

⑥ 体育

⑦ 俱乐部成员

对于下面五个问题,回答"是"或"否"。

① 我喜欢与各种各样的人交谈

② 在表达我的批评和不同意见时,我通常做得很得体

③ 我乐于助人,与人们分享体验

④ 我喜欢合作

⑤ 有时我发现我对于某个人所表达的温情超过了我对他实际上的感觉

（3）研究型人格（I）

下面的五个职业和两个休闲活动，在你已经有了必要的技能的前提下，有哪些你感兴趣或者是觉得合适的。

① 计算机程序员

② 实验室技师

③ 翻译

④ 医生

⑤ 大学教师、研究人员

⑥ 棋类游戏

⑦ 阅读非虚构类作品

对于下面五个问题，回答"是"或"否"。

① 我尽力理解别人对我说的不切实思想

② 我看重对各种论题的智力讨论

③ 在做出一个重要决定之前，只要能做到，不管用多长时间，我都要充分考虑

④ 我喜欢追踪艺术、科学或是我的工作和邻里的最近情况

⑤ 有的时候，开始时我排斥新观点，然后又看出它可能有一些优点

（4）艺术型人格（A）

下面的五个职业和两个休闲活动，在你已经有了必要的技能的前提下，有哪些你感兴趣或者是觉得合适的。

① 作家

② 设计师

③ 演员

④ 音乐家

⑤ 建筑师

⑥ 摄影

⑦ 跳舞

对于下面五个问题，回答"是"或"否"。

① 我经常凭着冲动来表达自己

② 人们有时会认为我有点好争辩，甚至很讨厌

③ 我常常对新的思想和被忽略的原因感兴趣

④ 我钦佩他人的创意

⑤ 我对整体印象更感兴趣，而不是具体细节

（5）现实型人格（R）

下面的五个职业和两个休闲活动，在你已经有了必要的技能的前提下，有哪些你感兴趣或者是觉得合适的。

① 工程师

② 机械师

③ 厨师

④ 工艺师

⑤ 农技师

⑥ 家庭内的事物自己动手(加以改进)

⑦ 航海或划船

对于下面五个问题,回答"是"或"否"。

① 在社交场合,我喜欢与一些我真正尊重和信任的人在一起

② 不管别人说什么,我坚持自己的意见和计划

③ 我喜欢手工的和体力的活动,与一个集体在一起,或是作为它的一部分

④ 如果我不是肯定做得到,我就不会承诺

⑤ 有的时候,其他人认为我很冷漠或很冷淡,而实际上我对某事有很强烈的情感

(6) 企业型人格(E)

下面的五个职业和两个休闲活动,在你已经有了必要的技能的前提下,有哪些你感兴趣或者是觉得合适的。

① 销售代理

② 旅行代办

③ 经理或行政人员

④ 政治家

⑤ 律师

⑥ 旅游

⑦ 赌博性游戏

对于下面五个问题,回答"是"或"否"。

① 当我外出时,我尽量穿得整洁

② 在一个群体中,我喜欢成为注意的中心

③ 在工作和休闲活动中,我喜欢小小的冒险

④ 我喜欢竞争

⑤ 我有时会被卷入一些过后我会后悔的承诺或者行动中

统计方法及类型分析如下。

(1) 记分方法

以上六种人格类型的每一类的 12 个问题,回答"是"的记 1 分,回答"否"的记 0 分。并把记分结果填入表 2-4,在完成之后,将每一类的"是"的数量分别相加。

(2) 表格说明

每一种类型的得分在 0~12 之间,表明了你在生活中对这一部分兴趣的强度。根据统计你的得分,判断你属于哪种类型。可能你的测试结果出现 2 项或 3 项得分相同,说明你是混合型职业人格;如果 4~5 项得分相同,说明你的职业人格还不能明确,建议你过一段时期(提高自我认识)之后再次测试。

表 2-4　职业人格类型测试结果统计表

类型 题号	传统型人格 （C）	社会型人格 （S）	研究型人格 （I）	艺术型人格 （A）	现实型人格 （R）	企业型人格 （E）
1						
2						
3						
4						
5						
6						
7						
8						
9						
10						
11						
12						
合计						

【关键术语】

气质、性格、兴趣、能力、职业人格、人职匹配、职业测评、心理测试

【请你筹划】

1. 通过本章个性特征的测量分析自己的个性特点，并列出至少三个适合自己的职业。

2. 根据霍兰德职业人格测量结果，分析自己的职业人格优势和劣势。

第3章
职业生涯规划

【学习目标】

1. 什么是职业生涯？职业生涯规划有何意义？
2. 哪些因素影响职业生涯？如何设计职业生涯的方案？

【技能要求】

1. 会进行职业生涯环境分析。
2. 能制订职业生涯规划设计方案。
3. 具有职业生涯规划的改进策略。

引导案例

梦想在执着中清晰

赵莉带着期待来到了一所高职院校。从中专考上高职，对她来说是一件令人兴奋的事，她实现了自己继续学习的愿望。她决心用心安排好自己的高职生活，为今后找工作做好准备。

然而，她发现大学的学习比想象的要轻松许多，她有更多的课余时间可以自己支配，如果不好好安排，许多课余时间都会白白浪费掉。该如何规划自己的大学生活呢？赵莉找到老师寻求帮助。根据专业老师的学习指导，她很快理清了自己的学习计划。而职业指导老师建议她积极参加社会实践，积累社会工作经验，学会尽早地适应社会。

赵莉觉得从中专考上大学，自己的基础知识不是很扎实，第一年的时间要搞好学习，如果学有余力，再利用学校的社团组织锻炼自己的社会能力。于是，她加入了学校的学生社团，在学生会中担任宣传工作。二年级后，她利用寒暑假时间到企业打工，积累社会经验。

毕业的时候，赵莉不但学习成绩优秀，由于社团工作和企业实习锻炼，她的语言沟通交流和组织协调能力都表现得比较突出，她的综合素质得到了很大提升。在企业招聘面试中，她很快找到了自己喜欢的工作。问起赵莉就业成功的关键，她说："清楚自己要做什么，并一步一步坚持下去，成功离我们并不远。"

资料来源：根据 http://bj.528.com.cn/材料编辑整理。

我规划，故我在。社会在高速发展，人们在倾尽所能挖掘自己的潜力，所以人们越来越在乎职业生涯规划的重要性。在了解社会发展需求的基础上，在正确认识自己的能力、兴趣、个性的基础上,高职生要对自己的职业生涯进行理性分析,着手进行符合自我的职业生涯规划,设计职业生涯发展计划,为人生的职业生涯做素质、能力的准备,并通过不断的努力,实现人生价值。

大学阶段的职前生涯规划关系到就业后人生的发展轨迹,早规划就会赢得主动权,正如人们常说的:机会总是留给有准备之人。

3.1 职业生涯规划基础知识

职业生涯是贯穿个人一生的漫长过程,早规划就能占有适合自己的最优化发展的优势。高等职业教育是以就业为导向的教育,对于高职生来说,大学阶段是为职业生涯发展做知识和技能准备的阶段,增强职业意识对高职生来说尤为重要。

什么是生涯?什么是职业生涯?什么是职业生涯规划?一个人的职业生涯分为哪几个阶段?制订职业生涯规划有什么意义?这是当代高职生应当了解的基本常识,也是本节要着重介绍的问题。

3.1.1 职业生涯规划概述

要理解职业生涯规划,首先要理解生涯与职业生涯的概念。生涯是很宽泛的概念,它从本质上说是一个过程,是人生的发展道路,是一个人一生的经历。

职业生涯是人生的重要组成部分,专指个体职业发展的历程。是指一个人终生经历的所有职位的整体历程,整个历程可以是间断的,也可以是连续的。它包含一个人所有的工作、职业、职位的外在变更和对工作态度、体验的内在变更;也包括个人对职业生涯发展的见解与期望。所以说职业生涯是具有个人特色的发展历程,是个人独特的自我发展组合。

1. 职业生涯规划的概念与要点

(1) 职业生涯规划的概念

职业生涯规划是指个人和组织相结合,在对一个人职业生涯的主客观条件进行测定、分析、总结研究的基础上,确定其最佳的职业奋斗目标,并为实现这一目标做出行之有效的安排。

在职业生涯规划中,个人要根据社会发展的客观需要,特别是社会职业的现实要求,结合个人的兴趣及特点,为自己确立职业目标,选择职业道路,确定教育、培训和发展计划,并为自己实现职业生涯目标而确定行动方向、行动时间和行动方案。

(2) 职业生涯规划的要点

职业生涯规划不是社会或者学校强加于个人身上的实施方案,而是当事人在内心动力的驱使下,结合社会职业的要求,依据现实条件所制订的个人化的实施方案。所以,从个人的角度来看,职业生涯规划的要点包括:

- 自我认识。
- 确定职业方向与目标。
- 制订职业发展道路计划。

- 明确学习与行动计划。
- 反馈评估规划的可实现性，及时进行修正完善。

2. 职业生涯规划的作用

职业生涯规划引导高职生积极进行人生价值的思考，树立正确的职业理想，了解自我，明确方向，并为之努力奋斗。职业生涯规划的作用有如下三方面。

（1）有助于引导高职生积极思考人生价值

我是谁？我从哪里来？要到哪里去？人为什么活着？我要怎样地活着？我要追求一种什么样的生活方式？通过思考，高职生可以明白自己想用什么样的方式度过一生，想要获得什么样的生活。这样就可以评估个人目标和现状的差距，以自身现状为基础，确立人生的方向，制订奋斗的策略。

（2）有助于高职生了解自我，明确方向

认识自我，准确评价个人特点和强项，突破学校学业课程规划，塑造清新充实的自我。通过分析社会经济发展的状况，了解社会职业需求，准确定位自己的职业方向。重新认识自身的价值，并通过努力使其增值。

（3）有助于引导高职生完善自我，积极竞争

在实施职业生涯规划方案的同时，不断去探索最适合自己发展的规划，及时做出调整与完善。努力发掘职业机遇，增强自我的职业竞争力。

3. 职业生涯规划按时间维度划分的主要类型

（1）短期计划

短期计划即2年以内的计划，主要是确定近期目标，规划近期应完成的任务。

（2）中期计划

中期计划一般涉及2～5年内的职业目标和任务，是最常用的一种职业生涯计划。

（3）长期计划

长期计划即5～10年的计划，主要是设定较长远的目标，以及为实现此目标应采取的具体措施。

（4）人生计划（人生规划）

人生计划是对人生整个职业生涯的规划，时间长达40年左右，设定整个人生的发展目标和阶梯。

在现实中，跨度时间太长的规划由于环境和个人自身的变化难以把握，而时间跨度太短的规划意义又不大，所以，一般人们把个人职业生涯计划的重点放在2～5年的中期规划，这样既便于根据实际情况设定可行目标，又便于随时根据现实的反馈进行修正或调整。

3.1.2 职业生涯发展阶段

根据美国职业指导专家萨帕的职业发展理论，按年龄层次划分，人生有五个职业发展阶段。

1. 成长阶段（0～14岁）

经历对职业的好奇、梦幻到兴趣，再到有意识地培养职业能力的逐步成长过程。受家

庭和环境的熏陶,通过游戏、学习等活动发展自我观念,开始形成初步的职业意识和职业梦想。

2. 探索阶段(15～24 岁)

探索把职业梦想与现实环境相结合,主要通过文化基础知识和专业知识、专业技能的学习,通过一些社会实践活动的磨砺,评估确定职业目标、职业期望,并进行初步的职业尝试。

3. 立业阶段(25～44 岁)

发展职业,追求成功。经过早期试探,逐步形成安定于某类职业的趋势,开始认同所选择的职业,经过经验积累,逐步建立起稳定、专业、能独当一面的地位,提高晋升能力。工作职位或工作项目可能有所变动,但不会轻易改变职业。

4. 维持阶段(45～65 岁)

心态趋于保守、稳定,维持、巩固已取得的职业成就。这一阶段是收获的季节,是事业上获得成功、大显身手的时期。由于知识更新很快,要注意及时充电,更新知识。

5. 衰退阶段(66 岁以上)

部分或全部退出职业角色,转换轻松、能维持生命活力的新角色。延缓衰老,保持健康是此阶段的主要心态。

学习上述职业发展理论,有助于同学们根据不同年龄阶段、职业发展的不同任务和价值追求,制订职业生涯发展计划。

3.2 影响职业生涯规划的因素

影响人生职业生涯发展的因素是多方面的,其中有社会因素,也有家庭和个人因素;有教育因素,也有身心因素等。总的来看,影响职业生涯规划的因素包括如下几个方面。

3.2.1 环境因素

当今社会最大的特点就是发展变化快,因此,个人职业发展必须考虑职业环境需求和变化趋势。高职学生应当通过环境因素分析,弄清社会热点职业和职业环境发展趋势,认清所选职业在社会大环境中的发展状况、技术含量、社会地位和未来发展趋势等。

1. 社会环境

社会环境主要是指社会的政治、经济体制、社会文化习俗、职业的社会评价、人才市场的管理体制等。社会环境因素不仅决定社会职业岗位的数量、结构、层次等方面,还决定人们对不同职业岗位的接受、赞誉或贬低的程度,因而决定了个人步入职业生涯的基本方式以及开始职业生涯后的基本态度以及由此引起的个人职业生涯的变化。

2. 组织环境

组织环境包括行业环境和企业环境。行业环境主要受市场需求和国家产业政策的影响,因此同学们在学习期间,要关注市场需求和国家产业政策的变化趋向,尽可能选择那些市场需求旺和国家积极支持且发展空间大的行业。

企业环境主要表现在企业文化,聘人、用人、育人、留人机制,内部管理制度和对外经营战略等方面,个人在选择企业时有必要全面了解拟选企业的企业环境,以确定自己的职业生涯在该企业中有没有足够的发展空间,衡量自己的职业目标在该企业获得实现的可能性。

3.2.2　教育因素

一个人所受到的教育程度和水平,直接影响他的职业选择方向和获取他喜欢的职业的概率。一个人通过接受教育与培训,形成了自己特有的知识结构、能力结构和职业素质结构,对个人的职业生涯会产生巨大的影响。

1. 所学专业对职业选择的影响

人们所接受教育的专业、学科门类对职业生涯起着决定性作用,人们在选择职业、转换职业时往往与所学的专业有一定的联系,或以该专业的理论知识、技术能力为基础,流动到更高层次的职业岗位上。

高等职业教育是面向就业的教育,针对不同的社会职业岗位群,每位同学都有学习的专业领域,就业时总会选择与专业相关或相近的岗位。如果你大学期间学习的是制冷专业,毕业后再想从事医学护理的可能性便微乎其微了。

2. 受教育程度对职业选择的影响

一般来说,受过不同程度教育的人,在个人职业选择时,具有不同的能量。接受过较高水平教育的人,在就业以后会有较大的发展,在职业不如意时,再次进行职业选择的能力和竞争力也较强。职业的进展深受正规教育或专业培训的影响,教育程度是事业成功中不可缺少的因素。

3. 不同层次教育对职业选择的影响

人们接受不同层次的教育,所学的不同学科门类内容,所在的不同院校及其不同的教育思想,都会对受教育者产生不同的影响,形成不同的思维模式,从而会采取不同的态度对待自己、对待社会、对待职业生涯的发展。

高等职业教育以培养社会职业需要的实用技能型人才为己任,高职毕业生定位明确,即要成为在生产、服务、管理一线的具有较高技术水平、能够解决一线实际问题的建设者。同学们不仅要特别重视职业技能的培养,在校期间珍惜专业学习机会,把专业技能学懂、学实、学透,同时还要注重一专多能的培养,以求得到更多的职业发展机会,争取在职业生涯发展中获得主动权,而且在制订职业生涯规划时还要切合实际,不能好高骛远。

例如,有同学觉得自己学财会,毕业后就应该去做出纳,或者至少在企业从事财务文员工作,但去银行做柜员,去商场或超市做收银员才是高职学生职业生涯规划的最现实的第一步。

3.2.3　家庭因素

家庭是个人成长的第一所学校,是造就个人素质、影响人生发展的重要因素之一。一个人从幼年起,就受到家庭深刻的潜移默化的影响,形成一定的价值观和一定的行为模式。有的人还从家庭中自觉或不自觉地学到某种职业知识和技能。此外,家庭成员在个人择业和就业后的流动中,往往产生一定的干预或影响,也会对人的职业生涯产生很大影响。

1. 对职业选择的影响

目前中国的职业歧视现象还比较严重，家长的不正确教育在某种程度上助长了职业歧视。很多家长不希望孩子从事艰苦的工作，他们在教育孩子时常常会说："你不好好学习，长大以后就去扫马路。"这样的教育引导会让孩子轻视保洁工作，长大后自然不会选择这个行业。

据报道，由于目前我国高级技工缺乏，高级技工的薪水已经超过白领，当工人也很有前途。然而家长对这方面的关注太少。职业选择的观念需要转变，家长也应当认识到，对每个孩子来说适合自己的职业才是最好的职业。

2. 对专业选择的影响

许多孩子深受家庭中父母或亲戚的影响，他们从亲人的教育或态度中形成对某些职业的看法和认识，从而影响到对专业的选择。

在选择专业时，有些父母强制、包办孩子选择专业，孩子一开始就厌烦被迫选择的专业，对所学的专业不感兴趣，这势必会影响孩子的学业和就业。孩子在选择专业时，要结合自己的兴趣、爱好，参考父母、老师等年长者丰富的社会经验做出客观的选择。但是也不能一味追求爱好，不客观考虑就业形势和社会需求。

3. 对职业变动的影响

父母、亲人在孩子就业后的职业流动上往往扮演着重要角色，对子女择业施加影响或给予直接帮助，这种情况在中国表现得尤其突出。有些人变动工作可能不是对目前从事的职业不满意，而是为了家庭而选择收入较高、较为稳定的职业，这是家庭对个人职业变动影响的表现。但在职业变动前，你要明确为什么而改变，避免因他人因素影响过大，限制了个人兴趣和自我能力的发展。

不能否认，一个人的职业生涯决策的决定因素中也有称之为机遇的随机性成分，但完全让命运摆布的人毕竟是少数，多数人对自己未来发展能够从内外因素进行理性分析，从而有效地进行职业生涯的选择。

3.2.4　自我因素

影响职业生涯选择的自我因素，主要包括：个性特征、健康、兴趣爱好、年龄、自信心等。

1. 个性特征

不同气质、性格、能力的人适合不同类别的工作。如多血质的人较适合做管理、记者、外交等，不适合做过细的、单调的机械工作。如果做与自己个性特征不相吻合的工作，那么，容易觉得自己的活力被束缚，思想被禁锢。

2. 健康

健康是最具影响力的因素，几乎所有的职业都需要健康，健康对于职业选择尤为重要。健康包括身体健康与心理健康。如果没有一个好的身体，就不可能坚持工作，也就不可能有好的职位。为保持健康的体魄，工作、学习之余应当注重体育锻炼。同理，没有一个健康的心理，根本无法适应社会，更谈不上正常工作。为了拥有健康的心理，要不断加强正确的人生观、世界观的学习，主动缓解工作、生活的压力，积极建立融洽的人际关系。

3. 兴趣爱好

与职业选择有关的兴趣称为职业兴趣。不同职业兴趣要求对应的职业不同。如喜欢具体工作的,相应的职业有室内装饰、园林、美容、机械维修等;而喜欢抽象和创造性工作的,相应的职业有经济分析师、新产品开发、社会调查各类科研工作等。

4. 年龄

对工作的看法和态度,对机会尝试的勇气,对胜任任务的能力和经验,不同的年龄表现都有所不同。

5. 自信心

自信常常能使自己的梦想成真。喜欢挑战、战胜失败、突破逆境是自信心强的特点。没有自信心的人会变得平庸、怯懦、顺从。顺利的环境为事业发展提供了广阔的空间,而逆境为开拓和创新提供了信心和勇气,有挑战才有成功。

6. 性别

虽然男女平等的观念已普遍被现代社会所接受,但性别因素在职业选择上仍然扮演着重要的角色。职业性别隔离严重存在,很少人能漠视性别问题。尽管有些工种确实需要男性从事,如矿下作业,然而事实是,更多的人是在意识形态上歧视女性。当然,如果你坚信男女两性在智慧和能力上基本相同,那么你的性别应该不会影响你的事业选择和事业成功。

用人单位普遍认为婚姻会导致女性业绩下降,男性在婚后业绩反而会上升。因此,每个人(尤其是女性)在规划自己的职业理想时,不可忽视性别差异,以便充分发展自己的性别特色,并使自己能够扮演成功者的角色。

7. 朋友、同龄群体

朋友、同龄群体的工作价值观、工作态度、行为特点等不可避免地会影响到个人对职业的偏好、选择从事某一类职业的机会和变换职业的可能性等方面。

3.3 职业生涯规划实务

职业生涯规划的目的绝不只是协助个人按照自己的资历条件找一份工作,达到和实现个人目标,更重要的是帮助个人真正了解自己,为自己定下事业发展计划,筹划未来,拟订一生的方向。通过详细估量内、外环境的优势和限制,设计出各自合理且可行的职业生涯发展方向,为此要按职业生涯规划步骤,运用科学的方法制定并实施职业生涯规划方案。

3.3.1 职业生涯规划步骤

一份完整的职业生涯规划应当包括自我认识与定位、职业环境分析、确定职业生涯目标、职业生涯设计与实施和反馈调整五个步骤。

1. 自我认识与定位

(1) 认识自我

认识自我,第一,要客观地评价自己,既不可高估自己,也不能贬低自己;第二,要认识自己的理想、价值观、兴趣爱好、能力、性格等心理特点；第三，要认识自己的优势、劣势、自己与众不同的方面和发展潜力。

因此，认识自己要弄清楚三个方面的问题，即我是谁？我想干什么？我能干什么？要从兴趣、能力、个性、职业倾向四个方面回答上述三个问题，为职业生涯规划做好自我认识准备。

（2）职业生涯规划的自我定位

你到底能干什么？霍兰德通过"人职匹配理论"按照人格类型把职业划分为现实型、研究型、艺术型、社会型、企业型、传统型六大类。通过第 2 章的个性分析，可以帮助你确定自己的职业定位。

美国麻省理工学院人才教授把职业定位划分为技术型、管理型、创造型、自由独立型和安全型五类：

技术型的人出于自身个性与爱好考虑，往往并不愿意从事管理工作，而是愿意在自己所处的专业技术领域发展。

管理型的人有强烈的愿望去做管理人员，同时经验也告诉他们自己有能力达到高层领导职位，因此他们将职业目标定位为要承担相当大责任的管理岗位。

创造型的人需要建立完全属于自己的东西，或是以自己名字命名的产品或工艺，或是自己的公司，或是能反映个人成就的私人财产，他们认为只有这些实实在在的事物才能体现自己的才干。

自由独立型的人喜欢独来独往，不愿像公司职员那样彼此依赖，相互协作。很多有这种职业定位的人不属于简单的技术人员，他们具有相当高的职业技术能力。他们并不愿意在组织中发展，而是宁愿做一名咨询人员，或是独立从业，或是与他人合伙创业。自由独立型的人往往会成为自由撰稿人。

安全型的人最关心的是职业的长期稳定性与安全性，他们为了安定的工作、可观的收入、优越的福利与养老制度等付出努力。目前我国绝大多数人都选择这种职业定位，很多情况下，这是由于社会发展水平决定的，而并不完全是本人的意愿。

你的职业定位明确了吗？如果还不能确定，可以参照第 2 章的方法操作，也可以通过职业倾向测试或通过职业咨询机构，倾听职业指导师的建议。

2. 职业环境分析

每一个人都处在一定的社会环境之中，无法避免受到内、外环境对成长的影响。在制订职业生涯计划时，对社会、经济环境条件的特点，组织环境的发展变化情况，自己在整个环境中的优势与劣势，环境对自己提出的要求等要素要进行综合分析。

只有对这些环境因素充分了解，才能做到在复杂的环境中趋利避害，使职业生涯设计更适合自己，具有实际意义。

3. 确立职业生涯目标

志不立，天下无可成之事。综观古今，各行各业成就大事业者都有一个共同的特点，就是志向远大。立志是人生的起跑线，反映出一个人的理想、情趣、胸怀和价值观，影响一个人的奋斗目标和成就。所以在进行职业生涯设计时，要确定目标，确立志向，这是制订职业生涯规划的关键。

确定职业目标后要注意以下问题。

（1）选对职业找对路

慎重选择职业，避免在职业生涯发展上走弯路。在沈阳市的一次大型招聘会上，毕业于某高校的小何向浙江一家汽车公司申请一个机械工程师的岗位。他学的是机械专业，在大学期间各门功课都优秀，毕业后的五六年时间里，从事过医药、空调、摩托车等产品的销售、品质主管，换了六七个工作，但是没有机械方面的工作经历。

招聘者看了他的简历后认为，如果他毕业后稳定地从事过机械方面的工作，则正是公司需要的人选，但他没有这方面的工作经验，因此公司无法录用他。一句话说得这名高才生后悔不已。

据统计，在选错职业的人当中，有 80% 以上的人在事业上是失败者。因此职业选择的正确与否，直接关系到人生事业的成败。在选择职业的过程中要考虑性格与职业的匹配、兴趣与职业的匹配、特长与职业的匹配、内外环境对职业的影响。良好的职业选择是以自己的最佳才能、最优性格、最大兴趣、最有利的环境等信息为依据进行的。适合自身特点是毕业生就业的着眼点。

社会上的职业多种多样，不同的职业，对从业人员的知识、技能、素质等要求不同，而毕业生的自身条件也不一样，不同的个体所具有的素质也是有差异的，所以，高职学生对职业的选择，一方面要从社会需要出发，同时也要考虑自身的实际情况，扬长避短，只有这样才能做到人尽其才，才尽其用。

（2）目标要付诸行动

成就理想需要艰辛的努力，目标的实现需要一个不懈奋斗的过程，成就大目标需要分解成可以一步一步实现的小目标。在进行职业生涯设计时，同学们要把职业目标分解为一个个可以实现的小目标，然后一步一个脚印地去实现。一件大事是由多件小事组成的，每个人都渴望成就一番大事业，但是不踏踏实实从小事做起，又如何成就大事业？

人生犹如爬楼梯，只有一步一个脚印打好基础，脚踏实地朝着既定的目标迈进，才能最终实现自己的大目标。远大目标的实现建立在每一个阶段目标实现的基础之上，正如图 3-1 所示。

图 3-1　阶段目标分解

4. 职业生涯设计与实施

确立了目标,是否就意味着实现的可能呢? 不然,它还需要具体的措施做保证,并且在运作过程中根据外界环境的变化不断地调整自己的措施,使之适应新的环境,这样目标才有实现的可能。职业生涯策略是指为实现职业生涯目标的行动计划,一般都是具体的、可行性较强的。在确定选择了具体的职业目标后,行动成了关键环节。没有达成目标的行动,目标就难以实现,也就谈不上事业的成功。

这里所指的行动主要是指落实目标的具体措施,主要包括教育、培训、实践等方面的措施。例如,在职业证书方面,你计划学习哪些知识,掌握哪些技能,开发哪些潜能等。关于职业生涯计划的实施,在下面将做具体讲解。

5. 反馈调整

计划赶不上变化,尤其是在现代职业领域,变化是永恒的主题。影响职业生涯设计的因素众多,有的变化因素是可以预测的,而有些则难以预料。制订职业生涯计划的五个基本步骤,如图 3-2 所示。

环境是多变的,人的追求是善变的。成功的职业生涯设计需要时时审视内、外环境的变化,不断地对自己的设计进行评估和修订并调整自己前进的步伐,这个过程中应当注意以下几个问题:

- 常立志不如立长志,不要轻易改变你的目标。
- 完美的计划靠汗水和智慧实现,做事离不开信念和勤奋。
- 机会青睐有准备的人,抓住机会,促进成功。
- 成功的环境需要自己营造,怎样的态度决定成就怎样的事业。

图 3-2 制订职业生涯计划的步骤

```
┌──────────────┐
│ 自我认识与定位 │◄─┐
└──────┬───────┘  │
┌──────▼───────┐  │
│ 确立职业生涯目标│  │
└──────┬───────┘  │
┌──────▼───────┐  │
│实现目标的SWOT分析│ │
└──────┬───────┘  │
┌──────▼───────┐  │
│ 职业生涯设计与实施│ │
└──────┬───────┘  │
┌──────▼───────┐  │
│  反馈、调整   │──┘
└──────────────┘
```

3.3.2 制定职业生涯计划执行方案

1. 制订职业生涯计划执行方案的注意事项

成功的人,往往都是有着明确的职业目标,并按照计划逐步落实的人。高职生要成就自己的职业理想,就要制订切实的职业生涯设计执行方案。在制订职业目标的实施规划时,需要考虑以下几个内容:

① 达到目标的途径。
② 达到该目标所需的能力、训练及教育。
③ 达到该目标的积极力量。
④ 达到该目标的阻力。

好的职业生涯计划的内容应该有具体的措施。比如达到目标的途径:是通过能力和业绩,还是通过社会关系,或是通过获得文凭达到? 教育和培训如何获得,谁支付培训和教育的费用? 在什么时间培训,到哪个机构和单位获得培训? 获得培训的主要阻力是什么? 如何克服? 获得教育的优势是什么? 都应该想清楚。

2. 阶段目标的特点

通常,长远的职业生涯目标比较模糊、不具体,可能随着个人及组织内部形势的变化而变化,设计时宜以勾画轮廓为主。

中期目标为 3～5 年,相对于长远职业生涯目标要具体一些,如获得更高的学历资质,参加一些旨在提高技术水平的培训并获得等级证书等。

近期目标是最清楚的,可以以年、月、周为规划单位,比较具体。

处理计划之间相互关系的原则是:短期计划服从于中期计划,中期计划服从于长期计划,这样一层一层地嵌套,形成一个完整的计划体系。

3. 制订具体实施计划的要求

具体制订行动计划时,也应根据前面提到的目标设计的原则,予以科学安排和计划。

(1)逐个目标实现

具体实施计划时,则与计划的过程相反,先从具体的、短期的目标开始实施,等短期的目标逐个实现了,中期目标才开始实现;而中期目标实现了,长期目标也就会逐步实现。

(2)不断修订计划

一个好的计划应该是在修正中完善的,因此,各种计划都有反馈机制,要根据环境和实施的结果及时评估并修正。

3.3.3 职业生涯规划方案的实施

有了一份好的计划,还要善于利用计划,督促自己始终按计划行动。由于种种原因,在许多情况下,可能出现紧急的情况,让人无法一一应对,这时就应该分清轻重缓急予以解决。不能只顾埋头干活,而忘记了努力的方向。职业发展计划就是努力的方向。

为了保证自己的行动能与努力的目标一致,就需要最大限度地根据个人的职业发展计划及时调整自己的行为。下面提出几项能够帮助你实施职业生涯规划的措施。

1. 根据情况适当调整计划

(1)根据工作进度调整计划

至少每三个月检查一次你的工作进度。如果感到工作和生活过于舒适,那就意味着目标定低了,需要进行调整,适时适当地调高目标。如果不是职业目标太难,就应该加强紧迫感,使自己不要脱离职业规划的轨道,一旦长期偏离,个人就会放弃原来的计划,使计划成为一纸空文。可能有时应酬太多,应该学会拒绝,增加在职业生涯目标上的精力投入。

(2)动态管理计划

如果你的理想蓝图已经发生变化,你的构想和行动规划也要做出相应的变动,从而目标和策略也应随之改变。计划毕竟是计划,往往需要和现实结合起来,进行动态性的管理,否则,缺乏灵活性也会导致计划落空。

2. 想方设法实现目标

(1)不断提醒自己

保证经常回顾你的构想和行动计划。为了避免自己忘记重要的工作及时间表,最好将这些内容放在经常能看见的地方,如写在日历上,时刻提醒自己。特别是随着年龄的增长,事情繁多,注意力容易发生转移,尤其要注意日程表。

（2）听取家人和朋友的建议

向家人和朋友公开自己的计划,是保证计划实施的重要方式。一方面可以凭借家人和朋友的智慧帮助设计最佳的策略和方案;另一方面家人和朋友也可对自己进行鼓励和监督,增加自己的责任心及行动的力量。

（3）注意抓住机遇

获得职业发展的渠道很多,除了自己创造的机会外,还应该注意抓住组织所提供的机会,为实现自己的职业目标打好基础。如果你所在的组织有培训机会,千万不要因为工作太忙、家庭事务太多、身体状况不佳、今后还有机会等理由而放弃。也许失去此次机会,就失去了一个晋升、选择更有挑战的职业的机会。

3．要有毅力

参加工作后,学习和技能培训与纯粹的学生时代不同,可能要谈婚论嫁,可能工作十分繁忙,可能朋友非常多,这些都会影响到自我职业生涯发展的规划。时间不再是整块的,而是要靠自己去挤,通常较多的是牺牲节假日和八小时之外的时间。这就需要毅力,需要亲戚、朋友的理解和支持,否则,计划很难长期执行。

4．克服诱惑

在有些情况下,可能有一些重要的诱因,能获得短期内的收获,但从长期考虑有损失。比如你是一个项目的主管,辉煌的事业正在逐步地推进,这时有一个出国的机会,个人的短期利益可以得到满足,但也很可能因此导致事业的损失,如何处理? 这种时候,需要冷静地思考,权衡利弊,做出符合职业生涯发展利益的决策。

3.3.4　高职大学生在职业生涯规划中存在的困扰

1．缺乏积极的职业生涯规划意识

据调查,有相当一部分高职生缺乏积极的职业生涯规划意识,容易产生依赖、从众和"临时抱佛脚"等不良心理,常常抱着"车到山前必有路"的念头,认为自己迟早会找到工作;有的甚至认为反正有学校推荐呢,依赖心理强烈。

2．不能正确认识社会,容易产生恐惧心理

由于不能正确认识社会,有的大学生对社会人才市场的激烈竞争抱有恐惧心理,对自己的学历、性别、技能、经验等缺乏自信,容易产生紧张、焦虑、抑郁等心理困扰,有的大学生由于此种状态持续时间较长,直接影响正常的学习、生活和心理健康。

3．不能正确认识自己,容易产生心理偏差

有的高职生过高地评价自己,把自己与已经成功就业的学哥学姐比较,觉得自己一定要找到待遇好的工作,认为自己肯定能找到好工作,不必提前自寻烦恼;有的学生在就业竞争失败时,对自己的认识一落千丈,产生自卑心理;有的则是过低地评价自己,认为毕业后找到一份工作就满足了。

4．缺乏基本的职业常识

不能正确对待职业选择和职业流动。有的人不重视职业选择,不珍惜工作机会,认为"这个工作不适合自己就跳槽,反正肯定能找到吃饭的地方"。

3.3.5　高职大学生在职业发展中要防止的现象

1.“职场跳蚤”

有一类人被称为“职场跳蚤”，他们在求职的时候没给自己定好位，在很短的时间内不断地更换工作。缺乏职业定位，由此引发的职业规划缺失是出现“职场跳蚤”的首要因素。而在众多的“职场跳蚤”中，两类人群最为突出。

（1）盲目就业的应届毕业生

找不到工作的应届大学生，只能从事并非自身认同的或想从事的工作。为了解决生存，只能找个临时的、短暂的过渡性工作。一旦在职场上立足，他们会抓住一切机会跳槽，转到自己兴趣所在的工作。

然而，他们中的大多数人在进行职业调整时依旧茫然又盲目，只是对眼前的工作不满意，却并不清楚满意的工作到底在哪里。结果由于失去生存保障，经过一阶段的寻寻觅觅，难免又坠入盲目就业的怪圈。

（2）定位错误者

由于缺乏职业定位和规划方面的知识和技能，职场定位错误，在找工作的时候总带着错误的目标，或是很大的盲目性。由于缺乏对自我的准确认识，目标过高，或方向错误，往往费尽九牛二虎之力，终于得以进入某家公司，干了几个月，就后悔莫及，转而又心生跳槽之念。

这种跳槽的危害性相当大，从职业发展来看，使职业积累断层，缺乏连续性，跳来跳去，除了跳槽经验，什么职业资本都没有，最后连跳的实力都没了。因此在准备跳槽的时候，要多方面平衡考虑，薪水、经验积累、爱好、理想、环境、专业、生存压力等都要兼顾到。否则，找到工作也会很快失去，不是自己跳槽，就是被炒鱿鱼。

2.“啃老族”

“啃老族”指已经成年并有谋生能力，生存状态却仍未“断奶”，仍然需要靠父母供养的年轻人。目前，“啃老族”的构成主要有五类人群。

一类是高校毕业生，对就业过于挑剔，总认为找不到满意的工作。

二类是以工作太累太紧张、不适应为由自动离岗离职的。

三类是“创业幻想型”的青年人，他们虽有强烈的创业愿望，但没有目标，缺乏真才实学，总是不成功又不愿屈居人下当个打工者。

四类是频频跳槽者，跳来跳去最后“漂”到无事可做。

五类是单位里下岗的年轻人，习惯用过去轻松的工作与如今的紧张繁忙相对比，越比越不如意，干脆不就业，索性躺在家中“啃”父母。

3.大学生“漂族”

大学生“漂族”是没有找到合适的工作，自己保存档案，靠接济生活的毕业生。“漂着”的生存状态使大学生“漂族”对社会发展前景的预期多了几分悲观，对自己的人生前途也增添了几分迷茫。

21岁的史强是沧州某高职院校电气工程及自动化专业的毕业生，去年毕业后因为找不到适合自己的工作而一直“漂着”。他说，市里一些专业对口的单位要求有两年以上的工作经验,县以下单位条件要求低一些,但是父母不同意他去。好不容易看到开发区某单位招工海报上没有工作经验的要求,去了以后才知道"被涮了"。

史强说,用人单位不给"磨合期",来了就让独当一面。他不解地问:"用人单位都要'工作经历',可是谁能给我们第一次机会?"

4."不工族"

在众多高校毕业生中,隐性就业人数及其比例大幅上升。据调查,大约有 10.6% 的毕业生主动选择放弃就业,成为"不工族"。"不工族"由于长时间脱离集体,他们往往缺乏吃苦耐劳精神,好高骛远,强调个性,缺乏集体合作精神。可想而知,鲜有公司和上司愿意雇用这样的人。调查显示,这些"不工族"待业时间越长,求职面临的尴尬越来越多。

【案例分析】

我未来十年的职业规划

在竞争日趋激烈的社会中,要想在未来的职场上拥有立足之地,就要从现在起做好充分的准备,因为往往只有有准备的人才能抓住机会,才能脱颖而出。我要通过做好自己的职业规划,给自己一个明确的目标,一个努力的方向,为自己将来要走的职业道路提前做好准备,不让机会从自己眼前溜走。

一、自我定位

(一)霍兰德职业人格测试

通过霍兰德职业人格测试,我的六类职业人格得分及分布如图 3-3 所示。

图 3-3 我的职业人格分析图

通过图示可以明显地看出我属于"企业型",偏好那些能够影响他人和获得权力的活动;有自信进取、精力充沛、盛气凌人的特点;我比较适合从事法官、房地产经纪人、公共关系专家、小企业主等有挑战性,并能给他人提供帮助的职业。

(二)职业兴趣自我测评

通过测试我特别感兴趣的领域是:人文科学(文学、家教、史学、哲学、心理学、人际关系、教育行政等);社会学(法学、政治学、经济学、商学、经营学、社会学等)。

感兴趣的领域是:家务、教育。

（三）家庭对我的影响

我母亲是医师，父亲是企业员工，他们都不会影响我的择业，他们会支持我的选择。

（四）职业目标

近期目标：学业上成绩优良，组织能力上，参加学生社团组织提高组织协调和沟通能力。社会经验上，利用寒暑假到企业实习锻炼，积累企业工作经验。

远期目标：毕业后进入物流企业，时机成熟时（5～10年内）创办自己的公司。

二、SWOT分析

（一）从自身的角度看

充分地了解自己的优势与劣势，客观地看待自己，为今后的发展设计适合自己的道路。我是一个具有"企业型"特征，但又性情不稳定的人，比如有些时候我比较不爱说话、沉默，总体来讲做事比较受情绪影响。

1．实现目标的优势

因为在一定程度上受心情影响，团队合作的时候思维会比较活跃，如果整个团队积极向上，也会带动我的情绪比较高涨，就会主动去做一些事情。自己做事时也比较容易受到别人的刺激，从而更加积极，这对实现目标是有益的。

2．实现目标的弱点

由于受心情影响比较大，如果工作环境过于沉闷就会没有干劲，从而影响实现目标的进程。而且受高涨情绪影响而产生的动力会随着时间的流逝而慢慢消退。

（二）从职业的角度看

1．实现目标的机会

思想活跃，比较乐于在团队中积极工作，如有活跃的人带动气氛，在积极的气氛中工作效率会提升。

2．实现目标的障碍

对社会缺乏了解，要增加社会实习的机会，广泛了解企业运行规则；克服情绪影响，通过学习增强理性，减少感性冲动，避免因情绪不稳定而在决策和发展上造成阻碍。

三、在校三年的计划

（一）社会工作初步计划

做系学生会主席，首先要把自己所负责的工作做得有声有色，并照着自己的设想多交朋友，拓展自己的交际范围，建立自己的朋友圈。主要措施如下：

1．每个星期五之前联系各部部长了解各部工作情况，做记录并给出意见；督促他们做出下个星期的工作计划，以便工作管理和安排。每个星期六写出本周的工作总结和每个人进行简单的评价总结，便于日后的工作安排。

2．多与部长、干事交流，增进了解的同时也结识更多朋友。参加社团，和与自己志趣相投的朋友交流。

3．把自己所学的图像处理软件使用方法教给宣传部的人，并协助他们完成设计与制作工作。这样既巩固了已学知识又锻炼了自己的操作技能，更重要的是学生会的整体工作能力得到提升。

（二）学习及假期打工详细计划

1. 大一学习计划

（1）第一学期稳扎稳打巩固自己的英语知识，努力扩展词汇量，为第二学期考 B 级做准备。寒假前联系 LG 公司手机部经理继续工作，其他时间做会展、拍卖会、宴会。

（2）第二学期报考英语三级，争取一次过关。自学计算机二级课程，通过二级考试。暑假回到 LG 做促销，其他时间做会展。

2. 大二学习计划

（1）第一学期考过三级，参加助理物流师考试，选修计算机二级课程（数据库）和日语课程，适时复习大一所学的知识。寒假回 LG 公司争取做督导工作。

（2）第二学期通过助理物流师的资格认证，争取拿到计算机二级证书。暑假继续到企业实习。

3. 大三学习计划

（1）第一学期自学英语四级内容，进一步拓展词汇量，对所学知识进行总结整理，为第四年续本做好充分的准备。

（2）第二学期全力准备考本科。如考不上，就到物流企业开始实习、就业。

4. 第四年续本的计划

（1）第一学期根据科目按学习计划及进度，全力学习并在第一学期通过英语四级。

（2）第二学期在完成规定课程的同时注意人才市场需要，搜寻自己感兴趣的物流公司资料，为就业做准备。

5. 措施

（1）增加词汇量，每天至少背 20 个单词，每个星期做一次总结性复习，将一个星期英语课上所学的内容总结性复习、巩固。

（2）去图书馆借计算机二级的书籍，每天晚上学习一个半小时。

（3）升入大二后，每天用一个小时来学习助理物流师课程。

（4）日语课程开始后在有课的当天用一个小时温书，周末用两个小时总结复习。

四、就业后的计划

第一年，沉下心在自己的职位上努力做事，并坚持学习补充自己所欠缺的知识；抓住一切可以展示自我的机会，大胆锻炼。

第二至三年，坚持并努力向上发展，争取做到部门负责人或经理，然后稳定工作一段时间，积累工作经验，找出工作中的不足，有针对性地采取措施。

第四年继续努力，广泛获取商业信息，积累独立经营经验，为自己独立经营做准备。

五、今后长远发展的计划

经过一定的经验积累和经济积累，开一家自己的店面，主营餐饮，包括咖啡西点店，经营对象以白领阶层为主。

【关键术语】

职业生涯、职业生涯规划、职业发展阶段、影响职业规划因素、SWOT 分析、职业选择

【请你筹划】

1. 请以小组为单位,设计一次以"职业生涯大家谈"为主题的活动方案,表现形式可以灵活多样,比如讨论、演讲、辩论,等等。

2. 请同学们结合自身的兴趣、能力和性格,参考亲人或朋友的建议,编写职业生涯规划书。具体要求:

(1) 根据自身的特点增添内容。要求段落清楚,构思清晰,文字表述正确、流畅。

(2) 可以自己拟定副标题,全文不低于 800 字。

(3) 格式参照本章案例。

(4) 请自己妥善保存,以备今后对自我职业生涯发展进行评估。

第4章

职业基本素质的养成

【学习目标】

1. 了解职业道德的内涵、特征和作用。
2. 理解职业道德的基本规范。
3. 掌握建立和谐人际关系的法则。
4. 理解团队精神的种类与内涵。

【技能要求】

1. 在实践中体会并逐步养成职业道德。
2. 能够与人和谐相处，学会与人沟通。
3. 树立积极乐观的人生态度。
4. 在日常学习生活中培养团队精神。

引导案例

巨额奖金与诚信经营的较量

当518万元巨额奖金可以悄然成为自己的钱时，她却首先想到的是那位还不知情的预订彩票而中大奖者，于是她第一时间打电话把中奖的消息告诉了中奖者。这位面对518万元而没有私念的她，就是广东省茂名市体育彩票10060销售点业主林海燕。

林海燕诚信经营的事迹，传遍祖国大江南北，感动了千千万万的人。一位旅居比利时的老华侨，从电视上得知林海燕的事迹后，从福建老家千里迢迢来到茂名市，找到10060销售点，要林海燕今后为他代买体育彩票。社会各界对林海燕诚信经营的事迹给予了高度评价，林海燕先后被授予"全国三八红旗手""中国体彩发行诚信先进个人""广东省行业系统窗口之星""广东省诚实销售先进个人"等称号。

资料来源：茂名新闻网 http://www.maomingdaily.com.cn.

良好的职业基本素质是获得职业发展的基石。在制订了积极、可行的职业生涯发展计划后，高职大学生应高度重视职业基本素质的培养，有效提升自己的职业基本素质，为自己的职业发展奠定坚实的基础。我们认为职业基本素质包括职业道德、身心健康和团队精神三个方面，本章将从这三方面介绍职业基本素质的基础知识和培养途径，帮助高职大学生有效提升自己的职业基本素质。

4.1 职业道德

4.1.1 职业道德的内涵

1. 什么是道德

马克思主义认为,道德是社会关系的产物,只有发生个人利益与他人利益和整体利益关系,而且人们自觉意识到这种关系时,才会出现道德问题。

道德是人类社会生活中所特有的,由经济关系决定的,依靠社会舆论、传统习惯和人们的内心信念来维系的,并以善恶进行评价的原则规范、心理意识和行为活动的总和。

2. 什么是职业道德

所谓职业道德,就是同人们的职业活动紧密联系的符合职业特点所要求的道德准则、道德情操与道德品质的总和,它既是对本职人员在职业活动中行为的要求,同时又是职业对社会所负的道德责任与义务。

职业道德的含义包括以下八个方面。

- 职业道德是一种职业规范,受社会普遍的认可。
- 职业道德是长期以来自然形成的。
- 职业道德没有确定形式,通常体现为观念、习惯、信念等。
- 职业道德依靠文化、内心信念和习惯,通过员工的自律实现。
- 职业道德大多没有实质的约束力和强制力。
- 职业道德的主要内容是对员工的义务要求。
- 职业道德标准多元化,代表了不同企业可能具有不同的价值观。
- 职业道德承载着企业文化和凝聚力,影响深远。

3. 职业道德的特点

(1) 职业道德具有适用范围的有限性

每种职业都担负着一种特定的职业责任和职业义务。由于各种职业的职业责任和义务不同,从而形成各自特定的职业道德的具体规范。

(2) 职业道德具有发展的历史继承性

由于职业具有不断发展和延续的特征,不仅是技术上的延续,管理员工的方法、与服务对象打交道的方法,也有一定历史的继承性。如"有教无类""学而不厌,诲人不倦",从古至今始终是教师的职业道德。

(3) 职业道德表达形式多种多样

由于各种职业道德的要求都较为具体、细致,因此其表达形式多种多样。

(4) 职业道德兼有强烈的纪律性

纪律也是一种行为规范,但它是介于法律和道德之间的一种特殊的规范。它既要求人们能自觉遵守,又带有一定的强制性。就是说,一方面遵守纪律是一种美德,另一方面遵守纪律又带有强制性,具有法令的要求。例如,工人必须执行操作规程和安全规定。因此,职业道德有时又以制度、章程、条例的形式表达,让从业人员认识到职业道德又具有纪律的规范性。

4. 职业道德的作用

职业道德是社会道德体系的重要组成部分,它一方面具有社会道德的一般作用,另一方面它又具有自身的特殊作用,具体表现在以下方面。

(1) 具有调节内外关系的职能

职业道德一方面可以调节从业人员内部的关系,即运用职业道德规范约束职业内部人员的行为,促进职业内部人员的团结与合作;另一方面,职业道德又可以调节从业人员和服务对象之间的关系,如职业道德规定了制造产品的工人要怎样对用户负责,营销人员怎样对顾客负责等。

(2) 有助于维护和提高企业的信誉

企业的信誉是指企业及其产品与服务在社会公众中的信任程度,提高企业的信誉主要靠产品的质量和服务质量,而从业人员职业道德水平高是产品质量和服务质量的有效保证。若从业人员职业道德水平不高,很难生产出优质的产品和提供优质的服务。

(3) 促进行业和企业的发展

行业、企业的发展有赖于高的经济效益,而高的经济效益源于高的员工素质。员工素质主要包含知识、能力、责任心等方面,其中责任心是最重要的。职业道德水平高的从业人员其责任心是极强的,因此,职业道德能促进本行业的发展。

(4) 有助于提高全社会的道德水平

职业道德是整个社会道德的主要内容。职业道德一方面涉及每个从业者如何对待职业,如何对待工作,同时也是一个从业人员的生活态度、价值观念的表现。良好的职业道德是一个人的道德意识、道德行为发展的成熟阶段,具有较强的稳定性和连续性。

另一方面,职业道德也是一个职业集体,甚至一个行业全体人员的行为表现,如果每个行业、每个职业集体都具备优良的道德,对整个社会道德水平的提高肯定会发挥重要作用。

4.1.2 职业道德的基本规范

《中共中央关于加强社会主义精神文明若干问题的决议》规定了我们今天各行各业都应共同遵守的职业道德的五项基本规范,即"爱岗敬业、诚实守信、办事公道、服务群众、奉献社会"。

1. 爱岗敬业

"爱岗"就是热爱自己的工作岗位,热爱本职工作。"敬业"包含两层含义:一为谋生敬业,二为真正认识到自己工作的意义敬业。爱岗敬业有下列要求。

第一,把自己的岗位同自己的理想、追求、幸福联系在一起,把企业的兴衰与个人的荣辱联系在一起。

第二,自觉维护企业的利益、形象和信誉。

第三,要通过技能培训、岗位练兵、交流研讨等多种形式,不断提高自己的文化素质和业务技术水平,熟练地掌握职业技能,胜任自己的工作,更好地为企业服务。

2．诚实守信

诚实守信是中华民族传统的为人处世原则。诚实，就是忠诚老实，不讲假话；守信，就是信守诺言，说话算数，讲信誉、重信用，履行自己应承担的义务。诚实守信对员工的具体要求：忠诚所属企业；维护企业信誉；保守企业机密；遵章守制，秉公办事。

3．办事公道

办事公道是指从业人员在办事情、处理问题时，要站在公正的立场上，按照同一标准和同一原则办事的职业道德规范。办事公道是正确处理各种关系的准则，具体要求如下。

第一，客观公正。即遇事从客观事实出发，并能做出客观、公正的判断和处理。

第二，照章办事。即按照规章制度来对待所有的当事人，不徇情枉法。

第三，公私分明。即要克服私心，不凭感情或义气办事，更不能出于私心，从个人利益角度考虑问题、处理事情。

第四，光明磊落。即按既定的规定公开公平公正地办事。

要做到办事公道，还必须加强学习，不断提高认识能力，能明确是非标准，分辨善恶美丑，并有敏锐的洞察力。

例如，人民满意的好法官——宋鱼水，是北京市海淀区人民法院知识产权庭庭长。多年来，经宋鱼水审理的上千件各类民商案件都得以顺利解决。其中 300 余件疑难、复杂、新类型案件，也都取得了良好的社会效果。经她办理的案件，调解率高达 70％。宋鱼水办案，不仅要求客观公正，还力争让败诉方输得明明白白、心服口服。她以一个法官的公正和真诚，赢得了所有人的敬意。在宋鱼水面前，法律的天平从未倾斜过。在当事人眼中，宋鱼水这个名字，就意味着司法的公正。

4．服务群众

服务群众就是为人民群众服务，就是通过工作为群众解决困难、解除困境，使人民群众在满足需求的同时感受生活的美好。具体要求如下。

第一，热情周到。即从业人员对服务对象抱以主动、热情、耐心的态度，把群众当作亲人，服务细致周到，勤勤恳恳。

第二，急人所急，想人所想，乐人所乐。即努力为群众提供方便，想群众之所想，急群众之所急，多换位思考，以群众的满意快乐作为自己工作的价值标准，主动为他人排忧解难。

5．奉献社会

奉献社会，就是全心全意为社会做贡献，是为人民服务精神的最高表现，也是职业道德中的最高境界。在现实中，奉献社会表现为不期望等价的回报和酬劳，而愿意为他人、为社会或为真理、为正义献出自己的一切，包括宝贵的生命。这是一种人生境界，是一种融在一生事业中的高尚人格。

【案例分析】

中国石油天然气股份有限公司员工职业道德规范

中国石油天然气股份有限公司(以下简称"公司")为规范全体员工的职业道德行为，维护公司利益，根据国家法律、公司上市地监管要求和公司章程，制定本规范。

一、本规范适用于公司总部机关部门、专业分公司、地区分公司及全资子公司的全体员工。公司控股子公司参照执行本规范。

二、公司全体员工必须遵守以下的职业道德规范。

(一)认同公司精神及宗旨,践行公司核心经营管理理念。

公司员工要发扬"爱国、创业、求实、奉献"的企业精神,贯彻"诚信、创新、业绩、和谐、安全"的核心经营管理理念,实践"奉献能源,创造和谐"的企业宗旨。热爱本职,忠于职守,熟练掌握职业技能,自觉履行职业责任,注重工作效率。保护公司的合法利益。

(二)禁止参与可能导致与公司有利益冲突的活动。主要包括以下方面。

1.公司员工不得私自占有应当属于公司经营活动范围的机会;不准利用公司财产、信息或地位谋取个人利益。

2.公司员工不得在与公司有竞争关系、与公司利益有冲突或有冲突可能的公司、单位以任何身份任职,不准从事与公司有竞争的活动。

3.公司员工不得接受可能影响商务决策和有损独立判断的有价馈赠。也不能允许其亲属或第三人接受该类馈赠。员工在商务活动中可以交换非现金礼节性纪念品,但不能因此影响业务正常往来。严禁为商务目的而以任何手段向政府官员提供、给予或承诺给予金钱和其他有价值的物品。公司员工代表公司购买商品应遵循公司的采购政策,在业务往来中不允许进行贿赂、收取回扣或其他诱惑。

4.公司员工必须遵守公司关于商业秘密保护的有关规定,不准泄露或擅自使用任何与公司相关的保密信息。

5.公司员工及亲属,不得违反章程规定收购公司资产、接受公司所提供的贷款或贷款担保。

(三)公司员工要忠诚于公司,诚实守信,反对出于任何目的的欺骗、作假行为。

(四)公司员工要继承弘扬中国石油优秀的职业道德作风。保持说老实话、办老实事、做老实人,严格的要求、严密的组织、严肃的态度、严明的纪律的优良传统。

(五)公司员工要遵守公司经营业务所在地区的法律、法规,遵守公司上市地有关监管规则的要求。

(六)公司员工在经营活动中,要公平对待公司的客户和供应商,赋有管理领导职权的员工,还要公平公正地对待所管理和领导范围内的所有员工。在履行职责和对外业务交往中,不得有损公司公平廉洁的声誉。

(七)公司员工在业务运作中,要严格按照有关规章、制度条款执行,保证公司的各项业务记录准确、清晰。严格禁止在业务中舞弊、弄虚作假或其他不良行为。

(八)公司员工在一切经营活动中,应当树立保护公司资产并使公司资产用于合法目的的业务意识,依法保护公司资产,确保有效使用。

(九)公司员工有权利和义务向公司监察部报告本人和他人违反国家法律、公司内部管理规定及本规范的行为,公司对报告人予以保密,任何人不得打击报复。

三、公司员工要严格遵守本规范。公司员工违反本规范的任何行为,除依照国家法律、上市监管地规则进行处理外,公司监察部、人事部可以根据有关文件规定对其处分直至解除劳动合同。

四、公司监察部根据公司管理层的授权对公司员工遵守本规范进行监督,公司企业文化部负责本规范的实施和解释。

五、本规范自印发之日起施行。

资料来源:中国石油天然气股份有限公司。

点评:

从中国石油天然气股份有限公司的职业道德守则,我们看到,公司将"诚信、创新、业绩、和谐、安全"作为公司核心经营管理理念,把诚实守信作为第一理念。此外,守则还非常重视公平、公正、奉献社会等原则。比如"公司员工在经营活动中,要公平对待公司的客户和供应商",公司员工要发扬"爱国、创业、求实、奉献"的企业精神等。

这些规定既是服务群众的基本要求,也是员工办事公道的前提。该公司作为中国油气行业的龙头企业,在对员工职业道德的要求和操守规定上也体现了引领行业良好风气的示范作用。

4.2　身心健康

身心健康包括身体健康和心理健康。在人的职业生涯甚至是人生道路上,身心健康起着非常重要的作用。其中,心理健康在竞争激烈、节奏加快的当今时代,显得越来越重要。联合国世界卫生组织曾对健康下了这样的定义:健康不仅仅是没有疾病,而且是身体上、心理上和社会上的完好状态。即人的健康包括身体健康、精神健康和社会适应功能良好三个方面。

世界卫生组织给健康提出了以下 10 条标准。

- 有足够充沛的精力,能从容不迫地应付日常生活和工作的压力。
- 处世乐观,态度积极,乐于承担责任,不挑剔事务的巨细。
- 善于休息,睡眠良好。
- 应变力强,能适应环境的各种变化。
- 能够抵抗一般性感冒和传染病。
- 体重得当,身材均匀,站立时,头、肩、臂位置协调。
- 眼睛明亮,反应敏锐,眼睑不发炎。
- 牙齿清洁,无空洞、无痛感,牙龈颜色正常,无出血现象。
- 头发有光泽,无头皮屑。
- 肌肉、皮肤有弹性,走路感到轻松。

4.2.1　心理健康的内涵

1. 什么是心理健康

心理健康又称心理卫生,包括两方面含义:第一指心理健康状态,个体处于这种状态时,不仅自我情况良好,而且与社会、人际相处和谐;第二指维持心理健康、减少行为问题和精神疾病的原则和措施。

心理健康还有狭义和广义之分:狭义的心理健康,主要目的在于预防心理障碍或行为问题；广义的心理健康，则是以促进人们心理调节、发展更大的效能为目标，使人们在各类环境中健康生活，保持并不断提高心理健康水平，从而更好地适应社会生活，更有效地为社会和人类做出贡献。

2. 心理健康的标准是什么

美国心理学家马斯洛和米特尔曼提出的心理健康的 10 条标准被认为是"最经典的标准"。

- 充分的安全感。
- 充分了解自己，并对自己的能力做适当的估价。
- 生活的目标切合实际。
- 与现实的环境保持接触。
- 能保持人格的完整与和谐。
- 具有从经验中学习的能力。
- 能保持良好的人际关系。
- 适度的情绪表达与控制。
- 在不违背社会规范的条件下，对个人的基本需要做恰当的满足。
- 在不违背社会规范的条件下，能做有限的个性发挥。

3. 心理健康的重要性

心理健康对于一个人具有非常重要的意义。它直接决定人的每一言行是否理智、高效。与所有财富相比，心理健康是只属于自己时刻享用的财富，是最核心的健康。它是一个人生理健康的前提，是愉快高效地生活、工作、学习的前提，是家庭和睦幸福的前提，是取得一切成功与财富的前提。下面着重从人际交往能力、抗挫折能力、乐观的生活态度等方面谈谈如何保持健康心理。

4.2.2　构建和谐的人际关系

人是社会的主体，社会和谐在本质上就包括人自身的和谐。如果每个人都有正确的世界观、人生观和价值观，有健全的人格、健康的心态，能够正确处理人与自然、人与社会、人与人的关系，社会就能达到和谐的状态。人自身的和谐，是社会和谐的基础和前提。从个人来说，和谐的人际关系是一个人生活愉快、工作顺利、实现自己人生目标的基础。

1. 人具有社会性

马克思主义认为，人是社会性的存在物，人的内心感受不仅决定于自己的修养和调整，也受到他人及社会对自己的态度和评价的影响。因此，一个人要实现自身的和谐，就要从人的社会性出发，把实现人自身的和谐与促进社会和谐联系起来，把自身修养与推动社会发展结合起来，以积极的人生态度实现主观与客观、个人与社会的统一，进而实现人自身的和谐。

2. 人需要和谐的人际关系

人际关系是指人与人之间相互认知，因而产生的吸引或排斥、合作或竞争、领导或服从等关系。和谐的人际关系是指一种积极、向上、公平、宽容、双赢互利、可持续发展的人与人之间的关系。卡耐基说过："和谐的人际关系是一笔宝贵的财富。"它对于人的成长至关重要;反之,不和谐的人际关系影响团结、影响工作、影响身心健康、更影响个人发展。

3. 如何奏响人际关系的和谐乐章

(1) 平等待人

生活中的每一个人,无论职务高低、知识多寡、财富多少、身体强弱、年龄长幼、性别不同,在人格上都是平等的。因此,在人际交往中我们绝不能以权压人、以势压人、以强凌弱,把自己看得高人一等,把别人看得一钱不值,给别人一种"拒人于千里之外"之感。

作为高职生,不管来自农村还是城市,不管家境富裕还是贫困,相互之间应该平等相待,条件好的同学切不可瞧不起别人,在说话办事时,不要流露出优越感。例如,有个女生家里开公司,经济条件非常好,她为人单纯,也很热心,但就是没有好朋友,宿舍的同学都疏远她。原因就是她在言谈之中很明显地流露出家境好的优越感,如说同学的头花质量那么差,准是在小摊上买的等。后来,在辅导员老师的帮助下,这位女生懂得了平等待人的重要性,改变了唯我独尊的做法,遇事多从他人角度考虑,赢得了大家的喜爱。

(2) 尊重他人

渴望受到尊重是每个人的基本心理需求。在人际交往中,我们对所有的人,不管其地位高低贵贱,都应该给予应有的尊重。我们不仅要尊重他人的人格、个性习惯、情感兴趣和隐私,还要尊重彼此存在的外显或内在的心理距离,不要轻易地去突破它、破坏它,否则就是对对方的冒犯,势必造成对方的戒备、反感和疏远。

那么,作为高职生如何养成尊重他人的好习惯呢?每天问自己,我做到以下三条了吗?

第一,学习上,上课做到不吃东西、不打手机、不做与上课无关的事,与老师进行互动了吗?

第二,生活上,遇到需要帮助的人我帮助了吗?我向帮助我的同学说谢谢了吗?

第三,工作上,我做完老师、同学交办的工作了吗?没做完我是否做出情况说明了?

很多同学觉得尊重他人是最简单的事,殊不知生活中很多误解都源于学生自己的"想当然",根源就是考虑不周,没从细节上尊重他人。只要做到多说一句、多想一下,矛盾就不会产生了。

每个人都希望走上工作岗位时,能有个和谐宽松的工作氛围和良好的人际关系。请记住,这种关系和氛围的营造不能靠碰运气,要靠自己去争取,最简单的做法就是尊重你的同事和领导。尊重的技巧和方式需要你在日常的学习和生活中去不断体验、摸索与积累。

(3) 有效沟通

只有沟通,才能让别人了解自己,同时自己也才能了解别人;只有沟通,才能不断增进彼此的理解,从而减少或避免一些不必要的误会和摩擦。越是不做沟通,越是有意设防,就越难使人心达到交融。沟通需要主动,一味地等着别人与自己沟通,等不来"好人缘"。能沟通不等于会沟通,善于沟通者知道根据不同的对象、场合,采取不同的交际方式,懂得"到什么山,唱什么歌"。

(4) 宽容大度

人的性格、特长各有差异,在处理人际关系中不能强求一致。人与人要和谐相处,就要有求同存异、相互谅解、不求全责备的宽广胸怀。在人际交往中，我们对他人的要求不要过分，不要强求于人，而要能让人时且让人，能容人处且容人。

人非圣贤，孰能无过？一旦对方犯了错误，我们也不要嫌弃，应给他提供改过的宽松条件，原谅别人的过失，帮助别人改正错误。古语云，"海纳百川，有容乃大"，古语又云，"水至清则无鱼，人至清则无朋"，在工作和生活中，人们总是喜欢和那些宽容厚道的人交朋友，正所谓"宽则得众"。

（5）欣赏别人

希望得到别人的注意和肯定，这是人们共有的心理需求，而欣赏正是满足这种需求的一种交际方式。人际关系大师卡耐基说："避免嫌弃人的方法，就是发现对方的长处。"因此，在交际中我们应抱着欣赏的心态来对待每一个人，时时留心身边的人和事，多发现别人的优点和长处。

有道是"良言一句三冬暖"，一句真诚的赞美往往可以给别人也给自己带来好心情。学会发现别人的长处并由衷地赞美他吧，这是促进人际关系和谐的"润滑剂"。

（6）换位思考

在现实生活中，我们总是习惯从自己的主观判断出发为人处世，因而常导致一些误解的发生。所以，要达到彼此的认同和理解，避免误会和偏见，我们就要学会换位思考。所谓"换位"，就是要善于从对方的角度和处境认知对方的观念、体会对方的情感，发现对方处理问题的个性方式。

只有设身处地地多为别人着想，才能够最大限度地理解别人，从而找到相处的最佳途径、解决问题的恰当方法。孔子有言"己所不欲，勿施于人"，意思是自己所不想要的，不要施加到别人身上，说的就是这个道理。

也正如一位哲人所说："你希望别人怎样对待你，你就先怎样对待别人。"因此交际中只要少一点自以为是，多一点换位思考，就会少一些误解和摩擦，多一些理解与和谐。

（7）弹性交往

一个人的人际关系不和谐，原因可能是多方面的，其中往往与他的交际方式太死板、不留余地有关。因此，我们需要在交际中建立一个"弹性隔离带"，使自己、对方或双方都能获得更大的回旋空间，以减少或避免一些不必要的摩擦和伤害。

比如说，在答应别人时，不要总是那么言之凿凿，一旦自己因客观原因无法兑现，岂不给对方以"言而无信"的印象？在拒绝别人时，不要总是那么生硬地一口回绝，不妨先答应考虑一下，给自己留点回旋的空间，以便到时候"进退有据"。

在批评别人时，如果是在公众场合，最好点到为止，照顾一下对方的自尊；与人争论或争吵时，不要口不择言地说些"过头话""绝情语"，这不仅会严重伤害对方的感情，而且也往往使双方难以"下台"。

在请人帮忙时，不要直接让对方按你的要求去做，一旦事情不该办或对方无能为力，难免会造成尴尬的僵局，等等。大量实践表明：为自己的交往增加些弹性，给自己和他人都留些余地，有助于你的人际关系更加和谐。

（8）善于合作

当今社会，人与人之间的竞争日益激烈，但这并不意味着合作变得可有可无。相反，随着社会分工的精细和工作内容智力成分比重的增加，许多工作不再依靠个体力量来完成，而要依靠团队合作来实现。因此，合作是实现人际关系和谐中必不可少的一个原则，是人际交往的基本准则，一个善于交际的人必定是个善于合作的人。

在合作基础上竞争，在竞争基础上合作，是人际交往的基本态势。如果只讲竞争不要合作，那么竞争必定是不择手段的恶性竞争和无序竞争，人际关系的和谐也将无从谈起。所以在人际交往中，我们应予对方多一些支持，少一些拆台；多一些协商，少一些固执；多一些沟通，少一些封闭。只有这样，我们的人际关系才能少一些紧张与摩擦，多一些温馨与和谐。

（9）互利互惠

在现实生活中，人与人的关系之所以会出现不和谐的音符，产生一些矛盾和摩擦，其中就与一方的利益受损有关。因此，要有效化解矛盾，消除摩擦，就不能太自私、"吃独食"，而应坚持互惠，追求双赢。

比如，在交际心态上，不要只想自己享受，不让别人舒服；考虑问题时不能只为自己着想而不为他人考虑；在双方意见不能统一时，可谋求一个折中方案；对利益有争议时，双方要坐下来诚恳协商，必要时不妨都做出一定的妥协等。

在交际中，只要我们肯先退让一步，肯在自己的底线上留有一定的弹性，肯与对方利益共享、共谋发展，那么，就一定能取得沟通的最佳效果，也一定能使人际关系变得更加和谐。

4.2.3 提高抗挫折能力，乐观面对生活

1. 正确认识挫折

挫折是具有普遍性的，挫折是生活的一个组成部分，每一个人都会遇到。"天有不测风云，人有旦夕祸福"讲的就是挫折的普遍性。能成大事、积伟业者无一不是在逆境中磨砺过来的。我们改革开放的伟大设计师邓小平，在他的政治生涯中也经历了很多的挫折，但他最终成为中国共产党第二代领导的核心。

虽然很多人都能从理性上认识挫折，感情上却并不愿意面对挫折，实际上挫折的影响并非都是负面的。法国大文豪巴尔扎克根据自己丰富的人生体验，形象地把挫折比作一块石头。他认为挫折对于强者可以成为垫脚石，让人站得更高；对于弱者可以成为绊脚石，使人一蹶不振。经历挫折，可以使人从失败中吸取经验教训，磨炼意志，增加克服困难的勇气，提高解决问题、适应环境的能力。

俗话说"吃一堑长一智""失败是成功之母"，就是这个道理。相反，挫折承受能力差的人却可能因此产生心理上的痛苦，情绪不稳、行为失态，甚至导致生理心理疾病。可见挫折犹如一把双刃剑，会给人以打击，带来损失和痛苦，但也能使人奋起和成熟，从中得到锻炼。

挫折的积极作用，就是激发人的进取心，磨炼人的性格和意志，增强人的创造力和智慧。使人面临问题时能更清醒、更深刻，从而增长知识和才干。挫折只是生活的一小部分，还有那么多快乐和幸福的事情。"生活就像一面镜子，你对它笑，它就对你笑，你对它哭，它就对你哭。"人固然乐于接受顺境，不欢迎逆境，但逆境可以砥砺人生，增长人的才

干,使人通过破除障碍和不良情绪得到新的突破和发展,心理达到更高层次的平衡。

在生活中许多优秀人物就是在挫折磨炼中成熟、在困境中崛起的。相反,过于一帆风顺的生活反而会使人耽于安逸、丧失斗志,在挑战到来时措手不及。因此可以说,挫折也是一种机会。只要能坦然面对挫折,树立战胜挫折的勇气和信心,就可以适应任何变化的环境。

为了提高挫折承受力,就应该主动地、自觉地将自己置身于充满矛盾的、复杂的社会环境中去磨炼,向生活学习,而不是逃避社会。宽容豁达和开拓创新的人胸怀宽阔,对挫折不是被动地适应,一味忍耐,而是面向未来,积极进取,勇于创造新生活。

同时,必须提高自身的思想修养、道德修养、知识素养,培养"慎独"精神,养成冷静思考的习惯,经常自我分析、自我反省、自我激励。

从心理发展的角度看,积极主动地适应、勇敢顽强地拼搏、反复不懈地磨炼,会使心理更趋成熟,增强承受挫折、化解冲突的能力,促进心理朝着健康、向上的方向发展。

2. 培养和提高抗挫折能力

人对待生活的良好心态,靠在具体生活实践中一点点地培养与体会。如果没有经过生活的磨炼,很难对生命的顽强与伟大有真正的认识。如果能在挫折中奋起,那将是人生的一笔财富。

（1）改变不合理的观念

人完全受思想的支配,所谓挫折其实就是一种心理感受。对于同样的情况,有的人体验到了挫折感,有的人却并不以为然。可见,客观事实并不是导致挫折产生的主要原因,人们面对客观事物时所持的信念才是引起挫折的关键原因。因此,改变不合理的信念,就可以提高挫折承受力。

美国心理学家艾利斯总结了三条常见的不合理信念。"绝对化要求",是指人们以自己的意愿为出发点,对某一事物怀有其必会发生或必不会发生的信念,通常与"必须""应该"等词联系在一起。例如,"我必须表现良好,并受到某重要人物的赏识,若不能如此,我就是一个无能的人"。

"过分概括化"指在一件事上失败了,便推论自己在各方面都不能成功,这种不合理性也常会导致自责自罪、自卑自弃的心理以及焦虑、抑郁等情绪的产生。"糟糕至极",即认为某件事情发生了会非常可怕,是灾难性的,以至无法忍受。

当你因为考试未通过、与同学关系紧张、未能当选班干部、生理上有缺陷等原因,而感到沮丧、悲观的时候,审视一下自己的观念,看自己是否陷入上述不合理信念的泥沼中。

（2）确定适度的抱负水平

抱负水平是人们在从事某种实际活动之前,为自己规定的目标水平。挫折总是跟目标受阻联系在一起,挫折就是有目的的行为受干扰,目标没有实现所引起的。目标对行为有激励作用。一般情况下,目标越高,行为动力越大,成就也就越高。但是如果目标过高,超过个人能力所能支持的限度,人们的行为动力反而减小,并导致失败。

所以,遇到挫折时,应审视一下自己的目标水平,看它设置得是否得当,得当的目标应当是具有较大的把握实现,又需要经过一定的努力才可能实现。

（3）放下过去向前看

先哲说：流入河中的水是不能再取回来的。的确，我们可以改变三分钟以后所发生的事情的后果，但不能改变三分钟之前所发生的事情。唯一能使过去变得有价值的办法，是以平静的态度去分析当时所犯的错误，从错误中吸取教训，然后再把错误忘掉。

既然已成为过去，何必再沉浸在痛苦的深渊里？就像莎士比亚说过的："聪明的人永远不会坐在那里为他们的损失而哀叹，却情愿去寻找办法来弥补他们的损失。"所以，面对挫折，不必忧虑、不必悲伤、不必流泪，放眼往前看，一切都会过去，我们随时都可以重新开始。

（4）学会悦纳自己

发现自己的优点。努力去发掘自己的优点，并逐项用笔记录下来。可分类记录，如个人专长、曾做过的有益的和建设性的事、此前人们对自己的称赞、受过的教育和培训、家人和朋友对自己的关怀，等等。

肯定自己的能力。每天至少找出三件自己做成功的事。例如，在图书馆借到了满意的书；独立完成了一份作业；为宿舍的同学讲了个笑话，让大家非常开心，等等。一天至少胜利完成了三件事，又怎能责备自己一事无成呢？

培养某方面的兴趣。在自己感兴趣的活动中，找一样来培养、发展，使之成为自己的专长。你所拥有的专长不必那么复杂和艰深，可以是生活上的，如简单的舞蹈、做菜、织毛衣、十字绣等；也可以是专业或技能上的，如人物素描、点钞、平面广告设计、办公室文案等；还可以是人际沟通方面的，如具有亲和力、善于建立朋友圈、愿意倾听等。有了专长，就有机会做主角；能做主角，自然神采飞扬。

（5）学会排遣压力

挫折产生后，谁都会感到紧张、烦闷，行为也不免有些失常。在这种情况下，最常见的就是分散和排解挫折的压力，不要把痛苦闷在心里，应当主动向老师、同学或亲友倾诉，争取别人的谅解、同情与帮助。这样可以减轻挫折感，增强克服挫折的信心。另外就是转移自己的视线。

遭受挫折后，一般人都会感觉度日如年，这时，要适当安排一些健康的娱乐活动，走出户外去呼吸大自然新鲜的空气。丰富多彩的闲暇活动可以使挫折感转移方向，开阔思路，使内心产生一种向上的激情，从而增强自信心。

4.2.4　拥有积极乐观的生活态度

1. 拥有积极乐观的生活态度的重要性

中国有句俗话"笑一笑，十年少"，意思是说保持积极乐观的生活态度有助于延长寿命。最近，美国科学家通过 15 年的研究，进一步证实了这一说法。

大卫·斯诺登是肯塔基大学的一位神经学教授，他从 1986 年开始就对圣母修女学院的 678 位修女进行跟踪研究。经研究发现，年轻时比较乐观的修女，到年老后不容易患老年痴呆症。越乐观的人，随着时间的流逝，他们对自身造成的压力就越小。相反，经常焦虑、动怒的人岁数大后更容易患中风和心脏病。

另外，美国明尼苏达梅奥医院的研究人员对 800 多人进行了为期 30 年的跟踪研究，发现情绪乐观的人生存率远远高于预期值。另一方面,情绪悲观的人实际寿命与预期寿命相比,提前死亡的可能性高 19%。

美国宾夕法尼亚大学心理学系的马丁·塞利格曼认为:悲观情绪早期就能加以确认,也可以改变,所以情绪容易悲观的人可以参加简短的训练计划,永久改变他们对不幸事件的思虑,从而降低患病乃至死亡的风险。

2. 如何拥有并保持积极乐观的生活态度

(1)乐观地面对人生

根据心理学家的统计,每个人每天大约会产生 5 万个想法。如果你拥有积极的态度,那么你就能乐观地、富有创造力地把这 5 万个想法转换成正面的能源和动力;如果你的态度是消极的,你就会显得悲观、软弱、缺乏安全感,同时也会把这 5 万个想法变成负面的障碍和阻力。

消极的人允许或期望环境控制自己,喜欢一切听别人安排,但在这样的情况下,他不可能拥有控制自己命运的能力,也无法避免失败的厄运;相反,积极的人总是以不屈不挠、坚忍不拔的精神面对困难,总是使用最乐观的精神和最辉煌的经验支配、控制自己的人生,因此,他的成功是指日可待的。

当然,不是每一件事情都必须由自己来选择,也不是每一件事情都可以由自己来主导。所以,在选择积极态度的同时,我们必须保持平和的心态——有勇气改变可以改变的事情,有胸怀接受不可改变的事情,有智慧来分辨两者的不同。

(2)拒绝拖延,立即行动

也许有人会说,在合适的时候拖延一下也是有好处的,例如在疲倦、沮丧或者愤怒的时候,中断工作比勉强继续的效果要好;在没有足够的条件来完成某项工作的时候,暂时搁置工作可以等待条件的成熟;在有更重要的事情需要处理的时候,分清轻重缓急是有必要的。

实际上,拒绝拖延并没有对合理的等待提出异议,我们也相信优秀的人都不会因此而为自己的拖延寻找借口,不会因此逃避真正需要马上执行的工作。但是,时间一旦消逝,就会永不回头。我们都应该想想自己的生命大约还剩下多少时间,立即拒绝拖延,提升工作效率,从而给自己腾出更多的私人空间,在这个竞争激烈、迅速变迁的世界享受工作、享受人生,才是我们明智的选择。

事实上,我们每个人都或多或少地存在着一种不良习惯——拖延。我们常常因为拖延时间而懊恼不已,然而下一次又会惯性一般地拖延下去。拖延时间,看似人的一种本性,实质上是在工作和生活中养成的一种极其有害于工作和生活的恶习。那么如何克服这种恶习呢? 下面是一些解决拖延毛病的方法。

① 从习惯拖延的一个具体方面突破,一种得到解脱和成功的感觉将会帮助我们全面地克服它。

② 拟定一个完成工作任务的期限,给自己加压,并实行公众承诺,让身边的人都知道我们的期限,让他们看到我们如期完成。

③ 有些人因为害怕自己干得不那么完美无缺而搁置了工作,拖延了时间,所以不要因为追求十全十美的业绩而裹足不前。

④ 接到新的工作任务，就立即切实地行动起来。

⑤ 现在就去做自己一直在拖延的工作。如此一来，我们就会发现拖延时间真的是毫无必要，而且很可能会喜欢上自己一拖再拖的这项工作，从而改变拖延，逐步消除拖延的烦恼。

（3）控制情绪，调整自我

情绪是指人们对环境中某个客观事物的特殊感触所持的身心体验。是一种对人生成功活动具有显著影响的非智力潜能素质。美国密歇根大学心理学家南迪·内森的一项研究发现，一般人的一生平均有3/10的时间处于情绪不佳的状态，因此，人们常常需要与那些消极的情绪做斗争。

情绪变化往往会在我们的一些神经生理活动中表现出来。比如，当你努力参与某次社会实践的组织、策划及相关具体事务时，但是没有获得社会实践标兵称号；你学习非常努力，但是参加社会工作少没有加分机会，从而失去了一次本该到手的奖学金时，你的大脑神经就会立刻刺激身体产生大量起兴奋作用的"去甲肾上腺素"，如果你没有理智地控制它，其结果是使你怒气冲冲、坐卧不安，随时准备找人评评理，或者"讨个说法"。

成功者控制自己的情绪，失败者被自己的情绪所控制。所谓成功的人，就是心理障碍突破最多的人，因为每个人或多或少都会有各式各样、大大小小的心理障碍。当你在学会了情绪控制以后，离成功就会越来越近，你的工作满意度和生活幸福指数也会越来越高。

 小贴士

控制情绪小秘方

必须承认某种情绪的存在。例如，有人惧怕黑暗，要想消除这种反应，先得承认他对黑暗有惧怕的心理。对于人的情绪也是如此。

找出产生该情绪的原因，弄清楚究竟为什么会有焦虑或恐惧的反应。如果我们发现令人恐惧的事物并不真实存在，那些恐惧、愤怒之感就会烟消云散。

强烈的肢体动作会创造出很好的情绪。科学家发现，透过改变人外在的肢体动作，也可以改变人的情绪。

把注意力放在美好的方面。关键是把注意力放在哪里，注意到很好的地方，就会得到很好的结果，如果注意力在不好的地方，你就得到一个很不好的结果。所以必须学会控制自己的注意力，以调控自己的情绪。

学会积极地思考。人脑是具有搜索功能的，可以搜索到哪些是积极的，哪些是消极的。搜索的结果是积极的还是消极的，和提出的问题的好坏有直接关系。要提高思考品质，就要提高你发问的品质，你就会搜索到所有积极的东西，对你有帮助的东西。

注意问题后面的机会。生活中，我们会面对各种各样的问题，要挑战挫折，你是否注意到，问题后面永远有机会存在。危机意味着危险，同时还隐含着机遇。

培养幽默感。幽默感是一种帮助个人适应环境的极为有益的工具。心理学家发现，那些经常运用幽默作为应对机制的人，健康问题较少；而那些经常运用哭喊作为应对机制的人，健康问题就较多。

73

职业基本素质的养成

第4章

使情绪获得适当表现的机会。情绪既然是人生活的一个方面,就应当使之有适当的表现机会,喜、怒、哀、乐,各种情绪正常人都会有,所以不必也不能一概予以抑制,而应选择适当的方式。

要学会同自己进行良好的沟通。自我沟通是一种非常重要的沟通方式。一个人不管有多忙,每天一定要留出一点时间给自己独处。这就是自己和自己沟通的一个时间。可以读读书,可以去看一部好电影,也可以去花时间去静静地思考,这都是和自己进行自我沟通的一些很好的方法,这些方法可以让你的心灵变得丰富,让你更具影响力。

给自己重新定义。改变对事情的定义,把所有不想要的感觉放在过去,把所有想要的、对你成功有帮助的感觉放在现在。

保持睡眠充足。工作的压力,繁杂的事务,使很多人的睡眠不足。研究发现,睡眠不足对我们的情绪影响极大。人在睡眠充足后心情更舒畅,看待事物的方式也更乐观。

找一棵留住烦恼的"烦恼树"。每个人都该有一棵自己的"烦恼树",它可以是无形的,也可以是有形的,它可以是日记本上的宣泄,也可以是内心的自我化解,甚至哪怕只是一个关切的眼神和一个温暖的微笑。

资料来源:医药在线 http://www.cnm21.com.

4.2.5 保持身体健康,为成功的事业奠定基础

1. 健康的体魄是事业成功、生活幸福的重要基础

健康的身体素质是学生职业发展的需要。高职生毕业后将成为从事生产、服务和管理需要的一线工作人员,工作环境对职员的体质要求较高,没有强健的体魄,将来很难适应职业对员工体质的需要。尤其在现代化的快节奏和高竞争的压力下,拥有良好的身体素质更是一个人事业有成、家庭幸福的最基本素质。

有这么一种说法:健康是"1",幸福、成就、事业、金钱等都是后面的"0","1"后面的"0"越多证明你这一生越有意义,但是,假如这个最前面的"1"过早倒下了,"0"怎么还能多得起来呢?而且,假如这个最前面的"1"真的倒下了,"0"再多又有什么意义呢?

2. 养成良好的生活习惯,保持身体健康

如何才能获得健康,如何才能得到人们生活中最基本的质量元素呢?健康身体素质的养成依靠健康的生活习惯。

(1)心情良好

绝对不生气。人生气发怒会产生大量的废物,导致人体机能受到严重冲击,对健康绝对没有好处,因此无论何时何地都不动怒、不生气!如果真的无法控制,就马上宣泄,让不良情绪得以排除,具体方法因人而异,只要能够让自己保持好心情的同时又不违法(即要采取适当的宣泄方式),就可以采取。

(2)早睡早起

前面我们谈到,保持充足的睡眠会让人心情愉悦。不仅如此,充足的睡眠还有助于养颜,让人更美丽。所以快快摒弃"年轻不怕熬夜"的错误观点,养成良好的早睡早起习惯。有人会问早睡到底什么时候睡呢?晚上 11 点以前务必睡觉,原因何在?人体器官在晚上需要排泄各类废物,而只有在休息的情况下这些废物才能够被排除,如果不睡觉则机体内

部的废物无法排泄,日积月累就会导致质变,人就会生病。

（3）合理饮食

尽量多食用蔬菜、水果与坚果,能生吃最好,因为煮熟的食物营养成分会大量流失。淀粉类尽量不与肉类、鱼类、蛋白质类一起食用,因为淀粉类需要在碱性环境下被消化,而鱼肉类食物需要在酸性环境下消化,酸碱中和对身体无益,长期食用容易生病。

尽量别吃饱。人体每天需要的物质是有限的,吃得太多而人体又不需要,则导致各类器官花费更多的能量来消耗,同时身体又无法吸收,大量的废物被存放于大肠内,导致废物被人体吸收,对身体健康不利。

（4）坚持锻炼

生命在于运动,不仅说的是生命以运动的形式存在,更提醒我们合理适当地运动提升生命的质量。增强体质,坚持每天锻炼身体,不仅是在培养一种良好的习惯,也是在形成一种健康的生活方式。

著名经济学家马寅初一向重视体育锻炼,从十几岁开始,直到百岁高龄,从未间断。他一生坎坷,却奇迹般地突破了百岁大关。著名作家海明威的父亲酷爱体育运动,常常带着他走村串户,穿林渡水。4 岁时,父亲给了他一支猎枪,他开始了独立活动,很快迷上了钓鱼、打猎和探险。海明威之所以能写出《老人与海》这样的作品,与其幼时的经历分不开……生命在于运动,每天锻炼身体,能强身,更能强心。

对于学生而言,认真上好体育课,坚持出操,下晚自习后到操场跑步,课余时间,同学一起打打羽毛球、跳跳绳、打打篮球等都是很不错的运动形式。但是切忌一时兴起,三天打鱼,两天晒网,贵在有锻炼意识,因时、因地、因人而异地选择锻炼方式,并能坚持下去。

4.3 团队精神的培养

4.3.1 团队的重要性

现代社会中个人的发展离不开团队合作。一个家庭、一个公司、一个单位中的小团队莫不是如此。如果只强调个人的力量,你表现得再完美,也很难创造很高的价值,所以说"没有完美的个人,只有完美的团队"。

相传佛教创始人释迦牟尼曾问他的弟子:"一滴水怎样才能不干涸?"弟子们面面相觑,无法回答。释迦牟尼说:"把它放到大海里去。"

个人再完美,也是一滴水;一个优秀的团队就是大海。

4.3.2 团队精神概述

1. 团队的协作精神

从神舟一号到神舟十号,在我国载人航天工程所创造的奇迹般的辉煌中,凝聚着亿万人的汗水心血。据载人航天工程办公室的不完全统计,直接参与载人航天工程研制工作的研究所、基地、研究院一级的单位就有 110 多个,配合参与这项工程的单位则多达3000 多个,涉及数十万科研工作者。他们的心血,凝结在了运载火箭的 20 多万个零部件上，凝结在了火箭和飞船等上天产品的 12 万多个元器件上；凝结在了飞船系统那 70 多万条软件语句上，北京航天指挥控制中心的 140 万条重要软件语句，以及更多的常人所不知的地方。

中国载人航天工程之所以取得如此辉煌的成就，是参与该工程的广大科研人员、部队官兵和职工艰苦奋斗、顽强拼搏的结果，是"特别能吃苦、特别能战斗、特别能攻关、特别能奉献"的团队协作精神的结晶。

2. 团队的创新精神

当今社会已进入资讯时代，科技日新月异，没有一个产品能永远畅销。社会也已进入"快鱼吃慢鱼"的时代，企业要想长盛不衰，就必须在各个方面进行创新……

微软总裁比尔·盖茨讲：微软离破产永远只有 180 天；海尔总裁张瑞敏"战战兢兢，如履薄冰"；华为总裁任正非大谈危机管理。这些都不是危言耸听，这就是所谓丛林生存法则——优胜劣汰。你不创新，别人就会超过你，就要灭掉你——没有什么可商量的。

中国的海尔从 1984 年开始创业，现已成为中国企业的一面旗帜，其在全球员工人数超过 8 万人，用户遍布世界 100 多个国家和地区。海尔之所以发展得这么快，是因为它有一个创新的企业文化和一个团结的领导班子。

据中国质量网 2013 年 3 月 15 日报道，截至 2012 年 10 月份，海尔累计申报 13676 项技术专利，获授权专利 9301 项；累计提报 80 项国际标准提案，其中 27 项已经发布实施，是中国申请专利和提报国际标准最多的家电企业。

在自主知识产权的基础上，海尔已参与 23 项国际标准的制定，其中无粉洗涤技术、防电墙技术等 7 项国际标准已经发布实施，这表明海尔自主创新技术在国际标准领域得到了认可；海尔主导和参与了 232 项国家标准的编制、修订，其中 188 项已经发布，并有 10 项获得了国家标准创新贡献奖；参与制定行业及其他标准 447 项。

所以，我们高职院校的学生要树立创新意识，在学习的过程中，既要学好老师教授的课程，更要善于开动脑筋，积极探索新的领域、新的方法，为进入社会进行工作创新做准备。

3. 团队的学习精神

20 世纪初，英国的乡村有一套牛奶配送系统，将牛奶送到顾客门口。由于牛奶瓶没有盖子，山雀与知更鸟常常毫不费力地在顾客开门收取牛奶前，先一步享用。后来，随着厂商加装了铝制的瓶盖，山雀与知更鸟便不再拥有这份"免费早餐"。但到了 50 年代初期，当地的所有山雀（约 100 万只）居然都学会了刺穿铝制瓶盖，重开"免费早餐"的大门。反观知更鸟，却只有少数学会，始终没有扩散到大多数，原因何在？

生物学家发现，山雀在年幼时期，就已习惯和同类和平相处，甚至编队飞行；而知更鸟则是排他性较强的鸟类，势力范围内是不允许其他雄鸟进入的，同类之间基本上是以敌对的方式沟通。很明显，山雀经历了组织学习的过程，借助个体的创新技能，传送给群体成员，成功增加了族群对环境的适应力。

我们也要创立一个真正的学习型组织，轻松和谐、相互学习、团结协作、分享创新！

一个团队学习的过程，就是团队成员思想不断交流、智慧之火花不断碰撞的过程。英国作家萧伯纳有一句名言:"两个人各自拿着一个苹果,互相交换,每人仍然只有一个苹果;两个人各自拥有一个思想,互相交换,每个人就拥有两个思想。"如果团队中每个成员都能把自己掌握的新知识、新技术、新思想拿出来和其他团队成员分享,集体的智慧势必大增,就会产生 1＋1＞2 的效果,团队的学习力就会大于个人的学习力,团队智商就会大大高于每个成员的智商,团队才有竞争的基础。

4. 团队的竞争精神

有这样一个真实的故事:

国外一家森林公园曾养殖了几百只梅花鹿,尽管环境幽静,水草丰美,又没有天敌,但几年以后,鹿群非但没有发展,反而病的病,死的死,竟然出现了负增长。这大大违背了养殖者的初衷,他们百思不得其解。后来他们接受建议,买回几只狼放置在公园里。在狼的追赶捕食下,鹿群只得紧张地奔跑以逃命。这样一来,除了那些老弱病残者被狼捕食外,其他鹿的体质日益增强,数量也迅速地增长。

这个故事真实地揭示了优胜劣汰的自然进化法则。人类社会也一样是遵循着这样的法则——在竞争中求生存。这种竞争的激烈程度,在当今市场经济条件下表现得尤为明显,因为市场经济就是一种竞争型经济。

在激烈的市场竞争条件下,我们就必须把竞争意识渗透到团队建设之中,建设一个竞争型的团队。从外部来讲,这支团队必须具有竞争意识,敢于正视自己,敢于面对强手。从内部来讲,团队的成员也要有竞争意识。提倡竞争型团队有两个目的:一个是自身提高水平和技能的需要;一方面是完成团队目标的需要。要做到这一点,需要一种制度来保障。

作为即将进入社会的大学生及高职学生,就要有意识地在生活中、在集体中培养竞争意识,并且将团队协作与内部和谐竞争有机结合,以更加全面的素质融入团队、创造价值。

4.3.3 团队精神的培养途径

有同学会说,讲了这么多团队精神的重要性,如何培养团队意识和团队精神呢?我们建议可以通过参加学生组织、投身社团活动以及积极为自己所在的班集体服务、出谋划策,来培养自己的团队意识,锻炼自己的团队精神。

1. 参加学生组织

无论是普通高校还是职业院校,都有共同的特点,都是为青年大学生走向社会、融入社会做准备,这种准备既有知识上的,更有着全面能力的培养,其中一个重要的方面就是团队协作能力的培养。所以,高校除了能够提供丰富的学科知识、专业技能外,还为学生培养各种能力提供了各种各样的组织平台和活动载体,借助这些组织,通过各种活动,同学们可以培养自己的团队协作能力、组织协调能力等。

(1)学生组织的类型

高职院校中学生组织的类型非常多,有学院团委直接领导的学生会,下设文艺部、学习部、体育部、外联部等部门;有团委的组织系统,下设组织部、宣传部、社团部、实践部等;还有以各种兴趣爱好为标志的组织,比如摄影协会、舞蹈协会、体育协会、文学爱好者协会,等等。

另外,还有以地域为标志的各种学生组织,比如各种老乡会、同学会等。无论哪种形式的学生组织,都能够培养和提高学生的团队协作能力。

(2) 学生组织如何培养团队精神

学生组织往往会组织各种各样的学生活动,而通过参与这些集体活动,学生们将学会与其他人配合,共同完成组织的任务。比如,新生入学后,体育协会开展的以班级为单位的迎新生足球、篮球赛等,这些比赛均能锻炼学生之间相互配合、相互协调、相互合作的能力,磨炼学生把个人目标融合于整个班级目标,从而创造出最佳合力的能力与意识。

又比如,开学校运动会时,开展系与系之间评比,既比运动成绩总分,又比精神文明,有运动项目的同学努力创造好成绩,没有项目的同学通过为运动员们服务,也一样为班级的荣誉付出努力。作为高职院校的学生,从入学开始,就要有意识地积极融入各种学生组织中,全面提高自己的综合素质,为毕业后融入社会打下坚实的基础。

2. 投身社团活动

(1) 什么是学生社团

学生社团是以学生为主体,以共同兴趣、爱好和追求为纽带,以举办的各类活动为载体,以满足自我归属需要、交往需要、娱乐需要和成就需要为目的,在自愿基础上结成的大学生非正式群体,是组织和引导大学生参与社会生活、培养实践能力、实现自我教育,实现能力和角色转型的重要载体。

(2) 学生社团的种类

从全国高校学生社团建设情况来看,形式多种多样,社团数量巨大,覆盖的范围极广,而且各高校的社团数量逐年增长,如目前北京大学有 269 个社团;清华大学有 75 个社团;人民大学和首师大各有 65 个;北师大有 50 多个。相比之下,高职院校的发展时间短、学生学制短,在学生社团建设上相对薄弱。

通常情况下,学生社团按照构成和活动内容划分,可以分为讨论自然科学、社会问题等学术研究社团,文学、艺术、体育、音乐、美术等方面的兴趣爱好类社团,奉献爱心、参与各项志愿活动等公益服务类社团。

具体到各高校,其分类又有所不同。以北京大学为例,北京大学将学生社团分为八大类: 政治理论类社团、学术科技类社团、文化艺术类社团、地域文化类社团、公益志愿类社团、实践促进类社团、体育健身类社团、合作交流类社团。

教育部和团中央在相关文件中对大学生社团类型也进行了分析:"大力扶持理论学习型社团,热情鼓励学术科技型社团,正确引导兴趣爱好型社团,积极倡导社会公益型社团。"可见,官方组织将大学生社团分为四类: 理论学习型社团、学术科技型社团、兴趣爱好型社团、社会公益型社团。

(3) 有选择性地加入学生社团

面对琳琅满目的社团,学生们应本着"兴趣第一"的原则,选择几个最适合自己的社团加入其中,切勿盲目贪多;应该通过加入社团拓展交际、展示自我、提高素质,在其中找到属于自己的精彩。

适合自己的才是最好的。选择社团时首先要考虑自己擅长什么和是否感兴趣。每个人的兴趣爱好是不同的,擅长文艺的可以加入到学生艺术团;爱好新闻采编和文学写作的可以参加记者团或文学社;乐于青年志愿者服务的可以加入志愿类组织;对播音主持有兴趣的可以到校广播站一试身手。

以兴趣出发,选择自己喜欢的社团,结交一群志趣相投的朋友,可以为大学生活增加快乐美好的经历。大多数社团会定期组织丰富多彩的活动,只要你用心参与,一定会在活动中找到快乐和成就,实现自我的价值。

3. 为班集体服务

高职院校虽然有些学生社团,但是班级作为一个非偶然聚合,非自发产生的传统的集体,对于保证高职院校的教学计划和任务得到落实和完成,对于培养适应社会发展的优秀毕业人才,对于培养团队协作精神和能力,仍然起着举足轻重的作用。

班集体是一个以学生为主体的社会群体,也可以说是学生生活的微观社会。学生在这个微观社会中处于主体地位,树立主人翁的意识,学做集体的主人、学习的主人、活动的主人、生活的主人,将来就能做社会的主人。

班集体组织的活动又能将学校教育和社区教育紧密地结合起来,引导学生参加社会实践活动,熟悉社会生活,创设优化的校内外育人环境,使宏观社会的教育影响,通过折射到微观社会,对学生产生教育效果。同时在班集体这个微观社会中,学生能通过建立良好的人际关系培养社会交往能力。

一个良好班集体对学生成长具有重要意义。现代教育理论是开放性的理论,它是与改革开放的经济发展相适应的。其主要特征是教育社会化,即把学生从一个人体人(自然人)转变为社会人的过程,通过这个过程把学生与社会联系起来。

让学生主动参与到班集体建设中,为班集体服务,是团队协作的一个重要途径。可以通过主题班会或团队训练,让同学们自主管理班集体,融入班集体,提高集体荣誉感。

比如,可以把班级成员分为四组,发放适当的道具,让每一组成员在规定的时间内,设计出团队的名称、团队的队徽、团队的口号,并各派一个代表解释团队名称的寓意,等等。通过这种活动,可以充分调动学生的积极性,发挥各自的特长,融入团体中。

然后,让同学们再拿出班集体的名称、设计出班集体的班徽、班集体的口号,更重要的是设立班集体的奋斗目标,这个目标设定后,学生就会自觉地为这个目标去努力、去奋斗。

【关键术语】

职业道德、身心健康、和谐人际关系、团队精神、团队意识

【请你筹划】

请你收集一个适合你们班级或者适合所在宿舍、学习小组的团队训练项目,通过训练提高大家的团队协作意识和能力。

第 5 章
就业信息的使用

【学习目标】

1. 了解就业信息的相关概念,理解就业信息的获取原则。
2. 掌握就业信息的获取和处理方法。
3. 了解应对各种招聘陷阱的措施。

【技能要求】

1. 能通过各种渠道获取就业信息。
2. 能正确把握和处理就业信息。
3. 通过就业信息的分析和处理来应对各种招聘陷阱。

引导案例

信息收集　去伪存真

2011 年 3 月底,西安市某高校的毕业生小王还没有找到就业单位,他非常着急。有一天,小王在网上收集到这样一条信息:某大城市的人才市场将于近日举行大型毕业生与用人单位供需见面会,参加单位将达数百家,世界著名的一些跨国公司、国内著名的一些高科技公司、大型企业集团届时将前来招聘毕业生,盛况空前,欢迎全国各地的大中专毕业生踊跃参加。

小王一看,非常高兴,欣然前往。他满以为这么多著名公司参加,一定能使他满足心愿。当他风尘仆仆、兴致勃勃地赶到供需见面会现场,购买了价格不菲的门票入场后,看到的一切却让他大失所望,不但没看见所谓的世界著名公司的影子,而且连国内一些大公司也难觅踪影,大多是一些不知名的小公司、小企业滥竽充数,有些公司还要收取报名费,一看就让人难以放心。小王连呼上当,愤慨不已,但却无可奈何。同时,受骗的还有许多来自全国各地院校的毕业生。

小王的这次求职,除了花费大量时间和精力精心准备个人求职材料,还和老师、同学们讨论了可能要面临的问题和与这些著名公司面试时要注意的细节,等等。可以说,他什么都考虑到了,就是没想到这次供需见面会是一场骗局,以致浪费了他的大量金钱、时间和精力,这对于他本来就焦虑的心理来说无异于雪上加霜。

资料来源:http//sdsfjgzyxy.sdbys.cn.

众所周知,在当今信息化时代,信息就是机会,信息就是商机。面对就业市场日趋激烈的竞争态势,掌握就业信息显得极为迫切和重要。信息收集和处理并不是简单的事,它是个人素质的综合反映。每个人只有捕捉最适合自己的信息,并对信息进行合理的分析处理才能做到果断出击,运筹帷幄、把握机遇。

毕业生应该怎样获取就业信息呢?获取就业信息的方法有哪些?应该了解哪些就业需要的信息?怎样甄别你所选取的信息是真实有效的?下面就让我们一起来学习这些方面的知识。

5.1 就业信息

就业信息对于高职毕业生求职来说十分重要,信息的收集和使用是每个想成功就业的毕业生必须经历和掌握的内容。本节主要介绍就业信息的概念、特点、作用和内容。

5.1.1 就业信息的概念

就业信息,指在择业的准备阶段,经过加工整理,成为求职者选择所从事的职业或工作岗位的有价值的消息、资料、情报等的总和。

就业信息可分为广义信息和狭义信息、外部信息和内部信息等。广义的就业信息指高职大学生在校学习的过程中接受的各种有关职业的信息和所学的知识。狭义的就业信息指毕业生在毕业前夕获得的大量的对就业择业有价值的信息。外部就业信息指毕业生通过各种途径获取的关于用人单位的性质、需求等信息。内部信息是大学生对自身情况和各项能力、专业、职业兴趣的了解、分析和评估结果。

5.1.2 就业信息的特点

就业信息作为信息资源,具有时效性、真实性、相对性、共享性、变动性等特点。

1. 时效性

就业信息有极强的时效性,每条信息都有时间要求,在规定的时期内是有效的,过了一定时期就失去了意义和作用。毕业生在收集就业信息时,要注意有效时间,争取及早对信息做出反应。

2. 真实性

在大量就业信息中有真有伪,这就要求毕业生要仔细地分析和研究就业信息,避免被不实的信息所诱导。在当前市场尚不健全的情况下,虚假信息大量存在,且危害极大。

3. 相对性

随着社会分工的细化,用人单位要求的人才针对性提高。就业信息对一部分毕业生是非常有价值的,对另一部分则没有多大价值。这就要求大学生在得到就业信息时,要认真分析和研究,看自身的情况是否符合用人单位的要求,这样,可以减少求职的盲目向,增加求职的成功率。

4. 共享性

就业信息的共享性是指就业信息可以通过不同的载体进行传播,并为社会各方共同享用。就业信息的共享性还意味着就业的竞争,不仅限于本班同学、本校同学、本地高校、还有外省、市高校毕业生。

5. 变动性

变动性指就业信息不仅受到国际、国家政治、经济形势的影响，也受到所在地区、行业形势变化的影响。例如 2011 年年初，许多太阳能和风电企业还处于大干快上、信心爆棚状态，随后一路滑落谷底，2011 年年底，这些企业就不得不守着积压的风机、破败的风场和成堆的电池片暗自发愁，这些企业陷入资金链紧张、濒临停工停产甚至破产倒闭的危险。

5.1.3 就业信息的作用

一个人就业的成功与否，不仅取决于自身的知识和能力等因素，还取决于其是否掌握和有效利用就业信息。对于求职者来说，就业信息的作用有以下两个方面。

1. 就业信息是职业选择的基本前提

目前，我国大学毕业生就业制度是在国家方针政策的指导下，实行"市场导向、政府调控、学校推荐、自主择业"的就业体制。人才资源实行市场化配置，用人单位择人与大学毕业生择业的自主权得到进一步强化，毕业生只有掌握了大量就业信息，视野才会比较广阔，才能够不失时机地选择适合自己的工作，从而比较稳妥地把握自己的命运。

2. 就业信息是择业决策的重要依据

毕业生要做好自己的择业决策，就必须要有就业信息作为保证。如国家的就业方针，各地区及主要行业的就业政策，自己所属院校的就业细则，有关的就业机构具体职责，校园招聘活动的安排等，当然，更为主要的是用人单位的需求信息。

通过对搜集的就业信息经过筛选比较、科学决策，使自己最后瞄准了一个或几个相对确定的目标，那么，所要面临的就是求职面试了。对毕业生而言，要想顺利通过面试关，就必须对用人单位的企业文化、管理理念、经营方式、产品结构、市场行情、用人制度及其以往的历史和今后发展情况有一定的了解，这就是成功就业对就业信息深度和广度的要求。虽然一个人把握了就业信息的深度，并不一定能被录用，但毕竟加大了被录用的可能性。

5.1.4 就业信息的内容

就业信息的内容十分广泛，主要有以下两个方面。

1. 就业政策和相关规定

了解国家就业方针、政策及相关的就业法律法规，是毕业生就业的前提。每年国家和地方都会针对当年或当地的实际就业形势出台相关的应届毕业生就业政策和规定，毕业生在国家就业方针、政策所规定的范围内，应根据个人的情况选择职业。

2. 供求信息

供求信息包括当年毕业生信息和用人单位信息。高职毕业生只有知己知彼，才能游刃有余。

（1）毕业生信息

当年毕业生总体供求形势，即本地区毕业的学生有多少，而用人单位的需求有多少，是供大于求，还是供小于求，或者两者基本平衡；哪些专业热门，哪些专业过剩等。

（2）用人单位的信息

在选单位时，往往会出现这样的问题：对用人单位情况不了解，于是在求职时带有随意性和盲目性。要避免这种情况，关键在于掌握用人单位的信息。

5.2　就业信息的获取

大学毕业生获取就业信息的渠道和方法多种多样，由于个人情况、社会背景、家庭状况等原因，获取就业信息的渠道和方法存在着差异。本节主要介绍如何获取就业信息。

5.2.1　获取渠道

就业信息搜集的渠道是很广泛的，这里列举几种，同学们可以根据自己的实际情况进行选择。

1. 通过各种社会关系获取信息

（1）如何获取此类信息

每个人都是纷繁的社会关系网中的一个结点，人际网的互相联络是交流各种信息的纽带，要善于利用这种信息传播途径。相关的研究表明，大约有65％的人是通过自己的社会关系找到工作的。亲朋好友的介绍，使你的成功概率大幅度提高，这种社会关系包括自己的父母、亲戚、朋友、邻居、同学、校友，也包括自己本专业的教师和班主任。

本专业的教师和班主任一方面对行业领域有了解和研究，另一方面，对你的性格、职业倾向和职业能力也有一定的了解，他们的推荐应该是最适合你的，且成功率也最大。

要经常跟校友保持联系，因为校友大多在对口单位工作，对所在单位情况了如指掌，通过他们可以获得许多具体、准确的信息。家长和亲友对你的就业更为关心，他们与社会的方方面面有联系，常常是帮你找到工作最有力的后盾。

（2）注意事项

通过各种社会关系获取就业信息时，首先要通过适当的途径和方式告诉他们你在找工作，你理想的工作是哪一方面的。另外，要认真地对待他们给你介绍或推荐的工作，正确地处理你认为其中不适合你的工作，不能直接拒绝或有诸多不满和抱怨，否则，下次即使有适合你的工作，他们也不敢再贸然推荐给你，使你白白丧失好的就业信息和机会，有的甚至造成终身遗憾。

2. 利用社会实践或实习获取信息

（1）如何获取此类信息

社会实践是大学生自我开发职业信息的重要途径。在社会实践的过程中，通过自己的努力赢得用人单位的好感、信任，取得职业信息甚至直接谋得职业的大学生不乏其人。因此，大学生在各种社会实践活动中，在了解社会、提高思想觉悟、培养社会能力的同时，要做一个收集职业信息的有心人。

另外，专业实习以及毕业实习也是一个重要途径。实习单位一般比较对口，通过实习，可以直接掌握就业信息，如果在实习过程中能与用人单位达成就业意向更好。

（2）注意事项

在利用社会实践或实习获取信息时，广大高职毕业生一定要认真对待每次社会实践和实习，一方面注意工作经验的积累，处处留心自己的不足，学习单位老职工的长处；另一方面要与实习单位的老师或领导建立和谐的关系，如在实习结束时，真诚地向有关老师道谢；离开实习单位了，仍然保持联系，节假日送去问候等。

最后，还要注意在实习和实践时，不能有经济利益至上的念头，找实习单位或实践单位时，一定要与自己的专业、未来的职业目标挂钩，最好能与自己的职业生涯规划的阶段目标统一起来，这是一个不付学费的学习过程，切不可有短视行为——先挣些钱，找工作以后再说。

3. 通过各院校就业主管部门获取信息

（1）如何获取此类信息

学校的毕业生就业工作办公室或毕业生就业指导中心是主管高校毕业生就业工作的行政管理部门，在长期的工作交往中与各部委和省市的毕业生就业主管部门及用人单位有着密切的联系，社会需求信息往往汇集到这里。

在毕业生就业过程中，他们会及时向毕业生发布有关需求信息，进行就业指导，让毕业生大致了解当年社会对大学生需求的状况及有关就业的政策规定，学生本人也可以就有关问题进行咨询。学校毕业生就业工作办公室或毕业生就业指导中心是获取用人单位信息的主渠道，他们提供的信息无论是数量还是质量都有明显的优势。

（2）此类信息的特点

① 针对性强。一般用人单位是在掌握了该校的专业设置、生源情况、教学质量等信息后，才向学校发出需求信息的，这些信息是完全针对应届毕业生、针对该校的专业，针对性强。

② 可靠性高。为了对广大毕业生负责，在把用人单位给学校的需求信息发布给学生之前，学校就业主管部门要先对就业信息进行审核，保证信息的可靠性。

③ 成功率大。一般毕业生只要符合条件并善于把握自己，供需双方面谈合适，签下协议书的成功率较大。

4. 通过各级政府人事部门获取信息

（1）如何获取此类信息

为了适应毕业生就业制度改革的需要，每年教育部都要制定毕业生就业的有关方针、政策，各省、自治区、直辖市的主管部门也要相应地制定实施意见，国家教育部各地的毕业生就业指导机构，也要开展信息交流和咨询服务。

全国县级以上各级政府一般都设立了毕业生就业指导机构，许多行业的主管部门也设有专门机构负责人才的引进和毕业生的推荐工作。这些机构的主要职责，就是制定所辖区域的毕业生就业政策、交流毕业生和用人单位的供求信息，为毕业生提供各种信息交流、就业咨询、人事代理等服务。他们提供的就业信息广、可靠性强。因此，这也是获取就业信息的重要渠道。

（2）注意事项

这种信息的获取主要来自主管部门的主动公布，毕业生要留意用人所在地的媒体，及时捕捉相关信息。

5. 通过人才市场及就业洽谈会获取信息

（1）如何获取此类信息

随着社会主义市场经济建设的发展，我国人才市场应运而生。在各地人才市场和定期、不定期组织的人才交流会上，毕业生可以通过与用人单位直接见面，获取许多信息；有的还可以当场拍板，签订协议，比较简捷有效。

同时，各地方、学校或用人单位举办的规模不等、形式多样的"双向选择""供需见面"活动或招聘会，尤其是以学校为主体举办的招聘活动，往往具有时间集中、信息量大、专业对口、针对性强、双方了解更直接的特点，是毕业生了解信息、成功择业难得的机会。

（2）注意事项

校内双选会涉及的面小、单位少，可挑选的余地自然不大。有些外地的或者临时有特殊困难的毕业生无法参加此类活动，导致通过此条渠道获得工作的可能性更小。在此我们鼓励高职毕业生勇敢地走出校门，敢于挑战来自不同学校甚至不同学历的应届大学生，因为工作中竞争的对象你无法选择。

6. 通过有关新闻媒介获取信息

（1）如何获取此类信息

在传媒业高速发展的今天，广播、电视、报纸、杂志等新闻媒体受到了招聘机构和求职者们的共同青睐，如《中国经营报》《职场》《成功就业》《择业大市场》《大学生就业》《大江南人才》等每期都刊载有数量不等的招聘信息，除此以外，还辟出"择业指导"和"政策咨询"等专栏，为毕业生就业提供指导。

从调查的情况看，很多毕业生获取的就业信息都来自于这些传统的新闻媒体。这种信息传播面广、竞争性强、时效快、成功率较低，而且其内容往往比较笼统，如果选用还应做进一步的了解。毕业生也可以通过在媒体发布自己的求职信息从而反向获取就业信息。

（2）注意事项

需要特别注意的是，在通过这种渠道搜集信息时，要特别留意报纸上的工商注册公告。进行注册公告的公司大都是刚刚开始创业，还没有来得及发布招聘信息，而此时却是公司最缺人手的时候。此时前去自荐或寄去求职材料，非常有效。

7. 通过互联网获取信息

（1）如何获取此类信息

随着信息时代的到来，计算机网络的应用已经越来越普遍。通过网络求职是近年来兴起的人才交流方式，对许多求职者特别是高校应届毕业生来说十分熟悉。

毕业生不仅可以自由地从互联网上取得各种职业信息，而且还能利用互联网把自己的简历放到网上。目前，基于互联网的毕业生就业服务和人才招聘市场逐步走向成熟，包括高校、企业在内的各级各类毕业生就业或人才招聘服务机构都已经在网上建立了自己的网站，如表 5-1 所示，向毕业生提供就业指导和就业信息服务，有的已经实现了网上招聘。

表 5-1　就业信息网推荐表

网 站 名 称	网 址
北京市人事局就业网	http://www.bjbys.com/
中国高校毕业生就业服务信息网	http://www.myjob.edu.cn/
中国招聘求职网	http://www.528.com.cn/
网大就业热线	http://www.job.netbjg.com/
中国国家人才网	http://www.newjob.con.cn/
中国大学生就业网	http://www.jiuye168.com/
高校毕业生求职中心	http://www.cgcc.net/
中国财经人才网	http://www.cjhr.net
前程无忧	http://www.51job.com/
中华英才网	http://www.chinahr.com/
应届生	http://www.yingjiesheng.com/
全国高校毕业生就业信息网	http://www.gradnet.edu.cn/
北京高校毕业生就业信息网	http://www.bjbys.net.cn/
中国大学生就业网	http://www.china-university.com/
中国校园网	http://www.54youth.com.cn/
中国人才网	http://www.chinatalent.com.cn/
北京人才网	http://www.bjrc.com/
上海人才交流信息网	http://www.51opportunity.com/
中关村科技园区海淀园数字园区	http://www.zhongguancun.com.cn/

（2）注意事项

由于计算机网络信息点多、涉及面广等原因，因此毕业生要注意筛选网络上用人单位的招聘信息，切忌眉毛胡子一把抓。在就业高峰期，要养成天天上网查询信息的习惯。

8. 通过社会上的就业指导服务机构获取信息

（1）如何获取此类信息

目前，随着毕业生就业制度改革、国家人事分配制度改革以及国有企业改革的不断深入，社会上也出现了许多人才中介机构，如人力资源开发中心、猎头公司、再就业指导服务中心等，它们一方面为在职人员的人才流动服务，同时也为高校毕业生服务。人才中介机构也掌握了许多高校毕业生所需要的就业信息，也可以成为高校毕业生获取信息的渠道之一。

（2）注意事项

由于管理体制、企业运作机制、服务对象等方面的原因，人才中介机构良莠不齐，毕业生对待这类信息要非常慎重。

9. 通过"自荐"获取信息

（1）如何获取此类信息

毕业生可以在国家就业方针和政策的指导下，在允许的择业范围内，通过信函、电话、登门拜访等"自荐"的方式与用人单位联系，有目的、有计划地获取就业信息。例如向你认为适合的用人单位写自荐信或求职信，然后通过电话预约，亲自登门拜访，这种"毛遂自荐"的方式不失为获取就业信息的途径之一。

但是此种获取就业信息的方法带有很大的盲目性和投机性，且需要花费的时间、精力甚至经济成本都比较大，因而命中率比较低。

（2）注意事项

高职毕业生在采取"自荐"方式时，应注意以下三点：一是打电话或写自荐信时，不要过于锋芒毕露，要实事求是地推荐自己；二是登门拜访时一定要预约，不可贸然造访；第三也是最重要的，一定要对用人单位摸底后再自我推荐。

🍁 小贴士

各类获取就业信息的渠道比较分析

从费用角度考虑，关注校内信息和网上招聘信息所需的费用最少，而参加社会上的人才招聘活动除了需要门票开支外，还需要做必要的文字材料准备和衣着准备。求助于亲友虽然有时并不需要花费什么，但是感情投资是相当重要的。对学生而言，查看各类报纸上的招聘广告并不需要太大的花费，而在报纸上刊登个人求职广告的开支却与借助中介机构持平，甚至高于我们想象的费用。

从周期角度考虑，不论何种途径都需要漫长的等待，但是相比较而言还是有所区别。求助亲友花费的时间或许是最短的。到刊登招聘广告的单位应聘，如果被选中，会通知你参加面试，要想得到录用还要等待。参加人才招聘会，招聘活动的规模过大，竞争比较激烈，更需要耐心地等待。

虽说网络的发展缩短、缩小了人与人间交流的时间和空间，但是在决定一个人是否被录用的事情上，任何一家用人单位都不会草率行事，面试是必不可少的，因此等待的时间与参加人才招聘会等待的时间基本上是一致的。同样，求职于中介机构，不论是登记本人信息还是查找单位信息，时效性都会打折扣。

从便捷角度考虑，花费力气最小的求职方式莫过于浏览网上信息，在网上不仅能迅速查阅到需求信息，而且能够了解到单位动态，从中掌握一个单位的发展前景，从而为就业选择奠定基础。

参加人才招聘会与找一家中介机构相比，一个好的中介机构似乎更难找，参加招聘会更耗费心力和体力。校内的就业信息对每个毕业生都是公开的，花费的时间和精力都比较小，但还是有些毕业生过于迟钝，等、靠、要，对那些重要信息视而不见、充耳不闻。

从针对性角度考虑，家人和亲友的帮助会使大部分人很快地确定就业单位，但是选择面窄，有时朋友好心推荐的单位并不见得让你满意，另外也不是每个学生都有比较过硬的关系帮助其找到工作。报纸上刊登的招聘广告，大多数是针对社会上有一定相关从业经验的人员，而给应届大学毕业生提供的机会比较少。学校推荐的单位，相对来说针对性强，但是都是"大路货"，没有特别好的单位。

对于每一位毕业生来说，以上介绍的几种获取就业信息的渠道，不可能只用一种，许多情况下是相互结合、相互补充的。具体使用哪种渠道，因需要获取的信息种类、个人的喜好以及个人具体条件而定，不能一概而定。

5.2.2　获取方法

就业信息传播的渠道多种多样，纷繁复杂，想要科学有效地获取所需要的信息绝非易事。这就要求高职毕业生不仅要了解获取就业信息的渠道，而且要掌握获取就业信息的方法，从各方面获取完备的就业信息，以保证信息对于毕业生择业发挥最大的效能。

下面介绍几种获取就业信息的方法以供参考。

1. "一网打尽"获取法

这种获取信息的方法充分保证了所获信息的全面性。采用这种方法获取信息时，可以将各种信息尽可能多地收集起来，先不考虑行业、地域和个人的志趣，然后按照一定的标准进行筛选。

2. "行业优先"获取法

信息收集注重行业特点，以倾向选择的行业为主，围绕选定的行业获取相关的企业信息、行业现状及发展前景等。

3. "地域优先"获取法

获取信息的方向注重地域特性。以自己所倾向就业的地域为主，进行信息的搜集，重点就收集某地方的就业信息。毕业生可以从以下几个层面考虑。

- 可以将地域粗略划分为诸如"东部""西部""沿海""内陆"等不同的区域。
- 可以将地域划分得细一些，比如说可以按照东北、西北、华北、华中、华南等地理区域进行划分，也可划分成江浙地区、江淮地区等。
- 可以把择业区域具体到省份或中心城市，比如有些毕业生在择业时就把自己的目标定位成"入沪""进京""援藏"等非常有限、非常具体的中心城市。

专家们指出，大学毕业生以大城市为目标单位的思路可能有些因循守旧。比较理性的态度是看什么样的企业、什么样的单位适合自己，什么样的企业或单位给自己发展的机会。有些大企业、效益好的企业不一定在这些大城市，有些成长性良好的企业有相当多的也不在这些大城市。到一个有发展潜力的单位去工作、学习，与它一道成长，其实是最重要的。那种以大城市为目标的就业思路，不如以发展前途为目标的就业思路来得既踏实又积极。

4. "志趣优先"获取法

毕业生获取信息的侧重点是以自己的特长和爱好等主观意志、关注自我感受为重点。毕业生在获取就业信息时充分考虑了自己的志趣，不以行业或地域为重。比如说，有的毕业生希望自己将来能够从事管理工作，有的毕业生希望自己将来能够创业经商，那么他们在获取就业信息时就会更加关注企业管理和市场营销等方面。

5. "需求优先"获取法

不管收集什么样的信息，有一点必须把握，就是收集到的信息必须能够满足毕业生就业择业的需要。

以上介绍的这五种获取就业信息的方法各有利弊，采用前三种方法获取信息时，针对性比较强，有可能利用有限的精力和时间获取到对自己有用的信息，但是存在着信息面窄的缺点，难免有失偏颇。而采用后两种方法获取的信息广泛，由于涉及面太广，分拣和甄别有用信息会很费时间和精力。若能将这五种方法有机地结合起来,互为补充,效果会更好,毕业生可根据自己的实际情况加以选用。

5.2.3 获取原则

高职毕业生通过各种渠道和方法所收集到的原始就业信息可能比较杂乱,因此应根据自己的实际情况和需求,对信息进行比较分析,去粗取精、去伪存真,有目的、有针对性地加以筛选处理。在处理这些信息时应把握以下原则。

1. 适合自己原则

毕业生首先要充分认识自己,然后根据自己的专业、特长、能力、性格等方面的因素收集信息,避免范围过大。每个人的情况不一样,毕业生应选择适合自己的信息,认真考虑自己是否适合和愿意从事这个职业,并做出取舍。一旦确定之后,就要根据信息的要求认真制定自己前去参与竞聘的具体方案。

2. 有利自身发展原则

判断就业信息是否适合,不应只看表面和眼前,还要放眼未来。或许现在你所求职的单位只是个名不见经传的小单位,但经过发展,以后可能会办得很成功。如果你现在独具慧眼,那么你将来的前途就可能无可限量。

3. 掌握重点原则

首先,对搜集来的信息进行必要的调查了解,逐条分析其优势和不足,选出有使用价值的重点信息,标明并注意留存,一般信息则仅作参考。其次,将自己选出来的重点信息再分别进行较为详细的调查分析,包括用人单位环境、条件、发展前景及对人员需求的情况、录用条件等。最后,要善于开拓信息,许多信息的价值往往不是直观的,要善于通过有限的招聘文字,了解其背后深层次的背景、文化和精神。

4. 注意信息的时效性原则

人才市场瞬息万变,用人单位发布需求信息后,随时都会收到毕业生的求职信息,及时与用人单位联系能体现出你积极的态度,为求职成功增加砝码。因此,收集到就业信息后,应适时使用,以免过期。否则,不光浪费时间精力和金钱,还可能错过好的就业机会。

但是毕业生求职时,有时也要关注"过时"的信息。因为有些单位可能同时招聘几十人,一次招聘会后,这些职位不一定都招满,可能会剩余一两个空缺,可是单位不会为这少数的空缺再发布一次招聘信息,这种"职场剩余率"对正在找工作的学生来说是个富矿。如果你耐心够大,能够从"过时"的招聘信息中找到这样的空缺,那么你的竞争对手几乎没有,你很可能是企业的唯一人选,就业概率会大大提高。

5.3 就业信息的应用

高职毕业生对于获取的就业信息应该具有一定的处理能力,结合自己的实际情况,加以筛选和处理,这样才能使获取的就业信息具有准确性、有效性,使之更好地为毕业生所使用。本节主要介绍就业信息的处理、筛选。

5.3.1　就业信息的具体内容

在高职大学生就业过程中,部分大学生看重择业,很费力地到处搜寻就业信息,却很少认真分析自己通过就业信息选定的将去应聘单位的情况,这反映出高职大学生们择业的盲目和浮躁的心态。

事实上对应聘单位不了解,不仅影响择业的成功,而且很可能给未来的工作带来不可估计的负面效应。而事先收集好用人单位信息,对自己未来的工作做一番模拟,可以增添应聘者的信心,同时建立起与用人单位的良好沟通,准确地将对方需要的信息传递给对方。

需要了解的用人单位的信息大概包括以下方面。

- 用人单位的准确全称、性质及隶属关系。
- 用人单位的经营业务范围、产品或服务内容与类别。
- 用人单位的组织结构、规模(员工数量)与行政结构。
- 用人单位的发展历史与最新动态、客户类型与规模、竞争对手的类型与规模。
- 用人单位的文化背景、工作环境、单位领导的有关信息、员工的办事方式和思维方式。
- 用人单位的发展目标、实力(包括规模、效益)、远景规划,在整个行业中的排名或在整个社会经济结构中的地位。
- 用人单位的地点、总部及分支机构的业务范围与地理分布。
- 用人单位的财政状况及绩效考核体系、培训体系和薪酬体系(工资、福利、住房、奖金),以及为员工培训和发展所提供的空间等。
- 用人单位需要的专业、具体工作岗位及对所需人才的具体要求。
- 用人单位的联系办法,如人事部门联系人、电话、通信地址、邮政编码等。

高职大学生通过了解用人单位的基本信息,可以使择业的目标更清晰、更准确,更能把握主动权。另外,了解用人单位的文化与个性,也有助于你充分展示与这一单位择才标准吻合的优势和特长,做到扬长避短。

再者,如果你能在谈话时自如地谈及对该单位的了解,容易引起对方的亲切感和认同,同时也向对方展示了应聘该单位的诚意,成功的概率就会大大增加。

总之,毕业生要学会全面了解就业信息的内容,合理使用有价值的就业信息。

5.3.2　就业信息的筛选

在信息处理过程中,要特别注重对信息真实性、可信性进行辨别和判断,要当心招聘单位发布的虚假信息,要警惕花样翻新的"就业骗局"。在就业实践中,经常碰到一些大学生兴高采烈地去面试,过后却大呼上当的情况,轻者求职未成,重者人财两空,错过就业黄金时段,造成难以弥补的损失。

1. 详细分析

研究用人单位的要求、具体职位、发展如何、待遇条件、地点等,依此对信息做筛选、排队。将获得的职业信息进行科学筛选排序,保留与自己兴趣或专长有关的部分,达到收集和筛选信息的目的。

2. 重点了解

对重要的信息要顺藤摸瓜、寻根究底，务求了解透彻，全面掌握情况，以便决策。

3. 对照衡量

避免盲目从众，不是所有信息都适合自己。不要好高骛远地去挑选不适合自己的工作岗位，不切实际地对号入座，会误导自己。

4. 核实可靠性

来自不同的渠道、时间的信息，要在有效的时间内对信息进行可靠性核实。一般情况，从学校、主管部门和亲友处获取的信息较为准确可靠，应多予重视。

5. 核准实效性

信息及时用是财富，过期不用是垃圾。当收集到广泛的信息分析处理后，应尽早向用人单位反馈信息，因为招工、应聘都是有一定时限的，录用指标是有限的。

6. 及时输出

有些信息对自己不一定有用，可是对他人十分有用，此时主动输出对他人有用的信息，不仅是对他人的帮助，也充分利用了那些可靠的信息，达到了千方百计收集和筛选信息的目的。

5.4 就业陷阱及其应对策略

在处理就业信息的过程中，毕业生一定要注意社会环境复杂，招聘信息的真实性以及招聘过程中出现的各种骗局，通过了解就业陷阱，提高防范能力，学会保护自己。

5.4.1 就业陷阱

中国教育在线和智联招聘联合网上调查显示有 55% 的求职者遭遇过就业陷阱。那么，我们该如何辨别那些真真假假、形形色色、令人眼花缭乱的招聘信息呢？下面向大家介绍一些在就业市场中出现的虚假招聘信息、招聘骗局，供高职毕业生参考，以便在以后的应聘求职过程中避免上当。

1. 使用廉价劳动力"陷阱"

（1）陷阱分析

有一些企业以"就业考察"为幌子把毕业生当作"廉价劳动力"，招一批毕业生在本单位工作，承诺表现优秀的学生可以录用，但是快到签劳动合同时又延长试用期或找借口把他们全部退回学校，这对那些实习表现优秀的学生的精神打击很大。这些企业通常是一些展会公司、季节性比较强的单位，他们需要人的时候，就来学校要一些即将毕业的学生，往往"借用"几个月，最后一个都没录用。

（2）应对措施

关于试用期《劳动合同法》中做了明确规定：劳动合同期限少于 6 个月的，试用期不得超过 15 天；劳动合同期限长于 6 个月短于 1 年的，试用期不得超过 30 天；劳动合同长于 1 年短于 2 年的，试用期不超过 60 天。同时规定，同一用人单位与同一劳动者只能约定一次试用期。

用人单位辞退毕业生必须有条件，即毕业生只有在试用期被证明不符合单位录用条件，才可以被解除劳动合同。如果单位不能充分证明，或没有正当理由，就不能将毕业生辞退。如果发生此类情况，毕业生可以请求劳动争议仲裁委员会或人民法院裁定自己在试用期内的表现是不是符合该单位的录用条件，并裁定用人单位的行为是否为违法行为。

2. 施压在职人员"陷阱"

（1）陷阱分析

一些劳动强度大、时常加班加点而薪资较低的就业单位，为了防止职员不满和跳槽，不时拿招聘当幌子。目的显而易见，就是向上班族施压：不要以为这儿上班时间长、工资低，外面有的是人想进来。

（2）应对措施

遇到这种情况时，要保持清醒头脑，对所去公司进行一番调查和分析，以免白白浪费时间和精力。

3. 岗位骗局、高薪引诱"陷阱"

（1）陷阱分析

有些单位刊登的招聘信息是招聘一些时下热门且级别比较高的职位，但求职者进入就业单位后发现，没有底薪，没有福利，就是让你去拉业务、搞销售。有的单位为了吸引更多的求职者来应聘，包装岗位名字，例如，把保险业务员说成是社区联络员、客户管理员等。

还有些单位在招聘广告上写明工资不少于××××元，录用者签订合同时，工资却下降了50%。公司解释说，这是基本工资，另50%靠工作业绩来提成。此类现象在营销员、业务员招聘中最甚。

（2）应对措施

毕业生在应聘时要注意，关于薪酬问题要向招聘单位问清楚，尽量减少薪酬中"软性成分"。仅仅口头承诺，对求职者来说是没有保障的，要让对方把相关内容写入劳动合同的条款中，以法律来约束用人单位履行承诺。

4. 套取私人信息诈骗财产"陷阱"

（1）陷阱分析

当对方要求你提供奇怪的证明材料时，一定要多留个心眼，在任何情况下都不能向只有一知半解的"招聘单位"透露有关自己的隐私信息，一旦发现侵权迹象应立即报案。

犯罪分子往往利用求职者急于找到工作的心理，通过互联网或其他媒体刊登待遇诱人的招聘广告，骗取求职者的个人信息（如身份证号码或复印件、个人联系方式甚至银行账户等）进行非法活动，如直接盗用账户、冒名高额透支甚至专门做起倒卖个人隐私的生意，等到求职者过一段时间后发现自己的个人利益受到侵害时才恍然大悟。

（2）应对措施

当招聘单位要求提供一些与所应聘岗位没有直接关系的证明材料时，应聘者要多加留意，注意保护个人隐私和利益不受到侵犯。一旦发现犯罪迹象，应立即报案。

5．各项收费陷阱

（1）陷阱分析

许多非法职业介绍机构会向求职者收取"服务费""信息费"等。求职者交钱之前，中介机构承诺招聘信息浩如烟海，总有适合你的职位。可一旦付了费得到了信息之后，要么是单位不需要招人，要么就是借口职位刚刚招聘完毕，总让你不得所愿。

更加隐蔽的收费还包括服装费、档案管理费、培训费等，这些费用实际应该是用人企业承担的成本。而求职者很少有能通过后期的培训考核的，即使通过了，骗子也会用各种苛刻的工作环境和要求迫使求职者知难而退。

① 报名费。有些企业，招聘时收取求职者的报名费，让求职者填一张简历表，然后以面试不"合格"为由，将众多的求职者拒之门外。

② 保证金。有些企业，特别是酒店等服务行业，以便于管理为由，在招聘时要求应聘者交数额不等的押金，当求职者不能承受企业压力辞职时，企业便以自动离职为由，不退所交保证金。

③ 工装费。有些企业招聘员工时，称工作条件好，操作简单，待遇优厚。待上班后，却要求每人交纳服装费，而领到的却是一件价格低廉的"工作服"。

④ 培训费。有些企业在招聘人员时，要求求职者交纳一定数量的培训费，培训内容只是由老职工介绍每天的工作内容而已，在试用期即将结束时，便以各种理由，炒求职者的"鱿鱼"。

⑤ 面试费。在人才招聘市场中，常有人利用学生急于求职的心理，诈骗学生，伪造招聘信息，通知学生前往面试，面试费汇到他们的某个账户上，金额一般为几十元至上百元不等。

招聘收费远远不止这些，如填表费、指导费、资料费、入职费、试用费、卫生费、治安费、样品押金费、接待指导费等，只要能够想得出来，就可以列入收费名录。这些单位基本上都有固定的办公场所，这是隐蔽性最强的一种骗术。

（2）应对措施

法律规定用人单位不得向应聘者收取任何费用。若在应聘过程中，遇到交钱的情况，要提高警惕，谨防招聘单位以招聘为名非法敛财。若已经交纳了可以及时向劳动部门反映并请求查处，并要求退还相关费用。

6．借考试、试用之名骗取劳动成果"陷阱"

（1）陷阱分析

一些单位或个人以招工考试的名义，把企业目前存在且难解决的问题作为笔试考题让求职者提出解决方案，或以试用的名义，骗取求职者的劳动成果（如设计方案、计算机程序等）。此种情况主要出现在一些小规模的广告或设计公司，它们由于自身缺乏足够和优秀的创意，另行聘请高水平的工作人员又需要较大代价，便想出借招聘新人来获取新鲜创意的点子。

这些企业有一套完整的招聘考核体系，从笔试、复试到最终面试，每个阶段环环相扣、极其正规。按道理能进入最后一轮考该，就胜利在望了，但往往有很多人就败在这最后一个环节上。面谈得很愉快,工作时间、内容、薪资福利等条件都能够接受,可最后仍然没有等到应得的职位。这种企业意在剽窃应聘者的作品、创意和其他工作成果,一般出现在广告业和计算机软件开发等行业。

（2）应对措施

在应聘过程中遇到此类情况,要事先和该用人单位就相关劳动版权问题进行协商或约定,或提前声明未经本人允许不得随意使用。

7. 传销"陷阱"

（1）陷阱分析

传销者的首选对象常常是急于挣钱的打工者特别是刚毕业的学生,打着同乡、同学、亲戚等幌子,以帮助找工作为由,以高薪为诱饵,骗求职者去进行非法传销活动。求职者一旦进入陷阱,要么交 3000～4000 元入门费,要么花 3000～4000 元购买传销产品。

还有一些传销组织者偷梁换柱,冠以"代理""专卖""消费联盟""加盟连锁""动力营销""滚动促销"等新形式,更具隐蔽性。

（2）应对措施

非法传销为法律所禁止,应聘者应注意不要为高薪等条件所诱惑,不可能有既省力又赚钱的工作。若招聘者夸夸其谈,反复强调职位轻松能拿高薪,他们就可能是引诱你进入传销等非法组织。

8. 非法中介"陷阱"

（1）陷阱分析

某大学毕业生在一家职业中介的信息栏上看见招聘市场开发人员的启事,便前去咨询。该中介所"电话联系"公司后,告诉该学生职位空缺,可以去面试,但要交纳 200 元中介费,并承诺如果这家不合适,可另外推荐,直到找到工作为止。

面试后,公司让其回去等消息。等了两个多星期,被告知未被录取。该学生只好找到那家中介所再找一家公司。经过面试,又经过长达半个月的等待,仍然得知没有被录取。当该学生第三次折回中介所时,中介所告诉她没有新的空缺职位,让她再等等。

（2）应对措施

部分非法中介机构通常采取拖延时间、与用人单位共同欺骗等手段,骗取求职者信息费、介绍费等。求职者碰到那些"一间门面、一张桌子、一部电话"的职介所或者"人才市场"要格外当心。

9. 虚报招聘人数"陷阱"

（1）陷阱分析

虚报招聘人数是目前高校招聘会中普遍存在的情况,某招聘单位明明只要招聘一两个学生,却故意在招聘材料中说要招 8～10 人,甚至更多。业内人士分析,招聘单位虚报人数主要是为了"圈"更多好学生,如果说明了只招一个人,许多学生就不敢来投简历了。

事实上,在信息不对称的情况下,学生很容易被招聘单位误导,以致对应聘单位的真实需求和就业竞争形势做出误判,无形中加大学生个人的求职难度和求职成本。

（2）应对措施

应聘者应提前了解招聘单位的规模、人员等情况，做到有的放矢，尽量不被误导。

10. 人才储备"陷阱"

（1）陷阱分析

有些求职者在就业市场中找到满意的招聘信息，开好面试单后精心准备，但到了面试单位，有的问上几句话，有些只是让你填一张表，最后说一句"等通知"，接下来就是漫长的等待，最终杳无音讯。

其实这些单位要招聘的岗位并不缺人，只是怕那些在岗位上的员工跳槽，因此储备一些人员，作为替补。再者，一些大型的企业，为了保证运行稳定，不会因为人员流动导致瘫痪，企业必须建立自己的人力资源储备库，而办法就是大批量地招聘。

实际上，这些公司即使对某位应聘者"中意"，也不会马上聘进来，而要等岗位空缺后才会从库内寻找人选；有些企业的岗位由于薪酬、岗位等原因，必须时刻了解人才市场的行情，人力资源部门就通过大量的招聘来掌握这些岗位的薪酬"行情"。在这类招聘信息中，要求应聘者邮寄个人简历的情况较为普遍。

（2）应对措施

遇到此类情况，应聘者应平和心态，不要过分失望，把此次应聘作为检验和提高自身素质的一次锻炼机会即可。

11. 追求广告效应"陷阱"

（1）陷阱分析

由于在公益性职业介绍市场发布招聘信息，招聘单位无须支付任何费用，因此，有些企业利用这个平台做免费广告。特别是一些中小企业将招聘当作形象宣传，借招聘之名行广告之实，看似诱人的工作岗位实际是为给自己树招牌的广告行为。

企业为了长期在网上发布招聘信息，以产生广告效应，把岗位有计划地、分批分步地进行流动，夸大招聘数量，说是招 10 人，其实可能只招 1 人，而且延长招聘时间。

不只是招聘单位，有些招聘会的承办者为扩大影响、增加收入也会采取类似的做法。承办招聘会的单位为了吸引人才前来与会，会通过许多"关系"找一些正规企业来当"托儿"装门面。更有甚者，一些组织单位向个别小公司承诺"返点"，他们在招聘会上的"任务"就是收集一大摞简历，却不招"一兵一卒"。

（2）应对措施

毕业生遇到此类情况，要及时抽身，改换目标，以免浪费时间等待回音。

12. 进行商业推广活动"陷阱"

（1）陷阱分析

一些企业瞄准了招聘会这个机会，名正言顺地免费进校设摊。名为招聘，实为进行商业推广活动，表现为招聘时大张旗鼓，实际只收简历不招人，或只招几个人。而且在许多企业眼里，大学生都是现实或潜在客户，有较强的消费能力，一旦接受了某企业的产品，基本上都有比较强的品牌忠诚度。

（2）应对措施

应聘者遇到此类情况，要及时抽身，改换目标，不要浪费时间继续等待该用人单位的面试或录用通知。

5.4.2　防范策略

在不少针对应届大学生的招聘中，类似上述这样的陷阱五花八门、层出不穷，涉世未深、缺少社会经验的应届大学毕业生要识破招聘中的这些"猫腻"，还真是不太容易。因此，在择业过程中，要事先给自己的择业确定一个比较明确的目标，使整个就业活动有的放矢，有条不紊，以避免左右摇摆，让一些虚假信息和骗子单位乘虚而入。

具体措施有以下几点。

1. 通过正规渠道求职

职业介绍市场的虚假招聘信息有其复杂的成因，求职者应尽可能到政府开办的正规职业介绍所去求职，在那儿不仅能享受到免费的优质服务，还能请教到专业的职业指导员，避免上当受骗。

2. 参加正规招聘会

信息的不对称是学生在招聘中经常受骗的主要原因。为了避免浪费时间、精力和金钱，在考虑向何处递交简历之前，最好先选择适合的招聘会。选择招聘会要注意三点：一要避免盲目出击；二要尽量回避一些常设性的人才市场；三要了解招聘会的专业场次、性质和服务对象，有的放矢。

毕业生应当尽量选择由校方或者是当地教委、人事局举办的应届毕业生专场招聘会，因为主办方对于进招聘会的企业都进行了资格审查。

3. 掌握"及时放弃"的原则

应届毕业生有针对性地选择招聘会、投送简历三四天后，如果没有得到回音，应主动根据对方提供的联系方式与招聘主管人员取得联系，摸清对方的"底牌"。真正具有招聘意图的企业一般会比较具体地告诉你面试的时间和其他的要求；如果对方出现推托的现象，应及时放弃。

4. 认真考察中介单位

如果选择职业中介找工作，就要到中介单位认真审查，做到四个看：

一看中介单位是否具有职业介绍许可证和营业执照或者事业单位登记证，相关证明是否在明显位置悬挂，如果没有就是假中介。

二看收费标准和依据是否公开，收费是否合理，如果未公开，收费过高，也要小心。

三看提供的信息是否真实有效，如果提供的信息是假的或者过时的，肯定是黑中介。

四看承诺的服务是否兑现，如果说得好听，但做得不好，属于没有信誉的中介。

当发现遇到假中介或黑中介时，要到劳动监察部门举报。

5. 通过网络鉴别信息真假

应届毕业生若要想避开这些虚假的信息"陷阱"，可以通过互联网进行鉴别。首先要有选择地考察招聘信息、参加招聘会，找到认为适合自己的企业，可以先在网上查找相关的资料。对于那些被请来当"托儿"的企业，或者长期把招聘广告挂在网站上以求广告效应的企业，从网上的招聘信息发布时间上就可以鉴别。

具体方法是：先在其公司的网站上了解眼下的招聘信息，在其他一些求职网站上再搜寻一下三个月乃至半年前该公司的招聘信息，将两者对比，在招聘信息变动不大的情况下，就需要同学们多加考虑。因为这些虚假或是"广告"性质的招聘一般都不会有太大的改动。

【关键术语】

就业信息、就业信息获取、就业陷阱、就业陷阱防范策略

【请你筹划】

请你向自己的校友、同学、亲朋好友做个调研，了解一下他们就业信息获取的方式、途径和效果，在此基础上，自己进行就业信息的收集和分析。

第6章
求职材料的准备

【学习目标】

1. 掌握个人简历的写作方法,熟习电子简历的制作要求。

2. 掌握求职信或自荐信的写作方法,学会使用英文简历求职。

【技能要求】

1. 正确认识求职简历的功能。

2. 准确把握求职材料间的关系。

3. 完成求职材料的准备工作。

引导案例

企业怎样挑简历

在招聘活动中,企业通常要你先发一份个人简历,通过这些资料,进行人才初选,对基本符合条件的,再进行面试、复试。企业人力资源部门在众多的简历中怎样进行挑选呢?一位长期从事人力资源工作的人员总结出如下六点,希望给应届毕业生一些帮助。

1. 过长的简历毫无作用。招聘者平均在每份简历上花费 1.4 分钟,一般会阅读 1 页半材料。过长的简历毫无作用,而且不容易突出重点。

2. 硬性指标要过硬。约有 20% 的雇主承认他们会使用一些级别较低的助理人员来处理简历,这些人员会有一些硬性的选择标准。另有 45% 的雇主认为他们进行初选时,也基本只看这些硬性指标。常见标准以雇主使用的频繁程度为序:英语证书、户口、专业背景、学校名声、在校成绩。值得注意的是:这些标准不一定会在招聘要求中注明,但自己心里一定要有数,相关的信息一定要全。

3. 总体印象重要,所学课程次要。只有 23% 的人能在半小时后大体描述他所看过的简历上学生具体活动和职位,他们只有一个对学生性格的总体印象。所以是学生会副主席还是部长并不重要,关键是不要给人留下一个书呆子的印象。但如果说谎,也容易出局。

4. 好简历增加录取机会。符合要求的表达非常重要。同一个人的简历,经过专家修改,可以增加 43% 的录取机会。简历的常见问题是:表达不简洁、用词带过多感情色彩、英语表达不规范、过长无重心、格式不规范等。

5. 注意电子邮件的作用。通过 e-mail 和网站递交的电子版简历,得到的关注通常比通过普通邮件减少 23% 左右。此外,约 5% 的电子简历会由于网络或其他问题没有被招聘者看到。因此,建议仍然通过传统的邮件方式,除非招聘单位明确表明简历递送方式。

6. 技术性工作往往对在校成绩更关注。

资料来源:江西大宇学院就业信息网 http://218.64.19.120:81/Index.asp.

高职毕业生在获得有效就业信息后,开始准备与用人单位接触,行动之前,要做好求职准备。那么该准备些什么呢? 一方面是做好求职择业的心理和精神准备,另一方面就是做好个人求职材料的准备。所谓个人求职材料,就是作为应聘者,我们准备提供给用人单位的个人书面材料,主要包括三类:个人简历、求职信或推荐信、附件材料。本章主要介绍如何准备个人求职材料。

6.1 个 人 简 历

个人简历是高职毕业生根据求职目标,向用人单位提交的,简要介绍个人基本情况的书面材料。个人简历就像一张名片,毕业生通常用来向用人单位宣传推介自己,同时,招聘单位通过个人简历了解毕业生的基本情况。个人简历作为连接用人单位与毕业生的一份非常重要的说明材料,其制作水平的高低直接影响求职者能否得到面试机会。

如同上文案例所说的,毕业生在简历制作上常有这样的通病,即注重简历的外观设计而忽视简历内容。在校园招聘会上,我们经常会看到一些厚如书册、包装精美华丽的简历。有的同学把简历变成了自传,前卫的女同学还把漂亮的生活照贴在个人简历上。"在我们收到的大学生简历中,100 份里大约只有 10 份比较符合要求。"在"大学生职业生涯规划"活动的会场,远大集团人事资源部王经理的这句话,让在场的学子都发出了惊叹。那么,到底什么样的求职简历才是合适的,符合用人单位的要求呢?

制作个人简历的目的决定了简历的类型。毕业生一定要注意:制作个人简历的目的是为了获得企业招聘岗位,岗位都有任职条件,你的简历要能说明你有能力胜任企业招聘岗位的工作,这样的个人简历才会引起企业的注意。

6.1.1 个人简历的类型

不同的时间、场合,不同的个人经历,在简历的类型选择上有所区别。年代型简历以清晰的时间序列反映出求职者的个人经历,而功能型简历突出强调了求职者的专业技术水平。在使用上,毕业生要根据个人情况,选择适合的简历类型。这里介绍几种常见的简历类型。

1. 表格式简历

这是最普通最直接的简历类型,采用表格形式,简历清晰、简洁,便于招聘单位阅读。简历从你最近的经历开始,按由近到远的时间顺序逐条列举个人信息。一份按时间顺序排列的简历一般包括目的、经历、学历等部分,排列顺序一般是:工作(学习)的时间、职务、工作(学习)单位的名称和地址、职责概述,所需技能,对企业(学校)所做的主要贡献等。

其优点是容易掌握,招聘单位也比较喜欢。这种时间式简历清楚地显示你多年从事的工作经历,比较适合多年从事同一种类的工作,并且还想在同一工作类型上发展的应聘者。不适合从事过许多不同类型的工作,或者更换工作频繁而且间断过工作的人。

表格式简历也是应届毕业生常用的一种简历类型。毕业生一般没有过多的工作经验,如果能把大学期间的学业进步和在校期间的社会工作经历写清楚,证明自己的学习能力和承担社会工作得到的锻炼,也是一份不错的简历。

【例文1】 表格式简历

李楠个人简历

姓名	李楠	性别	女	照片
出生日期	1991 年 11 月	籍贯	北京	
政治面貌	预备党员	专业	物流管理	
联系电话	159 ********	e-mail：linan@126.com		
联系地址	北京市丰台区 ****	邮编	100073	
毕业院校	北京××职业学院			
专业	物流货运代理	学历	专科	
主修课程	国际物流与货运代理、国际贸易实物、报关操作实务、现代物流学、商品采购管理、物流实务操作与法律、仓储管理与包装、物流信息系统			
校外实践经历	2011 年 2 月　CRE 中铁快运股份有限公司北京分公司 工作内容：录入单据及材料、制单、电话追踪及沟通协调 2011 年 8 月零点市场调研　调研员 2012 年 5 月至 9 月　北京奥运物流中心 工作内容：协助网通公司的工作人员进行数据录入、单据整理、拣货、备货、盘货数据灌装等			
校内社会活动	2011 年 9 月至 2012 年 9 月　物流系学生会　办公室主任 2010 年 9 月至 2011 年 7 月　院团委宣传部志愿者工作部　负责人			
奖励情况	2012 年获北京市第八届"挑战杯"首都大学生创业计划大赛　一等奖 获 2010—2011 学年度学院优秀干事 获 2010—2011 和 2011—2012 学年学院二等奖学金			
证书情况	英语 A、B 级证书 通用管理能力水平等级证书 速记技能等级证书 全国计算机等级一级证书			
其他技能	1. 2012 年考取驾照(C 本) 2. 熟练应用 Office 软件,如 Word、Excel、PPT 等 3. 熟练应用五笔			
自我评价	自信,做事认真、踏实,有较强的责任心和亲和力,为人友善,有良好的沟通和人际交往能力,能较快适应工作环境			

2. 描述式简历

描述式简历注重介绍从前的工作情况,一般适用于特定职业的求职,对工作在特定领域的求职者较为有用,如教师、计算机工程师、律师等。有一定实习经历的毕业生也可以采用这种形式设计自己的简历。

【例文 2】 描述式简历

张杰个人简历

自我介绍

姓名：张杰　性别：男　出生日期：1986 年 6 月　居住地：北京　3 年工作经验

联系方式：136＊＊＊＊＊＊＊＊　e-mail：zhangjie86@126.com　QQ：5998＊＊＊＊

自我评价

　　本人计算机网络及通信工程专业毕业，在软件方面能够熟练掌握多种计算机语言。拥有后台数据库及前台应用程序开发经验，在网络上能够独立完成企业的中小型网络的规划、施工组建及故障排除。熟悉 IP 网络知识、多种网络通信协议（如 OSPF/BGP/RIP/STP/RSVP/MLT/RSMLT/IST/VRRP 等）熟练配置常见的网络设备（如 CISCO,HUAWEI-3COM,NORTEL,RAISECOM,D-LINK,TP-LINK,BD）；熟悉广域网通信协议（PPP,DDN,FR,ATM,ISDN,PPPoE），熟练掌握 VPN(IPSEC,L2TP,PPTP)，以及微波通信技术(802.11A/B/G)。拥有较强的分析能力、学习能力和团队合作精神。

　　工作态度良好，学习能力强，具有一般英语阅读能力。在工作中，认真对待，保质保量按时完成领导交给的任务，并得到领导的一致好评。

工作经历

2011.12 至今：××科技有限公司|技术部|网络工程师

　　工作内容：负责首都机场网络的日常监控、维护。对机场工程师进行技术支持。对 NORTEL 网络设备进行月度巡检。

2010.09—2011.08：北京××电信服务有限公司|核心网络部|电信网络工程师

　　工作内容：负责北京长宽商业用户城网的维护与改造，以及对北京商业用户的开通、技术支持与维护工作。熟练掌握 BD2224,HW3026,HW3126,TL-SF3226P,WWP327,RAISECOM2828F,HW 5200F,CISCO4006,CISCO6500。

2009.02—2010.08：××国际青年交流中心|综合部|网络管理

　　工作内容：计算机硬件及网络设备维护。管理 21 世纪饭店管理系统的网络、硬件、操作系统及应用系统的维护。管理中心财务用友财务管理系统的网络硬件及操作系统的维护。管理为中心各部门提供上网服务的一条 2M 带宽的 DDN 专线。

项目经验

2011.07—2011.07：SOHU 第三届博客大会

　　责任描述：负责博客大会光纤接入，设备调试，微波通信的架设、测试。

　　项目描述：临时成立工程小组，带领工程部、网络技术部人员，完成了从学院路到朝阳公园光纤的跳接、测试。

2010.10—2011.08：长宽企业用户城网改造

　　责任描述：负责网络的割接、方案编写、技术支持时间以及工作内容的分配。

　　项目描述：对商业环网进行了设备选型、设备测试、割接方案的编写，以及具体方案的实施。

教育经历

2011.06 至今：北京邮电大学网络学院 | 通信工程 | 本科

2010.09—2013.09.07：北京××职业学院 | 计算机网络 | 大专

培训经历

2009.02—2010.07：华为 3COM

培训课程：华为 3COM 高级网络工程师培训

培训描述：构建企业级交换网络、路由网络、方案设计

所得证书

2010.01：CCNA   证书说明：思科认证网络工程师

2010.08：HCSE   证书说明：高级网络工程师认证

2010.01：HCNE   证书说明：中级网络工程师认证

3. 复合型简历

该型简历是形式上把叙述与表格结合运用，可以按时间顺序列举个人信息，同时刻意突出你的成绩与优势。一份复合型简历一般包括目的、概况、成绩、经历和学历等部分。

复合型简历能最直接地体现你的求职目的，它一般适用于以下几点。

- 毕业生和初级求职者，这能使求职者强调自己的技能而不是他们短暂的职业经历。
- 拥有稳定的、持续的工作经历的工人，职业经历能使求职者的工作能力一目了然，所以雇主更容易看出应聘者和职位的相互匹配程度。
- 改变行业的求职者：只有在你改行的跨度很大时，功能性履历才可能更有意义。
- 重新进入职场的应聘者：此类简历能分散用人单位对你一段时间停止工作的事实的注意力。
- 年长的工人：拥有长时间工作经历的工人需要推销他们最强的长处，包括职业经历在内的履历会引起用人单位的足够重视。

【例文 3】 复合型简历

王浩个人简历

姓名：王浩　性别：男　出生日期：1992 年 6 月 1 日

毕业学校：北京××职业学院　专业名称：计算机网络技术　学历：大学专科

联系方式：138 ********　电子信箱：wanghao999@sohu.com

求职意向：希望加入贵公司承担网络管理或网站维护部门工作。

个人能力

计算机方面：

熟练掌握各种服务器、防火墙、邮件服务器等；熟练掌握综合布线，有动手操作能力。

精通 Windows Vista，Windows 7，Windows 8 各种操作系统。

掌握 c 编程语言、vb 等；掌握 3dmax 制作软件。

掌握 Access 和 SQL Server2007 等数据库，有设计、管理数据库能力。

Dream weaver，Photoshop，Fireworks，Flash 等网页设计软件，结合数据库软件构建电

子商务平台。

爱好专长：

熟悉计算机硬件，精通计算机网络，具有组建网络、管理网络的能力。

美术、海报（经常在学院团委宣传部书写和绘制海报）；爱好运动，擅长足球、篮球、乒乓球等体育运动。

爱好文学、音乐。

主修课程

域服务器维护	配线架安装	ISA 安全策略建立	邮件服务器安装与设置
信息模块连接	域模式资源对象管理	ISA 防火墙安装、远程管理	交换机路由器安装互联
系统管理	网络设备配置-静态路由	系统及软件升级、补丁	网络介质接头（RJ45）制作
数据库	操作系统和软件安装	邮件的接收与发送	账户和资源对象权限维护
网页设计	网络设备远程管理	网络设备-端口控制	组策略、资源对象、组织单

教育背景

2010 年 9 月—2013 年 7 月　就读于北京××职业学院信息系

获奖情况

2012—2013 年　北京××职业学院二等奖学金

2011—2012 年　北京××职业学院优秀团员

2011—2012 年　获得信息系"社会实践积极分子"

社会工作

2011—2012 学年　担任北京××职业学院团委宣传部副部长

2010—2011 学年　担任北京××职业学院信息系团总支宣传部干事

社会实践

2012 年　课余从事家教工作，积累了与人交流沟通等工作经验

2011 年　中复电讯做促销，锻炼了独立处理问题的能力

2010 年　多次参加学院"爱心之旅"活动，培养了团队合作能力和组织策划能力

个人特点

乐观向上，大方开朗，热情务实，诚实守信；善与人交流，人际关系良好，待人诚恳；工作认真负责，具有吃苦耐劳、艰苦奋斗的精神；遇事沉着冷静，理智稳重，适应能力强，具备良好的组织协调能力；专业知识扎实，具有很强的自学能力，能够创新，敢于开拓。

　　尽管写简历的方法不少，但还是建议缺少工作经历的高职毕业生制作一份适合自己实际情况的简历，而不要生搬硬套某种类型的简历。因为你们没有足够多的与欲申请的工作相关的经验和经历，所以在制作简历时应该着重强调最近的教育与培训，尤其是与正在申请的工作最直接相关的课程、实践活动或资格证书。

　　即将毕业的高职学生应该重视自己在学校里完成的毕业实践和毕业设计，这些活动也同样要求高度自律的特性、完成不同任务的能力以及其他方面的个人素质，而这些素质也正是许多工作所需要的。

　　可以将你所了解和熟悉的工作领域的最新知识与工作技能写入简历，这些知识和技

能应该对你未来的工作很有帮助,而且,因为你刚刚在学校里研究和学习了最新的知识与技能,在适应新岗位的过程中你也有不小的优势。

6.1.2 电子简历

网络应聘已经是非常普遍的求职形式,许多毕业生通过网络渠道应聘成功。电子简历以其传递快捷、成本低廉、便于筛选等优势受到用人单位的欢迎。几乎所有大企业都接受电子简历,中小企业也开始接受电子简历进行人才招聘初级筛选,可以说电子简历已逐渐成为毕业生求职必备材料。

据统计,规模较大的企业一般每周要接收 500～1000 份电子简历,但是人力资源部门指出大部分电子简历不符合企业招聘要求。同学们在制作电子简历时要充分把握电子简历的注意事项,发挥出电子信息的优势。

1. 电子简历的制作

同学们的简历基本上都是电子文档打印出来的,一般认为简历的电子稿就是电子简历。这种认识只能说部分正确,因为电子简历与打印简历由于信息检索方式、读者浏览方式等不同而具有不同的特点。

(1)电子简历注重关键词

一些企业对电子简历进行关键词检索,不符合要求的简历系统会自动删除。像专业、学历、技能证书等要求的关键词一定不能漏掉,否则会失掉面试机会。

(2)叙述要层次分明

学历、能力、实习及工作经历等,重点突出、扬长避短。简历中有这样几项内容是亮点:技能、特长、成绩、证书、荣誉、嘉奖,这是以你骄人的业绩打动招聘者、引发招聘者浏览兴趣的地方,要着重描述,描述时要运用数字、百分比或时间、获奖级别等强化和量化手段来突出成绩。

(3)格式设置要简明清晰

电子文档格式设置虽然很丰富,电子简历还是简洁明快为好。发送电子邮件时大多采用纯文本格式,为醒目,可以插入一些特别的符号,如※、◎、＋等。版式可以设计得较为活泼,但须避免杂乱,喧宾夺主。为方便阅读,字号设置不宜过小。

(4)一定要避免错别字

不要小看错别字,你可能认为是粗心,无碍大局。但是对于如此重要的个人材料,别人会认为是水平能力不够导致出现的低级错误。

2. 发送电子简历

电子简历是通过电子邮件发送的,在发送带有简历的电子邮件时要注意以下问题。

(1)邮件主题明确

作为求职简历,要在主题中注明应聘的具体职位。如果招聘企业已限制了邮件主题,务必要按照要求填写邮件主题。即使没有明确要求,也要在主题中明确标识要申请的职位,方便招聘人员选择信息。

(2)采用正文形式发送

由于计算机病毒等因素影响,企业一般不打开压缩附件,采用附件形式发送可以直接就被企业抛到了垃圾箱。简历写在邮件的正文部分是正常合理的。

（3）简历前最好有自荐信

自荐信是写在电子简历前进行自我介绍的材料，简单介绍要应聘的职位及个人胜任岗位的能力。

（4）发送后注意跟踪

发送的目的是要获得面试机会，发送完的简历要注意收集反馈信息，同时要给企业留有工作时间，两周后可以进行跟踪了解反馈情况。必要时主动与企业联系，了解进展情况。漫无目的发送简历而不注意跟踪反馈会白白浪费掉毕业生许多宝贵的时间和精力。

6.1.3 简历写作注意事项

简历作为一份比较正式的毕业生推介材料，要反映出毕业生做事认真、严谨、耐心细致的态度，简历内容也要经得起认真推敲。撰写简历的时候要注意以下事项。

1. 篇幅不要太长

大学生的简历普遍都太长。有的简历长达十几页，其实简历内容过多反而会淹没一些有价值的闪光点。而且，每到招聘的时候，一些企业，尤其是大企业会收到很多份简历，工作人员不可能每个都仔细研读，一份简历一般只用一分钟就看完了，再长的简历也超不过三分钟。

简历过长的一个重要原因是有的人把中学经历都写进去，这完全没有必要，除非你中学时代有特殊成就，比如在奥林匹克竞赛中获过奖。一般来说，学习经历应该从大学开始写起。

另一个原因是很多学生的求职简历都附了厚厚一摞成绩单、荣誉证书的复印件，其实简历上可以不要这些东西，除非你是应聘广告设计等相关工作，需附上你的作品。否则，只需要在简历上列出所获得的比较重要的荣誉即可。如果招聘单位对此感兴趣，会要求你在面试时把这些东西带去。

所以，简历要尽量短，建议简历只写一页纸就足够了。

2. 内容一定要真实客观

求职简历一定要按照实际情况填写，任何虚假的内容都不要写。即使有的人靠含有水分的简历得到了面试的机会，但面试时也会露出马脚。雅虎（中国）公司的负责人说，企业选人都非常慎重，她当年应聘雅虎时过了9道关，弄虚作假是过不了一轮轮的面试关的。

3. 求职岗位一定要明确

求职简历上一定要注明求职的岗位。雀巢的招聘经理说，每份简历都要根据你所申请的职位来设计，突出你在这方面的优势，不能把自己说成是一个适合任何职位的全才。

建议大家不要只准备一份简历，复印很多份后无论什么样的公司和职位都到处投递。应根据要应聘的职位性质来有侧重地表现自己，如果你认为一家单位有两个职位都适合你，可以向该单位同时投两份简历。

4. 用词要简洁直白

"我希望这样一个人生，它在经历了无数场风雨后成为一道最壮丽的彩虹……请用您的目光告诉我海的方向……"大学生的求职简历很多言辞过于华丽,形容词、修饰语过多,这样的简历一般不会打动招聘者,建议简历最好多用动宾结构的句子,简洁直白,语气诚恳。

5. 用语不要过分谦虚

简历中不要注水并不等于把自己的一切包括弱项都写进去。有的求职者在简历里特别注明自己某项能力不强,这就是过分谦虚了,实际上不写这些并不代表说假话。

有的求职学生在简历上写道:"我刚刚走入社会,没有工作经验,愿意从事贵公司任何基层工作。"这也是过分谦虚的表现,这会让招聘者认为你什么职位都适合,其实也就是什么职位都不适合。

6. 不要写上对薪水的要求

很多毕业生都对简历上该不该写对工资、待遇的要求存在疑惑,从一些公司的人力资源经理那里反馈的信息,认为简历上写上对工资的要求要冒很大的风险,最好不写。

如果薪水要求太高,会让招聘单位感觉雇不起你;如果要求太低,会让招聘单位觉得你无足轻重。

再有,简历的直接目的是争取面试和面谈的机会,所以,关于薪水问题如果觉得不得不谈,也要等到面试或面谈的时候再说。

7. 简历的文字、排版、格式不要出现错误

用人单位最不能容忍的事是简历上出现错别字或是在格式、排版上有技术性错误以及简历被折叠得皱皱巴巴、有污点,这会让用人单位认为你连自己求职这样的事都不用心,对工作也不会用心。

8. 制作不必太过花哨

现在求职的高职毕业生的简历普遍都讲究包装,做得很精致、华丽,有的连纸张都是五颜六色的。实际上,除非应聘美术设计、装潢、广告等专业,一般来说简历不必做得太花哨,用质量好一些的 A4 白纸就可以了。

简历过分标新立异有时反而会带来不好的效果,比如说,一份简历封面上赫然写着四个大字"通缉伯乐",给人的感觉就像是在威胁招聘单位。

9. 简历也可用手写

如今用计算机打印简历已很普遍,虽然整齐规范,但缺少生气和亲近感。如果在一打计算机打印的简历中,有份手写的,一定会很醒目;若字又漂亮,那么录用的概率会比计算机打印的高,因为从文字书写上也能了解一个人。

6.2 其他求职材料

由于求职渠道不同,还会用到其他形式的求职材料,如求职信、自荐信、推荐信等。

6.2.1 求职信

有相当一部分求职者在求职时,忽略了求职信对于成功求职的重要作用,认为制作一份出色的简历才是最重要的。其实,简历有简历的功能,求职信有求职信的作用。在通常情况下,二者相互配合才更容易成功求职。这也是国际上非常通行的做法。

一般来说,简历的着眼点在于自己,强调自己有什么;求职信的着眼点在于对方,强调将给对方带来什么。求职信的作用就在于告诉对方录用自己其将会得到多大益处,从而引起对方的注意、重视和好感,以期在成百上千的应征者中脱颖而出。求职信的好坏会很大程度地影响个人简历的作用。一份好的求职信能为你赢得一个面试机会,但一份不好的求职信则会使你的个人简历形同虚设。

1. 怎样写求职信

(1) 求职信的内容

求职信最重要的在于它与个人简历起着不同的作用,许多个人简历中的具体内容不应在求职信中重复。例如,工作经历、学历或是个人目标。个人简历告诉别人有关你个人、你的经历和你的技能,而求职信告诉别人"为什么你是这份工作的最佳人选"。

一份求职信应包括以下三个部分。

① 开头部分。求职信的首段要开宗明义讲清楚求什么职位。说明你为何寄个人简历,你对公司有兴趣并想担任其某个空缺的职位。可以通过在求职信中提到你是看到某月某日的报纸上的招聘广告知道有这个职位的,或者你一直通过新闻媒体了解公司或者这个行业。这会表明求职者的诚心,而不是漫天撒网似的求职。这样做能给招聘经理留个好的第一印象。

如果你是由一位朋友或同事介绍给公司的,就在信中提起他们,因为招聘经理会感到有责任回复你的信(但是不要夸大其词,如果你对公司或者该行业情况叙述不正确,招聘者会一眼看穿的)。当你要求担任公司空缺职位时,说得越具体越好。

② 正文部分。第二部分是求职信的核心内容,要先简短地叙述自己为什么希望获得这个职位,没有必要具体陈述自己的经历,因为个人简历中有这些内容。

正文部分要围绕该职位的应知、应会来写,包括与应聘的职位有关的训练或教育科目、工作经验或特殊的技能;如无实际经验,略述实习类似经验亦可。应着重强调你的才能和经验将会有益于公司的发展。尽可能地少用人称代词"我",要让人感到你想表达的是"我能为公司做些什么"。

③ 结尾部分。求职信的结尾是希望并请求未来的雇主给予面谈的机会,因此信中要表明可以面谈的时间。使用的句子要有特性,避免老生常谈的陈词滥调,而且不要让招聘者来决定,要自己采取行动。告诉招聘者怎样才能与你联络,打电话或者发 e-mail,但不要坐等电话。

要表明如果几天内等不到他们的电话,你会自己打电话确认招聘者已收到个人简历和求职信并安排面试。语气肯定但要有礼貌(一些应聘者会用一段话来解释个人简历中不清楚的地方,比如就业经历中没有工作的阶段)。

(2) 求职信要点

• 对不同的招聘单位和行业,你的求职信要量体裁衣,内容不要千篇一律。

• 主要提出你能为未来的招聘单位做些什么,而不是他们为你做什么。

• 集中笔墨于具体的职业目标,围绕所求职位的应知应会来写,不要写没有竞争实力的空话、套话。

- 不要过分渲染自我。你当然认为自己有能力、够资格才会申请某一职位,但不要过分夸大自己的能力或表现出过分的信心,尤其不要说出与事实不符的能力或特性来。
- 不要对你的求职情形或人生状况说任何消极的话。
- 直奔主题,不要唠叨。
- 留意底薪。有的招聘单位要求你提到希望的待遇,你要做明智的判断,写出你觉得可行的最低薪。开始就业的人应该知道,与其寻得一份高薪的工作,倒不如找待遇尚可而有升迁机会的工作。
- 内容不要超过一页,除非招聘单位索要进一步的信息。

(3) 求职信的格式

求职信没有正式的格式,但在写信时要记住一些基本的规则。

- 信的标题。居中写"求职信",表明此信的性质和行文目的。
- 信的左上角或者右上角要留出三行,用以填写家庭地址、城市、邮政编码和日期。
- 称呼的后面要用冒号而不要用逗号,写称呼时要用正式的语气。要用具体的称呼(例如不要写"给有关负责人"),设法知道谁将收到你的信。如果有必要,打电话询问公司。如果你还是不能确定具体的负责人的名字,就称呼"尊敬的招聘经理先生或女士""尊敬的人事部经理先生或女士",或者就称"尊敬的先生或女士"。
- 可以用表格和粗体线来组织求职信并强调其内容,使文章易读,但要慎用。
- 结尾时应在姓名上方写上祝福的话,然后下面是印刷体的全名。在你的求职信中,名字与结尾之间一定要保留足够的空间。

最后写求职信的目的在于获得职位。不过,一封求职信无论如何文辞并茂,令人心动,招聘单位也不会仅凭一封求职信就给予工作机会的。因此,求职信的目的在于获得面谈的机会。只要能得到面试机会,你的求职信就是成功的。

2. 求职信的形式要点

很多公司的领导认为,注重小节的人对重大的事务也会谨慎行事。一个人做人做事是否谨慎可以从一封求职信中看出端倪。别看轻了短短的一封信,一封求职信可以体现一个人的爱好、鉴别力、教育程度以及性格特征。因此,写求职信时要格外留意。

(1) 书写规整

如果要亲手写信,字体要写得清晰可辨,龙飞凤舞的字迹无疑是自寻绝路。如果字写得不好,还是使用计算机把信打出来,这样看起来比较具有商业气息。

(2) 注意语法

正确无误的语法、标点和文字使读信人感到舒畅,错误的语法或错别字则十分明显,一看即知,给招聘者留下坏印象。尤其要注意的是,绝不可把收信人的姓名或公司名称写错了。

（3）格式版面

信文要适当地排列在信纸中。版面要安排合理、大方、美观。

（4）信函礼仪

纸张最好使用品质优良、白色的信纸，信封要配合信纸的质料和颜色。信纸的折叠要适当，大小适合信封；信封上面的地址要完整，称谓要适当。

（5）慎用附件

求职信函通常不须附加推荐信，除非招聘广告有此要求。遇到这种情形，只需附上复印件即可。求职函内附加邮票或回址信封，强迫对方答复的做法也不可取，除非对方有此要求。最后发送之前先给其他人看一下，以便进一步修改。

3．求职信例文

【例文4】 求职信

尊敬的先生/小姐：

您好！我从2014年3月15日的《××报》上见到贵公司的招聘启事，欲申请贵公司招聘的网络维护员职位。根据招聘条件，我符合贵公司的要求。

我是××学院一名即将毕业的高职学生，专业是计算机应用。通过三年的学习，我系统地掌握了网络设计及维护方面的技术，对当今网络的发展也有较为清晰的认识。

在大学期间，我两次获得二等奖学金，而且在院报上发表过一篇论文。我还担任过班长、团支书等职务，有很强的组织和协调能力。强烈的事业心和责任感使我敢于面对任何困难和挑战。

互联网促进了整个世界的发展，我相信互联网事业必定大有前途。我愿为贵公司的事业发展做出自己的贡献。

随信附有我的简历。如蒙慨允有机会与您面谈，我将十分感谢。

此致

敬礼！

张军

2014年3月18日

【例文5】 求职信

尊敬的先生/小姐：

您好！请恕打扰！我是××学院的会计本科专业的毕业生，从2014年2月13日的《××报》上见到贵公司的招聘启事，得知贵公司因业务发展需要招聘两名财务人员，特来应聘。

财务工作者在单位里起到管财、理财，向领导提供财务咨询的作用，是辅助领导管理财务的重要助手。忠于职守、忠于事业的高度责任感，是对财会人员思想品德的最高要求，也是我始终不渝的追求。我热爱会计工作。在校期间，我不仅注重专业理论学习，而且重视实际操作，毕业前，在××会计事务所实习了半年，有一定的会计实践经验。

　　我正处于人生中精力充沛的时期,渴望在更广阔的天地里展露自己的才能,我不满足于现有的知识水平。期望在实践中得到锻炼和提高,因此我希望能够加入贵单位。我会踏踏实实地做好属于自己的一份工作,竭尽全力地在工作中取得好的成绩。我相信经过自己的勤奋和努力,一定会做出应有的贡献。

　　希望各位领导能够予以考虑,给予我一个面试的机会。三天后,我会在您方便的时间打电话确认您是否收到我的求职信和简历。谢谢!我热切期盼你们的回音。

　　此致

敬礼!

李晓

2014 年 2 月 15 日

6.2.2　自荐信

1. 自荐信的写法

　　自荐信是自己推荐自己的信。有毕业生会问,都已经有求职信了,怎么又来个自荐信?对求职有用吗?实际上,这两种信在求职作用上并无实质性的差别,都可以与简历一起帮助你找到理想的职位。但是,无实质性区别,不等于没有区别,一般情况下,求职信重点在"求"字,而自荐信的重点在"荐"字;同时,像本单位的在职人员为获得本单位的另一个职务,只能写自荐信而不能写求职信。自荐信也是你进入理想单位的第一块敲门砖;从求职的角度讲,自荐信是很重要的,需认真对待。

　　(1) 自荐信的内容

　　自荐信是用来展示自我的,自荐信的写法与求职信写法相似,也不要千篇一律,都采用一样的格式。但不管如何布局安排,都要层次分明、简洁明了,突出重点。通常情况下,多采用的是三部分的写作方式。

　　① 自我介绍和自荐的目的。在介绍自我部分,可以用一句话简单介绍一下你自己。只要把最重要、也是与未来雇主最有关的信息写清楚就可以了。例如:"我是××大学大三的学生,将于 5 月毕业,专业是××。"

　　自荐目的,要写清楚自荐干什么,有的可自荐某岗位、某职务,有的可自荐承担什么工作。自荐的目的要明确、具体。例如:很高兴得知贵公司目前在招聘××职位,我自信可以胜任。

　　② 自我推荐。这部分是自荐信的主体内容。主要陈述个人的求职资格,展示自己具有的才能和特长,特别是那些能满足公司的需要、能为公司做出贡献的教育、技能和个性特征,让招聘单位了解你能为其做些什么。可以从下面两方面具体说明。

- 专业。包括自己所学的专业和业余所学的专业及特长;具体所学的课程等;自己所受教育的经历和教育背景的陈述,要突出与招聘工作密切相关的内容。
- 工作经历和能力。说明工作经历,尤其是与求职目标相关的经历,一定要说出最主要、最有说服力的资历、能力和工作经历;说明的语气要肯定、积极、有力。例如:我在××公司实习期间,两次因工作主动积极受到公司领导的表扬。

③ 结尾部分。结尾部分主要包括两方面内容：向招聘单位致谢及提出希望招聘单位能予接纳的请求。还可以做一些补充，说明随信附有专家教授的推荐信等内容。信的结尾要表明你的下一步计划，告诉招聘者怎样才能与你联络，打电话或者发 e-mail，但不要坐等电话。要表明如果几天内等不到他们的电话，你会自己打电话确认招聘者是否已收到简历和自荐信并安排面试。例如：我将在一周内与贵公司联系，以便安排时间与贵方讨论我的简历及贵公司的要求。

(2) 自荐信的格式

与求职信一样自荐信也没有正式的格式，一般分为四个部分。

① 标题。在信纸上方正中部位书写"自荐信"三个字，表明此信的性质和行文目的。

② 称呼。写法与求职信相同，这里不多赘述。

③ 正文。自荐信内容。内容完毕要有"此致敬礼""此致告安"等方面的祝颂语。

④ 落款。在信的末尾右下方写："自荐人：×××"，然后写上日期。

2. 写自荐信需注意的问题

(1) 把握自我介绍的量与度

在自荐信中，自我推荐部分一定要实事求是、恰如其分，切忌夸夸其谈、自我炫耀、不实事求是，让对方反感；但也要防止过分谦虚，不敢肯定自己的成绩与才能，甚至有轻视自己的语气。这样做的结果，对方不仅不认为你是谦虚，反而感到你缺乏自信，没有信心或者能力很低，而不予录用。

另外，自荐信中也不可忽视突出自己的长处，例如你因某种原因获得上级组织的表彰奖励，或你曾组织过什么社团组织和大型活动等。这些长处哪怕是一两句话反映在信中，都可能收到良好的效果，都可能是你取得求职成功的关键性因素。

(2) 内容简练且有针对性

冗长杂乱的自荐信是没有人愿意看的。当然，自荐信也不宜太短，寥寥数语，既说不清问题，又显得没有诚意，给人一种不认真、不严肃的感觉。总之，自荐信应该言简意赅，一目了然，一般以 1000 字左右为宜。要用如此有限的篇幅去打动用人单位，关键在于突出重点，有针对性。应该在对用人单位有所了解的基础上，针对所需职位而写。

不能写适合所有单位、所有职位的自荐信，也不能将几十份通过复印的、内容千篇一律完全没有针对性的自荐信四处投寄，这样做是不会有什么结果的。

自荐信一定要用词准确、语句通顺，准确地表达你的意思。如果用词不当、语句不通、错别字连篇，用人单位就会因你的文字水平太差而拒绝录用你。尤其要注意的是，绝不可把收信人的姓名或公司名称写错了。

(3) 版面简洁工整

一封成功的自荐信，应该字迹工整、美观、清洁，给人以美的感受，这样会给对方以办事认真、负责和细心的好印象。如你写得一手好字，自荐信就应该用手写，并落款"×××亲笔敬上"的字样。这样既显示了你的书法特长，又表明你办事认真有诚意，可谓一举两得。许多单位愿意录用写字漂亮的人。如果你的字写得不好，也不要怕，只要认真去写,也会收到好的效果。打印体现了"现代味",如果用打印件,也会给用人单位留下好的印象。

(4) 态度诚恳语气热情

自荐信的措辞要得当,要让对方感到你自信而不自大、恭敬而不拍马,语气要热情、大方、谦虚,让人一看就感到你的真诚与实在。不要用强硬的语气,使对方觉得你在强迫别人接受你的愿望,如"请你务必在×月×日前给予答复为盼";不要以上压下,如"××领导要我找你们……""×××总经理都同意了,请你们给予多多关照",等等。这些都可能引起对方的反感,并因此而失去被录用的机会。

(5) 可以用多种语言文字书写

如果你是向中外合资、外资或外贸等单位求职,最好能用中文和外文各写一封自荐信,这样既能显示你的外语水平,又表现了你对外方的尊重,一定会增加用人单位对你的好感。

3. 自荐信例文

【例文6】 自荐信

尊敬的人事部领导:

您好! 首先感谢您在百忙之中抽出时间给我一个展示自我的机会。我是××学院的一名应届高职毕业生。通过信息管理及计算机应用专业三年的学习,我已具备了扎实的专业基础知识功底,我有信心接受贵公司的任何面试与考核。

在校期间,我始终努力学习,成绩优异(获一等奖学金两次),掌握了 C 语言、数据结构、数据库原理、操作系统、微机系统等专业知识。同时,通过大量的上机操作,我熟练掌握了 Windows 操作系统,并对 Unix 有一定的了解,能够独立运用 Word、Photoshop、Excel 等应用软件,有一定的语言编程基础,具备了网络操作能力。

作为一名信息管理与计算机应用专业的学生,我认识到互联网将在未来经济发展中发挥巨大的作用,所以,业余时间我刻苦自学了很多网络知识,能够熟练运用搜索引擎快速、准确进行网上查询、下载所需信息等。此外我还学习了 Html 语言和 Frontpage、Dreamweaver 等网页编辑软件,以及 Firework、Flash 等图形处理软件,可以自如地进行网页编辑。

一个高素质人才除了掌握扎实的专业知识,还应该具有丰富的人文知识。我从小热爱文学,博览群书,为我的写作能力奠定了坚实的基础。在大学期间,被特邀为校报记者,参赛文章多次获奖,还在报上发表过两篇作品。

未来社会需要的是理论和实践相结合的复合型人才。学习之余,我参加了大量的社会实践活动,做过家教,做过促销员,从而锻炼了自己吃苦耐劳、一丝不苟的工作作风。

鲜花和荣誉只能代表过去,未来的社会对我来说是陌生的,更是充满挑战的。年轻的我,有的是旺盛的精力和不服输的信念,但却缺乏锻炼自我、展示自我的机会。没有您伯乐的眼光,我将无法施展自己所学的知识。因此,我非常希望能够成为贵公司的一员,我将以更大的热情投入到新的工作环境中去,为公司的发展贡献自己的青春。

兹奉上个人简历、学校推荐表。如蒙约期面试，请惠告时间、地点，我当准时拜见。

此致

敬礼！

自荐人：×××

××年××月×日

【例文 7】 自荐信

尊敬的招聘主管：

您好！

我是××学院国贸专业的学生，愿将所积累的学识贡献给贵单位，并尽自己最大所能为贵公司的进步与发展贡献自己的全部力量。

我深知，"机遇只垂青于有准备的人"。在校期间，我抓住一切机会学习各方面知识，锻炼自己各方面的能力，使自己朝着现代社会所需要的具有创新精神的复合型人才发展。我的英语水平达到公共英语三级，计算机通过国家等级考试二级 VF，并连续两年获得奖学金。在努力学习专业知识的同时，我还广泛涉猎了法律、文学等领域的知识。

"在工作中学会工作，在学习中学会学习"。作为一名院学生会干部，我更注重自己能力的培养。乐观、执着、拼搏是我的航标，在险滩处扯起希望的风帆，在激流中突显勇敢的性格，是我人生的信条。由我创意并组织的学院"红五月文化节"活动得到了老师和同学们的认可，使我以更饱满的热情投入到新的挑战之中，向着更高的目标冲击。

为了更全面地锻炼自己的能力，我利用假期先后在政府机关、企事业单位进行了社会实践，我的实习论文被评为"优秀实习论文"，这些经验为我走入社会、参与商业经营运作奠定了良好的基础，而且从中学到了如何与人相处。

在即将走上社会岗位的时候，我毛遂自荐，企盼着以满腔的真诚和热情加入贵公司。

此致

敬礼！

自荐人：×××

××年××月×日

6.2.3 推荐信

高职毕业生准备好个人简历、求职信或自荐信后，为了增加就业成功的砝码，可以请学校有一定名气或影响力的专家、教授，或者对你想去就业的公司有影响力的人给你写推荐信，让他们向招聘单位推荐你，有力的推荐是你被录取的重要条件之一。

1. 推荐信的写法

(1) 推荐信的内容

• 先介绍被推荐人的基本情况以及之所以要推荐的理由。

• 写明与被推荐者的认识期间(何时开始认识或认识多久)、认识程度(偶尔见面或密切接触）及关系（师生关系，上下级关系、同事等）。

- 对于被推荐者个人特质的评估，这是推荐信的核心。主要包括被推荐者的天赋、学习成绩、研究能力、工作经验、学习精神、组织能力、沟通能力、成熟度、抱负、领导能力、团队工作能力、品行及个性方面等。
- 必须表明推荐人的态度，是极力推荐还是有保留地推荐。

（2）推荐信的格式

推荐信的格式与一般书信基本相同。有信头、发信日期、收信人姓名、称呼、正文、信尾谦称、签名、推荐人姓名、职称及工作单位等部分。这里不多叙述。

2．写推荐信需注意的问题

（1）推荐信要客观和公正

切忌流于形式，内容空洞，避免过度笼统和陈词滥调。要与被推荐人的其他材料如个人简历、求职信或自荐信等相符，而且要相互呼应。

（2）推荐信应注意格式和文法

一封漂亮有力的推荐信会让人联想到"名师出高徒"之说。

3．求职者应注意的事项

（1）寻找推荐人选

好的推荐信应当由具备相当知名度且与求职者熟识的人撰写。求职者的上级、同事或学校里的老师是最佳人选。

（2）保持联系

你要做的是与各推荐人保持联系，提供必要的信息和看法，并且确认每封推荐信皆能如期完成。

（3）致谢

最后记得向每位推荐人致谢，感谢他们付出心力为你撰写推荐信。

4．推荐信例文

【例文8】 推荐信

王经理：

　　我是××学院的×××教授，长期以来一直担任我校××专业的教研室主任。在专业教学中，我了解到××同学在各方面一直表现得很优秀。该同学热爱学习，学习成绩优异，有很强的钻研能力；在学生会和班里一直担任干部，有很强的领导能力和沟通能力；组织策划过很多大型活动，组织能力、团队工作能力较强；该同学品行端正，为人正派。我想，该同学符合贵单位招聘要求，特此推荐。

　　此致

敬礼！

推荐人：×××

××年××月×日

6.3　英文求职材料

现代社会,随着社会经济的快速发展,国际交流的日益频繁,各用人单位对人才的要求也越来越高,英语作为一门国际性语言,目前已渗透到了社会的各个角落。因此,求职者在求职时寄上一份英文材料现已成为一种趋势,这也是用人单位考核人才的一个标准。有些单位,尤其像一些外企、合资企业以及要求英语水平高的单位,本身就会要求你准备英文的应聘材料。

作为一名高职毕业生,你有必要写好一份英文求职材料,以便向用人单位展示你的英文水平。下面我们介绍英文求职信和英文简历两种常见的写法,供高职毕业生们参考。

6.3.1　英文求职信

英文求职信的结构一般包括八个部分:信封(Superscription)、信头(Heading)、信内地址(Inside Address)、称呼(Title)、信的正文(Body of letter)、结束语(Complimentary Close)、签名(Signature)、附件(Enclosure)。

1. 求职信的内容

求职信的内容通常根据所欲谋求的工作性质而定。通常包括下列几项。

(1) 开头

开头部分主要表明写信的目的或动机。如果求职信是针对报纸上招聘广告而写的,信中应当提到何月何日的报纸。有时就业信息是从朋友或中介机构那里获得的,有时是写信人不知某机构、公司有工作机会,毛遂自荐而写的信,不论是哪一种,求职信上一定要说明写信的缘起和目的。

(2) 正文

正文部分主要介绍个人情况。写明自己的年龄或出生年月、教育背景,尤其是和应聘的职位有关的培训或教育科目、工作经验或特殊的技能。如无很多实际工作经验,略述实习、实践类似经验亦可。

(3) 结尾

求职信的结尾一般希望并请求未来的雇主允以面谈的机会,因此,信中要表明可以面谈的时间。

2. 内容上应注意的问题

(1) 英文应征函的第一段要说明写信的缘起目的

有关这方面的写作不宜用分词句子,例如下面所列作为开头第一句的句子,因为这类句子被人用得太多,显得陈腐,没有新意,失去突出的特性。例如:

- Replying to your advertisement…
- Answering your advertisement…
- Believing that there is an opportunity…
- Thinking that there is a vacancy in your company…

- Having read your advertisement...

应多采用下列语句写作。

- your advertisement in this morning's Journal for an secretary prompts me to offer you my qualifications for this position . 看到贵公司在今早报纸上招聘秘书的广告，我有意申请这一职位,现将我的相关资料提供给您。

- In your advertisement for an accountant, you indicated that you require the services of a competent person, with thorough training in the field of cost accounting. Please consider me an applicant for the position. Here are my reasons for believing I am qualified for this work. 贵公司招聘会计的广告中说明招聘条件为：能胜任此项工作,并且在成本会计领域受过全面培训的人员。请考虑我的申请。以下内容将使您相信我能胜任这份工作。

(2) 求职人应招聘单位的要求不得不提到希望待遇时

可用以下类似的句子。

- I hesitate to state a definite salary, but, as long as you have requested me to, I should consider 2,500 Yuan a month satisfactory. 我对待遇总是迟迟无法定确切数目,但既然您要我说明,我认为月薪2500元就满意了。

- I feel it is presumptuous of me to state what my salary should be.... My first consideration is to satisfy you completely. However, while I am serving my apprenticeship, I should consider-a month satisfactory compensation. 我不敢冒昧说出起薪多少。最初我仅想要如何工作得好,使您满意。在试用期间,月薪……即可。

下列句子不宜使用。

① As for salary, I do not know what to say. Would 2500 Yuan a month be too much? 至于起薪,我不知怎么说,月薪2500元会不会太多?

② Do you think I should be asking too much if I said 5000 dollars a month? 若要求月薪5000元会不会太高?

③ You know what my services are worth better than I do. All I want is a living wage. 对敝人工作的价值您比我更清楚,我仅想够糊口即可。

(3) 求职信的结尾用语要有特点避免老生常谈的滥调

下列有几个句子,写作时最好不要采用。

① 软弱、羞怯的句子

If you think I can fill the position after you have read my letter, I shall be glad to talk with you. 读完此信后倘若您认为我可补缺,我愿和您一谈。

② 怀疑、不妥、不安全的句子

If you're interested, let me know immediately, as I'm sure and interview will convince you I'm the man for the job. 倘贵公司有兴趣,请即告知,我深信与您面谈可以使您相信我适合担任此职。

③ 陈腐的句子

Hoping you will give me an interview, I am……（我希望您惠予面谈）Anticipating a favorable decision, I wait your……（等候您的佳音）Trusting your reply will be satisfactory, I remain……（静候满意的答复）

④ 哀求式的句子

不够完整（漏掉面谈时间）：Would you please give me the chance to interview your? I can be reached by calling××××××。恩请惠予面谈，请打电话××××××。

⑤ 太过自信的句子

I am quite certain that an interview will substantiate my statements Between two and five every afternoon except Tuesday you can reach me by telephoning××××××.我深信面谈可以证实我的话。您可在每天下午二至五时（星期二例外）打××××××号电话通知我。

（4）求职信的结尾用语

可以采用下列句子：

- If my application has convinced you of my ability to satisfy you, I should welcome the opportunity to talk with you, so that you may judge my personal qualifications further. 如果我的能力使您感到满意，希望能得到与您面谈的机会，以便使您对我的个人资格方面做出更深入的判断。

- May I have an interview? You can reach me by telephone × × × × × × between the hours of 8-11 a. m and 1:30-9:30 p. m. any evening. 可否赐予面谈？您可在每天上午 8:00～11:00，下午 1：30～9：30 打电话××××××。

- May I have the opportunity to discuss this matter further with you? My telephone is × × × × × ×. You can reach me between nine and five o'clock during the day. 可否惠予面谈以便进一步商讨？我的电话是××××××。我从上午九时到下午五时都可接通。

（5）求职信的语气要发挥最大的效果

语气必须肯定、自信、有创意而不过分夸张，如能事先洞察招聘单位的喜好，或其他方面的特性，根据物以类聚的原理，求职信若能配合招聘单位的特性，求职的人一定可以比其他人占上风，获得面谈的机会。

下列例句，第一句显得语气太弱，写信的人有点羞怯的样子；第二句太过自信；第三句表示谦虚（这个例句语气方面比较合适，有风格），我们要避免选择不适当的句子。

- I think that I should probably make a good secretary for you. 我想我可能成为贵公司的好秘书。

- I recently completed a course in filing at the …… School of business. I am competent not only to install a filing system that will fulfill the needs of your organization, but I am also well qualified to operate it efficiently. 最近我在……商业补习班读完一门档案处理的课程，我自信不仅可以设置一套档案系统符合您的要求，而且可以有效地操作。

- I am confident that my experience and references will show you that I can fulfill the particular requirements of your secretary position. 我相信我的经验和推荐人可以告诉您，我能够符合贵公司秘书一职的特定需要。

3. 其他注意事项

一封英文求职信和你给别人的第一印象同样重要，要怎样填写一封求职信？有下列事项你不得不注意。

（1）选择信封、信纸

求职信的信封与信纸最好以简洁、大方、明朗为原则，颜色以白色和素色为最佳选择。

（2）最好用计算机打印内容

打字是写求职信最佳的选择，如果真需要用手写也必须用钢笔和原子笔，蓝色和黑色是最佳选择。

（3）内容简明、文笔顺畅

简明扼要的内容和通顺流畅的文笔，是求职信必要的原件，但最重要的要素，还是以正确的文法把有效信息平实顺畅地表达出来。和一般中文求职信的表现方式稍有不同，就整体来说，一份能够积极展现个人特色、优点以及潜力的英文求职信是比较容易得到招聘者青睐的。不过要注意的是目前国内外商公司的主管通常是我国台湾人居多，过分夸张卖弄的语气还是少用为妙。

6.3.2 英文简历

1. 英文简历的写法

英语简历并无固定不变的写作形式，应聘者完全可以根据个人的具体情况来确定采用何种形式，灵活设计。一般来说，高职毕业生因为没有很多工作经历，相对而言不容易展现其实际能力。因此在这里你要善于使用 successfully、effectively 等有冲击性的形容词来强调你对工作的热诚。

不过要注意你的英文用字遣词要到什么深度，必须衡量个人真正的能力，千万不要为了表现英文能力而硬挤出过于艰涩的文章。

英文简历一般包括下列元素。

- personal data（个人资料）：name（姓名）、address（通信地址）、postal code（邮政编码）、phone number（电话号码）、birthday（出生日期）、birthplace（出生地点）、sex（性别）、height（身高）、weight（体重）、health（健康状况）、date of availability（可到职日期）、number of identification card（身份证号码）。
- job/career objective（应聘职位）。
- education（教育）：就读学校及系科的名称、学位、始止时间和应聘职位相关的课程与成绩、社会实践、课外活动、奖励等都应一一列出。
- special skill（特别技能）。
- hobbies/interests（业余爱好）。如果在教育项目的课外活动中已经注明，此项则不必重复。

2. 英文简历写作需注意的问题

(1) 英文简历要体现个性

英文简历制作者必须衡量自身以及应聘职务的需求,打造最能突显优势的内容,呈现方式可以自行设计,要勇于表现个人风格,不要拘泥形式。写简历的时候,要注意到是否有起承转合的整体感。为什么要选择这家公司以及这个职务?自己本身具有哪些能力?今后想做些什么?你的优势在哪里?照自己的方式以及风格,将这些内容依次表达出来。

(2) 文章最好按条例编排

招聘者每天要看的简历可能有上百份,停留在一份简历的时间以分秒计算。因此建议将简历以条例方式呈现,让招聘者在短时间内能马上"抓住"重点。

(3) 简历应精练

简历不要太长,尽量控制在一页之内,一份厚厚的简历对忙碌的招聘单位来说是一种负担。因此即使有再辉煌的事迹值得陈述,也不如多费一点心思设计你的版面,务必以不超过两张纸为原则。

(4) 搭配求职信

求职信是英文简历不可或缺的搭档。有了它,将为你的简历增加分量。

(5) 英文简历并不需要附上照片

除非应征的公司有所要求,否则一般并不需要贴上照片。

(6) 检查拼写

检查你的拼写以及数字是否正确无误。

【关键术语】

简历类型、电子简历、求职函、推荐信、英文简历

【请你筹划】

1. 请你制作一份中文个人求职简历,制作一份电子简历,在此基础上班级进行简历大赛。

2. 练习英文个人求职简历。

第 7 章
求职应聘技巧

【学习目标】
1. 面试注意事项和答题思路。
2. 笔试准备和注意事项。
3. 了解网络招聘优势及技巧。

【技能要求】
1. 掌握面试前的准备工作及注意问题。
2. 学会面试问题回答技巧,掌握笔试的基本知识。
3. 学会网上竞聘。

引导案例

心态不同,求职结果各异

王晨、李志翔是住在同一个宿舍的学生,他们所学的专业都是市场营销。毕业时,他们在学校的食堂前看到了一家外企的招聘启事,他们都邮寄了自己的求职材料。后来他们都顺利地通过了笔试,并同时收到了面试通知。

面试时,他们被分在两个会议室。

主考官问了王晨一系列关于市场营销的问题,王晨对答如流,并不时地提出自己的新见解,受到了主考官的赞赏。在另一个会议室,李志翔的面试也进行得很顺利,主考官对他的回答也表示十分满意。

在面试就要结束时,主考官向王晨和李志翔提出了同样的问题:"对不起,我们公司的计算机出了故障,参加面试的名单里没有你,非常抱歉!"不过,说这句话的是在不同的会议室里。

胜利在望的王晨听到了主考官的话后,马上就变得没有了风度。他生气了,质问考官为什么会出现这样的事? 他这么优秀的一个人,在学校里每次考试都是第一名,为什么居然不能进入面试? 他说,这是公司成心在耍他。

主考官对他说:"你先别生气。其实,我们的计算机并没有出错,你以第一名的成绩进入了我们的面试名单,刚才的插曲不过是我们给你出的最后一道题。面对竞争激烈的就业,你感到惶恐和不安是正常的。但是,你的心理承受能力实在是太差了。市场营销部是全公司最有可能经历风险的部门,作为这个部门的高级人员,我们需要有良好的心理素质的人才。我们希望你能找到更合适的工作。"

王晨愣住了：前功尽弃了！没想到这也是一道考题！

而在另一间会议室里，李志翔在听完了同样的问题之后，面带微笑，十分镇定地说："我对贵公司发生的这个错误十分遗憾，但是我今天既然来了，就说明我和公司有缘分。我想请您给我一次机会。这个计算机的失误对于我来说，或许是人生的一个难得的机遇，对于公司来说，或许意外地选择了一个优秀的员工。"

主考官露出了满意的神情："你真是一个不错的小伙子！我愿意给你这个机会。"

请问：本案例中，王晨面试失利的教训是什么？李志翔面试成功的经验是什么？

资料来源：根据 http://wenku.baidu.com/view/材料编辑整理。

在上一章，我们讨论了求职应聘前文字方面的准备工作，那么，有了这些文字材料，是否就可以去应聘了呢？回答是：不行。求职应聘前还应有所准备，那就是了解面试和笔试。这一章，让我们共同讨论面试和笔试的各种问题，最后我们还要探讨一下网络招聘的优势、网上求职应注意的事项及技巧。

7.1　面　　试

7.1.1　面试综述

面试是我们在求职过程中必须经过的一个关键环节。那么什么是面试呢？面试是用人单位直接对应聘者面对面考核、录用的形式。它是通过招聘者与求职者双方面对面地观察、交谈等双向沟通的方式来了解求职者的思想观念、气质类型、性格特点、能力水平等素质状况，以确定是否录用的一种人才选拔方式。

1. 用人单位面试的目的

用人单位通过面试，一是要了解求职者的动机与工作期望；二是要考核求职者仪表、性格、知识、能力、经验等特征；最后还要考核笔试中难以获得的其他信息。总而言之，通过面试选拔出所需的优秀人才是用人单位面试的根本目的。

2. 常见的面试方式

（1）模式化面试

由考官根据预先准备好的询问题目和有关细节逐一发问，其目的是获得有关应试者全面、真实的材料，观察应试者的仪表、谈吐和行为等。

（2）问题式面试

由考官对应试者提出一个问题或一项计划，请应试者予以解决或完成。其目的是观察应试者在特殊情况下的表现，以判断其解决问题的能力。

（3）讨论式面试

由考官海阔天空地与应试者交谈，让应试者自由地发表言论，尽量活跃谈话气氛，在闲聊中观察应试者的能力、知识、谈吐和风度。

（4）压力式面试

由考官有意识地对应试者施加压力，针对某一问题做一连串的发问，不仅详细，而且追根问底,直至无法回答,甚至有意问些与面试无关的问题,看其在突如其来的压力下能否做出恰当的反应,以观察其机智程度和应变能力。例如,某大型公司的人力资源部经理在问完有关专业问题后,突然问了一个问题:"告诉我,你最大的弱点是什么?"以考察应聘者的抗压能力。

（5）综合式面试

由考官通过多种方式综合考察应试者多方面的才能。如用外语同应试者会话以考察其外语水平,让应试者写一段文字以考察其文字表达能力,让应试者讲一段课文以考察其演讲能力,也许还会要求应试者使用计算机或打字机等。

在实际面试过程中,考官可能只采取一种面试方式,也可能同时采用几种面试方式。

3. 面试的种类

根据面试时人数的多少,面试可以分为一对一面试、多对一面试、小组面试等。

（1）一对一面试

面试时,只有一名主考官与一名应聘者。

（2）多对一面试

多对一面试,指的是两个或两个以上的主考官共同面试同一个应聘者。采取这种面试方法多是出于节省时间的考虑,招聘单位可以在很短的时间内完成多项面试内容,几个面试考官一轮下来就可以对面试者进行现场综合评定。

在这种情况下,你要注意谁是最主要的一位面试考官,面试者应该对其有所重视,但也不能忽略其他人员,显得厚此薄彼。

（3）小组面试

应聘者分成小组开展某种活动或进行游戏,考官人数可多可少,他们同时考察一组人。这样做的目的通常有三个:一是可以横向比较面试者,统观全局,大致了解每个人的特色;二是考察小组成员的团队合作精神;三是节省时间,因为招聘工作时间紧,常常来不及一个个面试。

小贴士

如何在小组面试中脱颖而出？

小组面试,有的时候需要就给出的条件共同完成一个项目,或者就一个主题进行探讨,得出结论。

1. 放下包袱,大胆开口,抢先发言;

2. 逻辑严密,论证充分,辩驳有力;

3. 尊重队友观点,友善待人,不恶语相向;

4. 掏出纸笔,记录要点,做到与众不同;

5. 逐一点评,最后总结,充当领导者;

6. 上交讨论提纲,条理清晰,再露一手。

4. 面试的一般程序

（1）面试开始阶段

俗话说"先入为主"。与后两项程序相比,这是最重要的阶段,因为应聘者留给考官的第一印象很可能决定着你应聘成功与否。高职毕业生请记住：面试开始时要面带微笑，看着对方的眼睛，热情洋溢，充满信心。

（2）面试进行阶段

这段时间是面试双方互相了解情况、加深印象的过程。考官会在这段时间里对面试者做出以下评价：一是面试者的性格是否适合这项工作；二是如果面试者成为他们中的一员，是否能有所贡献。面试者可以利用这段时间主动了解一些关于公司以及工作的情况，看看是否真正适合自己。

（3）面试结束阶段

这段时间要展现面试者的风度与对应聘工作的兴趣，先对考官表示感谢，如果结果还没有确定下来，可以询问："下一步我需要做什么？""我有希望被录用吗？"这些问题表达了你对这份职业的兴趣，能够加深用人单位对你的印象，加强你被聘用的可能性。

5. 面试没有标准答案

面试的企业情况不同，人员构成不同，所设计的问题涉及专业、社会等方方面面，提问目的不同，对答案的认可也不同，而且，关于社会问题的解答，也没有固定的答案。

比如，很多企业都问应聘者"你业余时间做什么？"这个问题。各企业的出发点、目的却不尽相同，有的是真想知道应聘者业余时间做了什么，有的却另有用意，想知道应聘者所答是随大流还是独有心得。

因此，企业提问的用意无从猜测，也不应猜测（应聘面试绝非猜灯谜）。我们的主张是回答问题不要失去做人、做事的基本原则。

7.1.2 面试准备

面试的准备，从高职毕业生进入大学后就应该开始了。高职生在校期间应当全面学好专业知识，提高专业技能，在此基础上，尽可能地扩大知识面，特别应注意语言表达能力的锻炼。多参加集体活动，课堂讨论大胆发言，这些都有助于语言的组织和讲话能力的提高。高职生还要有意识地多与不熟悉者交谈，养成与生人自如交谈的习惯。

"知己知彼，百战不殆"，机遇总是青睐有准备的人。在此，我们主要讨论在应聘面试前应做好哪些具体的准备工作。

1. 做好自我认知准备

要自信地应对面试，首先要对自己有清楚的认知。高职毕业生在面试前应对自己的能力、特长、个性、兴趣、爱好、长短处、人生目标、择业倾向做认真的分析。例如写出几件自己认为可以称得上成功的事情，逐一分析这些成就；列出你最主要的几项技能；为弄清自己的个性，可以通过分析成就，用一些形容词来归纳自己的性格。

另外，一定要针对应聘企业设计较为详细的个人职业发展计划，不要只考虑目标，不考虑达到目标的途径。这样当问及"你未来 5 年计划如何发展个人事业"时，你就能从容地展示对自己目前专业技能的评估，以及你为胜任职业目标所拟订的粗线条的技能发展计划。

2. 做好资料准备

（1）准备个人资料

除了前一章所提到的自荐信、有关人士的推荐信、个人简历等，还要准备好学习成绩单、获奖证书、个人科研成果、论文、参加有关活动的证明等，以便考官在面试时翻阅、核查。

（2）收集用人单位的有关资料

面试前应对所应聘的公司做全方位、深入的了解。切记了解他人是推销自己的前提！谈论用人单位的优点，是你与单位领导快速消除陌生感、拉近距离的桥梁；用人单位某些方面的不足，是你提出建设性意见、让对方认知你长处的切入点。

高职学生应尽可能多地了解用人单位的历史、现状、领导层的风格，掌握该公司的业务方向、产品特色、发展前景等，必要时，对该行业也要通盘了解，一是对自己的前程负责，二是以备应聘中的相关提问。

某商贸高职学院毕业生张娜在学校是个不错的学生，用人单位看了她的简历后也比较感兴趣。但是当考官问她对本公司文化和项目的理解时，却发现她对该公司一点也不了解。本来她可以拥有半个小时的面试时间，结果短短 10 分钟就草草地结束。她自称所拥有的表达和策划的长处，也无法施展。

3. 做好模拟演练准备

在面试时，考官常常会问到一些常见的问题，如果能够事先了解这些问题，就可以使自己胸有成竹，这是非常有益于面试成功的。不同的招聘面试会提出不同的问题，但有一些问题是比较常见的，其中两个问题是必考题，都需要提前认真准备。

- 请做一下自我介绍。
- 你为什么选择本公司？

此外，还要针对面试可能提出的其他问题进行必要的准备。这些问题可能涉及公司业务、公司文化、行业背景，如："请你谈谈对本公司的了解""你知道本公司在行业中的地位吗"；也可能涉及公司所需要的专业知识，如："如果对公司某产品进行促销，请你设计一下促销方案"；有些还可能涉及应聘者个人的性格、兴趣爱好、对工作的态度、工作能力及对某些社会问题的看法等诸多方面。

例如："据某报纸报道，某公司上个月裁减 20 名员工，其中 12 人是应届大学生，请你谈谈对此事的看法。"这些问题的准备与前面资料的准备环环相扣，只有在全面了解面试单位、充分客观评价自我、关注社会热点问题的基础上，才能对答如流。

4. 做好语声准备

在面试中给考官留下良好的听觉印象是面试成功的关键因素之一，所以万万马虎不得。听觉印象主要指说话时的语气、音调，甚至逻辑重音，这些都体现了一个人的教养。应聘者要注意声音的清楚、悦耳，要显示出自信。

大家结合前两项准备工作，通过模拟面试，练习语音、语速，及时调整改善不足之处。首先要改掉不良的说话习惯，尤其要注意去掉不文明的口头禅。其次说话应该尽量说普通话。再次要注意语音表达，语音尖细或低粗都不好，要语调平和、声音适中。最后要练习说话语速，保持中等语速（每分钟约 120 个字，类似收音机里播音员的语速，平时可多留意）。

5．做好服饰装扮准备

很多高职毕业生没有意识到，自己未被录用的重要原因是由于没有重视求职服饰，致使形象不佳。国内外有关调查表明，有近 1/3 求职者落选是因为他们的服装不合格、不修边幅或行为不雅。高职毕业生应聘时的着装，一定要讲究搭配合理、色调和谐。同学们在准备服饰时要注意以下几点。

（1）根据体形选择服装

瘦高体形者，不宜选用竖条和质地较薄的服装，否则会夸大纤细的身形，给人缺乏韵味之感，而质感厚实点儿的衣料会使体瘦的人看上去精神抖擞；体形丰满者应选择厚度适宜的衣料，过厚过薄的服装都会暴露体形弱点；肥胖者切忌穿夸大体形的大花纹、横花纹、大方格图案的服装。

（2）着装正统大方

面试是求职的重要环节，同学们都会慎重对待，穿着正式能够显示出你对面试单位的重视。着装不必赶时髦，不必求流行，尤其不能浓妆艳抹，打扮得花枝招展。因为许多人心理上都认为过分追求时髦的人往往是不求上进的人。在服装选择上，男生适合选用西服，显得稳重、干练；女同学则应选择简单、明快且质感较佳的服饰，在整洁典雅中可透射些许活泼美丽，佩饰要少而精。

发型在人的外观上占有重要地位。男同学过长的头发，女同学过于夸张、染色的头发或头发蓬乱，往往会产生对面试不利的效果。女生整理发型应以整洁、清纯、大方为原则，如果不是短发，最好把两侧长发放在耳后，并且用发卡夹好。

对于银行业、机械行业、食品业等单位而言，由于员工经常与客人或设备接触，为保持清洁或出于礼节考虑，这些单位一般不允许女生留长发。即使允许留长发，一般也要求将长发扎起来。所以应聘窗口行业的女生在面试时要特别注意发型。

（3）服饰要适合应聘工作的需要

根据所应聘的工作性质和类型，确定自己的穿着，这是一个较稳妥的做法。如果应聘工作的性质比较严谨，同学们需要一套正规的服装，建议选择端庄、柔和的颜色，黑色虽然缺乏创意，但是给人精干利落的印象，肤色白皙的女生可以选择；如果应聘工作比较讲究创意，那么可以穿得稍微休闲一点，力求显出自己的创造力，但是要达到顺眼、耐看的视觉效果，而不要表现得另类、超前。

6．做好身心准备

健康的身体是参加面试的前提，良好的精神状态是面试成功的重要保证。同学们一定要注意身心准备工作。

- 要加强身体锻炼，保证睡眠，保持充沛的体力。应聘前的几天内，不做过于劳累辛苦的事情，也不从事过于紧张、刺激的活动，保持心理稳定与愉悦。

- 要克服消极的心理紧张。临场前过度紧张和焦虑，临场时呆板和木讷，是应试的大忌。求职者应注意调整好临场前的心理状态，自然而又精神饱满地参与面试中的竞争。

- 要充满必胜的信念。应聘成功取决于自己平常养成的内在特质，如高尚的品德、良好的习惯、健康的人生态度、自觉的人际亲和力和学有所成的业务技能。既然我已准备好了，那么，我一定会成功。

7.1.3 面试时的注意事项

1. 注意提前赴约

任何一个单位都希望自己的员工有严格的时间观念。迟到是求职面试的一大忌讳，它会使考官怀疑你的工作效率，不利于求职的成功。据有关专家统计，求职面试迟到获得录用的可能性只相当于准时到达者的 1/2。因此，高职毕业生一定要尽早出门、一定要提前到达面试单位。

提前到达既可以有充分的时间来观察该公司，又可以使你思考一下准备回答的重点问题，稳定自己的情绪。一般来讲，面试时留出 20 分钟的富余时间，可以应付一些意外情况。如果路途遇到预想不到的麻烦事，一定要采取措施，比如给招聘单位打电话解释清楚原因等。但是也不要早于 15 分钟以上到达面试地点，这会使人认为你过分着急。

2. 注意细微之处

走路、进门、握手、坐姿这些细节问题可以反映出一个人的内在修养，都不可过于随意。

首先要注意通报细节。到达面试地点后，不可贸然进入，一定要先敲门，不论门是否开着。经允许后轻轻推开门进入，如果需要关门，则请轻轻关门。

其次注意握手礼节。若非考官先伸手，应聘者切勿主动与对方握手。握手的一般规则是上级可对下级主动，长辈可对晚辈主动，女士可对男士主动。

再次注意坐姿形象。在未得到考官的邀请前，请勿直接坐下。当对方示意面试者坐下时，应道声"谢谢"。正确的坐姿：后背自然挺直，双腿不能叉开，男生双膝应与两肩齐，女生双膝并拢。双手自然放置大腿上或双手相叠放在桌上，不要有挠头、抓耳、掏兜、弹动手指、抖动双腿或跷"二郎腿"等不雅动作。有些考官特别注重应聘者在简历之外给人的一种感受，例如，给应聘者的水杯特意用普通水杯，看看他放杯子时发出的声响、看他是否会盖上杯盖等。

关注细节对应聘者面试成功有重要影响。用人单位除了通过细节观察应聘者个人修养之外，有时细节还可能暗扣考题。比如，正式面试时问你："对抽烟怎样看？"你的回答一般会遵循着社会公众思路说抽烟有害健康。然而，刚才在该公司的休息室，有人却观察到你迫不及待地连抽了两支烟。显然你言不由衷、言行不一，应聘必然失败。

有时在你未到面试现场前，用人单位已安排了试题。比如：在你路过之处放一把得脚的笤帚，看你是否扶起它，把它放置妥当；故意不设烟灰缸，看你往哪里弹烟灰；在你座椅附近置几团废纸，看你是否收拾起来，等等。总之，对个人日常习惯的考察，最有效的就是这些不经意的"小事"，而小事却可以看出大问题。所以高职毕业生一定要重视细节问题。

3. 注意面试言谈举止

言谈举止不仅可以看出一个人的个性、修养，也可以看出其成长环境及家教状况。高职生在求职面试过程中言谈举止文明有礼，对顺利通过面试具有重要作用。

（1）注意交谈表情

面带微笑进入面试场所能让你消除紧张情绪，同时也能让考官心情愉悦。面试时要正视前方考官,如果考官有二三位,则看着首席或中间的一位,表情要轻松、柔和、自然、大方。

（2）恰当使用身体语言

面谈中,身体稍向前倾,以示对谈话的兴趣。及时用眼神、头部动作或"噢""对"等简短应答语言对考官的讲话做出相应的反应,切不可分散注意力,左顾右盼,更不能有打呵欠、看手表等失礼的表现。思索问题时切勿眼球乱转或翻眼死盯天花板。高职毕业生在面试时常犯的错误:回答问题时低头不看人,或者回答问题时不敢直视面试官。克服这个毛病,高职生平时要多进行即兴问答方面的训练。

（3）应答问题时的注意事项

① 态度诚恳热情。回答问题应诚恳热情、口齿清晰、语速适中、语言朴实。不要过分显摆自己,也不要贬低其他应聘者或其他招聘单位。

② 语言简明扼要。回答要动脑筋,搞清对方发问的目的、要求,尽力做到有理有节,不可随意答复或敷衍搪塞。对于简单问题的回答,可能就是一句话,千万不要嫌一句话太少,总想多说几句,要抑制说话的欲望。对于复杂问题的回答,应先说结论,再简述理由。回答时间限定在一分钟内,绝不能长。应聘不一定要面面俱到,但一定要打造你使人动心的"亮点"。这就好比吃饭,只有你把肉放在米饭上面,才能激发别人的食欲。如果埋在饭中,不可能达到这样的效果。应聘中,精华一定列出来重点谈。

③ 回答实话实说。对于回答不上的问题切勿信口开河、装腔作势、胡乱卖弄,更不能流露不满意、不耐烦情绪。

④ 答案具备独创性。郑鸣是某财经学院管理系的高才生,虽然相貌欠佳,但对自己的能力充满信心。她参加一家化妆品公司的面试时,面对老总从一些国际知名化妆品公司的成功之道说到国产品牌的推销妙招,侃侃道来、顺理成章、逻辑缜密。这位老总很兴奋,亲切地说:"小姐,恕我直言,化妆品广告很大程度上是美人的广告——外观很重要。"

郑鸣迎着老总的目光大胆进言:"美人可以说这张脸是用了你们面霜的结果,丑女则可以说这张脸是没有用你们的面霜所致,殊途同归,表达效果不是一样吗?"结果,她成功了。

（4）面试中的言谈礼仪

① 注意谈话方式。不要打断考官的话题,注意倾听对方的谈话内容,对重复的问题不要表示出不耐烦。

如果对考官的话没听懂或没听清,应等考官把话说完再提出:"很抱歉! 刚才您说的是……吗?""您刚才这句话我没有听清,能否再重复一遍",等等。

② 注意运用规范的语言。忌用"口头禅"、方言、土语等不为他人理解的语言,更不能油腔滑调。

③ 及时告辞致谢。考官说:"今天辛苦你了!"即意味着结束。你应从容站起,面带微笑说:"谢谢!"走至门口,回身说:"再见!"出门时要随手轻轻关门。切记,无论有无录用的希望,都应向对方表示衷心的道谢,这最能体现你的真诚和修养。面试结束前不要忘

记表态："非常感谢贵单位给我的面试机会。""我非常愿意成为贵单位的一员,请领导考虑。"

4. 了解面试禁忌事项

高职毕业生在求职面试前,应当了解面试有关的禁忌事项,并从中吸取经验,避免在以后面试时犯同样的错误,可以提高求职成功率。

（1）过于想博得好感

为了获取职位,以至不切实际地赞颂或奉承应聘企业,甚至中伤该企业的竞争对手,在正规的企业中,或是在具备专业素养的考官面前,这种行为是非常忌讳的。

（2）过分谦卑

谦虚是美德,但是如果把握不好度,容易出现语言沉闷、底气不足,或者行为过于拘谨,使得用人单位没有信心录用你。

（3）过分自夸

应试者大谈个人成就、特长、技能时,却没有实例相应证,容易招致招聘考官的反感。此外言谈过于自信,说话滔滔不绝,会使年轻的考官产生危机感。

（4）过于外向

情绪变化太快,情感极易流露,动不动就大笑或流泪,会使考官认为你不成熟。

（5）过于世故

想方设法与考官"套近乎",缺乏大学生应有的单纯、明朗,容易影响考官对你人品的判断。

（6）过于随便

自称没拿这次面试当回事,只是想锻炼锻炼自己,或者有好几家企业还等着我呢。

【案例分析】

我的面试成功了
——某财经职业学院毕业生王强面试经历

王强是某财经职业学院金融专业的一个应届毕业生,他从同学那里得知,中国银行某支行将在学校开招聘会,由于时间十分仓促,他没有来得及换上西装和领带,只是穿着平时的夹克衫,带着自己的简历就去招聘会了。

中国银行某支行的招聘会有些特别:招聘现场放了十多张椅子,按交简历的顺序,让十几名应聘者向招聘人员做自我介绍,再据此决定下一轮的角逐。

王强没有时间再回宿舍去做准备了,只好仓促上阵。针对自身的特点,他为自己做了一个定位:勤奋、朴实、团结、有团队合作精神。他只用了两分多钟,以简洁明了的语言介绍了自己,然后便在一边静待结果。

他顺利地通过了第一关,接下来是填应聘表格。表中所涉及的内容很多,王强填写表后,有一种一切不出所料的感觉。与他一起填表格的十多个人都收到了中国银行某支行的草签接收函。

王强不久就接到了通知,让他到单位去面试,由支行行长直接与复试的应聘者单独谈话，决定录取与否。他这一次是有备而来的，对银行的特点和银行工作的特点都有了一定的了解，准备以一个勤奋、团结的形象出现在领导面前。

面试时，行长提的第一个问题是："你为什么选择我行作为应聘目标？"王强讲了自己的理解，他把自己求职目标的选择界定在三个方面：第一，对金融业的热爱，想在金融系统工作；第二，银行可以使自己很快地积累经验，提高素质；第三，中国银行是中国金融业务的窗口，自己所学的是金融专业，希望从事与此相关的金融业务。他的回答条理清晰，也很有诚意。

行长提到了期望值，王强谈了自己的看法。行长说："许多大学生在求职时，都把中国银行的工作想得十分浪漫而富有激情，而实际上，工作是很单调、很平凡的，对这一问题你是如何看的？"王强重点强调了自己踏实勤奋的品格，并表明了自己为中国银行服务的热忱和态度。行长几次对他表示赞许。

中国银行对人员的要求与其他单位有所不同。外企、民营企业看重员工的创新意识、开拓精神，中国银行则侧重于员工的勤奋、朴实；是否具有一定的政策理论水平和业务水平，能否处理比较复杂的问题。王强在与行长的谈话中，有意识地强调了自己是银行所需要的人，所以这次面试是成功的。不久，他接到了银行的录用通知。

王强在求职应聘中，做好了充分的准备，做到知己知彼，用特色和真才实学为自己铺就成功之路。

资料来源：根据 http://wenku.baidu.com/view/ 材料编辑整理。

7.1.4 面试问题分析及答题思路

1. 面试经典问题分析

（1）你希望与什么样的上级共事

通过面试者对上级的"希望"可以判断出面试者对自我要求的意识，这既是一个陷阱，又是一次机会。面试者要回避对上级具体的希望，多谈对自己的要求，如"作为刚步入社会的新人，我应该多要求自己尽快熟悉环境、适应环境，而不应该对环境提出什么要求，只要能发挥我的专长就可以了"。

（2）你最崇拜谁

这是近两年用人单位经常考的一道题。面试者回答时，不宜说自己谁都不崇拜，或者说崇拜自己，也最好不要说崇拜一个虚幻的或者不知名的人，更不能崇拜一个明显具有负面形象的人。面试者所崇拜的人最好与自己所应聘的工作能"搭"上关系，说明自己所崇拜的人的哪些品质、哪些思想激励着自己、鼓舞着自己。

（3）除本单位外，你曾应聘过其他单位吗

据实回答。如果该单位不是应聘的首家应聘单位，建议不妨这样回答："应聘过，但根据我个人的专业及性格特点，我认为现在我所应聘的工作岗位最能发挥我的专业和个人特长，也最有可能为公司做出较大贡献。"要让考官感觉你加盟其团队的决心是坚定的，选择是有诚意的。

（4）你对琐碎的工作是喜欢还是讨厌，为什么

这个问题是个两难问题，考官的目的在考察你的工作态度。

可以这样表述自己的态度："琐碎的事情在绝大多数工作岗位上都是不可避免的，如果工作中有琐碎的事情需要做，我会认真、耐心、细致地把它做好。"这句话既委婉地表达了大多数人的普遍心理——不喜欢琐碎工作，又强调了自己对琐碎事情的敬业精神——认真、耐心、细致。既真实可信，又符合考官的用人心理。

2. 面试常见问题答题思路

（1）浅层问题

所谓浅层问题，是针对后面的问题比较而言的。它们比较简单，没有涉及复杂社会层面或深刻的内心层面。回答这类问题，需简单明了。

· 工作对你来说有什么重要意义？

思路：不应说收入、薪水、家庭，而说工作的挑战性、成就感。

· 你为什么到本公司来工作？

思路：强调用人单位的前景、名望，社会上很多人对该公司的归属感、向往感。

· 如果录用你，你可以干多久？（两年以后你希望在哪里？）

思路：他想考察你的稳定性。任何公司都不愿录用朝秦暮楚之人。可以回答：只要职位适合自己，使学有所用，工作有长进，愿意长期干下去。

· 你最突出的特长是什么？

思路：强调团队合作精神、办事效率及用人单位所需的主要职业素养。

· 你最突出的弱点是什么？

思路：不能直接回答自己的弱点，比如"我懒惰"，而是化腐朽为神奇。例如："我对自己要求过于严格。""我办事讲究完美。""我脾气较好。"等等。

· 请你做一下自我介绍，好吗？

思路：一般来说，考官想通过应聘者的自我介绍了解其个性特点，及这些特点是否适合目前拟招聘的岗位工作。因此，你要在自我介绍的时候，很巧妙地在自己的特色与所应聘的工作之间找到结合点、相关性，并将其突出出来。

· 你业余时间干什么？

思路：强调自己的社会适应性。如参与社会活动、社交活动，参加某某协会、某种社会实践等。

· 你对本公司有什么问题要问？

思路：说明该公司已有了录用你的意向，你不应放弃这个表达自己兴趣和热情的机会，你应就公司或岗位的前景提问。

（2）深层问题

所谓深层问题，是说这类问题牵涉面广，比较特殊、少见，回答难度较大，而且答案往往不固定，需根据当时情景灵活作答。

· 给你一部小轿车，限一星期，你有把握学会驾驶吗？

思路：考的是信心，实际上不可能这样做。因此一定回答能够学会。

· 当国家利益和本公司利益发生冲突时，你怎么办？

思路：考的是协调意向。在管理工作中，少有非此即彼的对立策略，多是在矛盾中协调。因此，绝不能采取一边倒策略，说什么"我要维护本公司利益"或"我应维护国家利益"。而应当说："我会全力消除冲突,淡化矛盾,让双方利益都不受损失。"

类似的问题还有很多,比如:"公司晚上要加班,你却接到家里电话,去火车站接亲戚,你怎么办?"回答思路同上。

- 你有什么与众不同之处?

思路:考察自信,特别考察是否自负。你的回答应先平和再显出棱角。

可以回答:"在日常工作中,我与他人一样努力工作;可是一旦遇到困难、挫折,我的特点是越战越勇。"

- 你是一个顾家的人吗?

思路:很难确定考官到底喜欢还是讨厌顾家的人。如果你遇上的考官是个儒家风范的老者,那么当然选择回答顾家;可惜现今的考官大多是比你大不了几岁的年轻人,实干家、实用主义者,那么多半要回答不顾家。

保险的回答是:"我顾家,但我更顾工作;家是后方,工作是前方,相辅相成。"

- 你是应届毕业生,缺乏经验,如何能胜任这项工作?

思路:此题的回答应体现出面试者的诚恳、机智、果敢及敬业。如"作为应届毕业生,在工作经验方面的确会有所欠缺,因此在读书期间我一直利用各种机会在这个行业里做兼职"。

- 你喜欢什么样的领导?

思路:不能将之描述成高大全的领导干部形象,那样你在考官眼里是个浪漫主义者。应当实际一些,拣领导人最重要的描述,如:"他可以有很多缺点,比如爱发脾气。但是,他应当热爱工作、关心下属,对我而言,他应当支持和帮助我。"或者"我喜欢民主型、开放型的上司,但实际上,我的适应能力很强,我会适应各种各样的领导"。

（3）其他问题

所谓其他问题,是指在上述问题之外,还会出现的比较难应对的特别的问题。

- 你对待遇有什么要求?

思路:有些年轻人错误地接受了西方发达国家的思维,以为说低了工资是没有自信、贬低自身价值的表现。在中国企业内,聘用一般员工均倾向于"物美价廉",人好用,付给他的薪水不要高。应聘者可以适当提出薪金要求,从两方面提出待遇:一是要求同岗同酬,薪水不低于同类工作人员;二是表示将来会用自己的才干和业绩来改善我的待遇。

- 如果公司安排的岗位与你应聘的职位不同,行不行?

思路:一般来说不会真让你调换岗位,它只是个问题,考察你能否应变。因此不能贸然问考官那是什么岗位。应从两方面回答:一是希望应聘原岗位,表现你不是为了有个工作,什么岗位都无所谓;二是表示如果变更的岗位能发挥才干、学以致用,也在考虑范围内。

- 如果单凭兴趣,你会选择什么职业?

思路:绝非是公司想知道你的兴趣,而是想考察你对理想与现实关系的处理。每个人都有理想的职业,而如今的选择都有些无可奈何。你的回答绝不能顺着原题说。而要说:"我选择职业首先考虑有所贡献,兴趣只是儿童时代的想象。"

- 如果把你安排到本公司的驻外地(一般都明确地说明是陕西、甘肃等边远地区)办事处,行吗?

思路:没有公司会把新来的、不熟悉工作的人员安排到外地去。驻外人员都是精干人员。这里纯粹是考察你的艰苦奋斗的决心。可以这样回答:"我能吃苦,适应性也强,只要岗位能发挥我的才干,我就去。"

- 你走进我们公司有什么印象、感觉?

思路:绝不说吹捧话,如"特有气势",而是先谈企业文化标识,如颜色、厂徽;再偏重谈人文气氛,如安静、有秩序、有礼貌;最后确认"这里是我建功立业的地方"。

7.2 笔　　试

笔试是招聘单位利用书面形式对求职者的各类知识和技能进行的综合性考查。主要适用于应试人数较多、需要考核的知识面较广或需要重点考核文字能力的情况,大企业、国家机关选聘公务员,往往采用此种考核形式。

笔试的题目,有相对的标准答案,答卷可以设计得科学、全面、重点突出,而且有案可查,相对公平。因而越来越多的招聘单位喜欢采用笔试方式,与面试配合选拔人才。因此,求职者不可小视笔试,必须认真对待和重视笔试。

7.2.1　笔试的作用与种类

1. 笔试的作用

(1) 笔试是用人单位测试求职者的重要砝码,通过笔试用人单位能够对求职者的基本知识、专业知识、文字表达能力等综合能力进行较为客观的判断。

(2) 笔试的试卷是决定求职者去留的最科学的法律文本。它既可以防止任人唯亲等不正之风,也可以作为求职者能力的留档记录。

(3) 由于笔试的结果是根据一定的标准答案评定出来的,它弥补了面试结果往往是根据个人爱好、感情好恶评分的缺陷。笔试得出的分数往往可靠、真实且排名简易。

因此,笔试对求职者们来说是一次公平的竞争,对用人单位来说是检查和核实求职者真才实学的好办法。

2. 笔试的种类

参加笔试之前,应了解笔试的种类,以便做好准备,充分发挥自己的水平,争取好的成绩,取得应聘的成功。笔试可分为文化考试、专业考试、技能考试和心理测试四种。

(1) 文化考试

文化考试目的是为了检验毕业生的文化程度和综合能力。毕业生虽然有学校出具的学习成绩单,但用人单位为了直接掌握毕业生的文化素质,往往采取笔试的方法进行。

题目类型以活题较多,如:要求学生运用某一原理,或某一历史知识,分析某一问题,以考查毕业生文化基础是否扎实,文字表达能力水平、分析和观察问题能力、综合归纳能力、思维反应能力;等等。其特点是涉及面广,知识的综合性强,题目往往较灵活,考试形式往往是作文或论文写作。

① 作文。作文即给出特定范围或特定要求,甚至给出明确题目,当场作文,以此考查求职者的思维能力和语言表达能力的考查形式。一般不作记叙文、议论文,而是与公司、行业或专业结合起来,写应用文,如书信、专业文书(请柬、贺信等)。

② 论文写作。形式是给一道或几道题(任选一道),在两小时乃至数小时之内交卷。内容可以是人文素质方面的,也可以是专业领域的。如美国科内尔公司招聘高级白领,论文题目就是"论莎士比亚"。

（2）专业考试

专业考试是分专业类别进行的着重考查职业活动所必需的专门知识的考试,此类考试的题目专业性很强。如外资企业招聘雇员要考外语;公检法机关录用干部要考法律知识;国家机关招聘公务员要考行政管理方面的知识等。用以考查求职者的专业知识、专业技能。考查知识面广,但深度、难度并不高。

国家公务员考试是近年来较受毕业生重视的专业考试,它是录用非领导职务的一般公务员,实行面对社会的公开竞争性考试。按性质和权责的不同分为 A、B 两类。

A 类职位主要包括在中央、国家机关和中央国家行政机关派驻机构与中央垂直管理系统所属机构中,从事政策、法律法规、规划等的研究起草工作和实施中的指导、监督检查工作,以及从事机关内部综合性管理工作的职位(如国家计委综合司从事经济形势分析和政策研究的职位)。

B 类职位主要包括在中央、国家机关和中央行政机关派驻机构与中央垂直管理系统所属机构中,从事机关内的专业技术工作、对机关的业务工作提供专业技术支持的职位(如某些机关内部的财务会计职位);实行中央垂直管理的行政机关中直接将各项具体规定施于公民、法人和其他组织的行政执法职位(如基层海关中从事海上缉私或现场查验工作的职位)。

A 类笔试公共科目为《行政职业能力测验》(A)和《申论》两科。

B 类笔试公共科目为《行政职业能力测验》(B)一科。

（3）技能考试

技能考试主要测试应聘人员处理问题的速度和效果,检验对知识和智力运用的程度和能力,以检验求职者的实际业务能力或技术能力,往往采用实际情景模拟法或典型技术问题处理法。如往往将考试放在特定的工作环境中给出几个条件,要求求职者自编一份申请报告、会议通知或准备工作流程等;或者安排考生听取 5 个人的发言,然后写一份评价报告,等等。

（4）心理测试

心理测试是用标准化量表或问卷测试应聘者,根据卷面完成的数量和质量来判定其个性、态度、兴趣、动机、智力、意志等心理素质构成的综合评定方式。心理测试往往事先设计好若干问题来提问,提问并不直接涉及心理,而是问诸如"你喜欢什么颜色"等问题从中判定你的个性,比如回答蓝色,可能趋向内倾性格;回答红色,可能趋向外倾性格。而一般不会直接提问:"你是什么性格?"

3. 常见的笔试方法及试题类型

求职考试不同于高职大学生所熟悉的课程结业考试和招生考试。前者属于人事考试,而后者属于教育考试。与教育考试相比,求职考试涉及知识面更广但深度较低,综合性更强但难度不高,和实际工作配合更密切但大都是有关知识的简单应用。求职者应该注意求职考试的这些特点。笔试的方法很多,但常见的有以下四种。

(1)测试法

测试法是运用得最多的笔试方法。常见的测试方法也有四种。

① 填充法。也称填空法,主要是对缺少词语的句子填充词语,做法有简有繁。

② 是非法。也称订正法或正误判断法,是要求判断内容正误的方法。

③ 选择法。即对某一词句或问题提出若干容易混淆的解释,要求肯定其中一种正确的解释作为答案。一般要求用"O"或"√"做标记,肯定一种答案。

④ 问答法。要求考生对提出的问题做出回答,大都是要求用简单的词语回答简单的问题。

(2)论文法

论文法在我国已有较长的历史,在招聘选拔人才的笔试中曾被普遍采用过。这种方法与测验法明显的不同是,它可以使受试者做出自己的答案。如果说测验法是封闭性考试或识别性考试方法,那么论文法则是开放性考试或表达性考试方式。

论文测验的内容,主要是让应聘者对职业选择的具体问题做出评价,对某种现象做出分析或写出感想。如试用马克思主义的基本观点说明一两个具体问题;你对当前改革有何见解;谈谈你对目前国际形势的看法。事故分析、对公司或经理的评价、读后感等都属于论文测验性质。

论文测验远比简单的测验题更能判断一个人的水平,其缺点是评分难以制定出切实的标准答案,容易掺入主观因素。同时,论文测验题多属于理解性的,在解答这类题型时应该读透题意,解释全面。

(3)作文法

作文笔试法是我国的传统考试方法,与上述论文法相比,作文法关注的是应聘者的应用表达能力,而前者更注重理论水平和逻辑结构。作文法有两种。

① 限制性的作文。供给条件的作文,就是让应聘者根据考试者提供的一定条件,在一定的范围内作文。比如先让考生阅读一封他们考前不易猜测到内容的信,然后让他们根据信里提出的问题写回信。这样既可避免压题,又利于考出真实成绩,考试时又利于被试者思想迅速集中,循着一定的思路作文。

② 公文类。例如,某公司销售部门打算买一台计算机,请你写出一份请示报告;某市准备召开高校精神文明建设经验交流会,请写出一份会议通知等。

(4)实操法

主要用在技能测试上,考试的环境一般是真实的办公场地。例如,让应试者参加一次主题讨论会,讨论题:怎样增强国家宏观调控的能力? 经济体制改革如何深化? 然后应试者就本次讨论会写出一份会议纪要和英文提要,并用计算机打印出来。

又如,设定某外商要来本公司洽谈合作事宜,来电话告知有关日程安排的场景,要求应试者用相应语种接听电话,并打印出电话记录呈报有关领导。阅读数篇群众来信,并结合秘书工作的特点写出一份情况汇报,打印上报等。

7.2.2 笔试准备

良好的求职考试成绩来自于平时的努力学习。在大学学习期间刻苦学习,将所学专业知识及基础知识弄懂学会,这样在考试时就能信心十足,得心应手。求职者参加考试应做好以下的准备。

1. 要做好应试的准备

应试前了解考试的范围和具体方针,有针对性地进行必要的准备。特别要注意那些在学校没有讲授过的知识的学习和早已遗忘的有关课程的复习。一般来说,这种备考应以扩充知识量为主,而不必花费大量的精力去思考有难度的问题。同时,笔试都有一个大体的范围,可围绕这个范围翻阅有关资料。

2. 要适当复习专业知识

复习专业知识应做到以下五点。

(1) 提高解决实际问题的能力

现在外企公司的笔试越来越多地强调学以致用,用学过的知识解决实际问题。比如,用数学求解交通拥堵;十字路口的红绿灯多长时间变颜色最合理,等等。国内的各公司都转向大量采用这类实用题型。因此,要多加练习。

(2) 系统复习基础知识

笔试题不可能铺天盖地,最可能出的顺序为:科技知识(包括数理化、科普)、文史知识、经济知识、政法知识。这些知识不是高精尖,而是基础性的。

(3) 多练习

现在市面上流通着很多求职应聘题,特别是著名外企公司的应聘题,可选择一部分题做训练用。练习时注意做到:"眼到心也到"——不能光"看"(浏览),而是有选择地拿来做练习。每练一道题,应思考该道题的出题思路和解题关键,争取举一反三,归纳出类型,以后再遇见同类型题目就会做,不能指望看答案。

(4) 熟悉企业或机关应用文格式

选择比较规范且权威的应用文写作工具书,熟读乃至记忆重点应用文格式。

优先熟读乃至记忆的应用文:通知、报告、请示、函、备忘录、申请书。

(5) 模拟写作练习

草拟一两篇论文(比如人文方向的一篇,专业技术方向的一篇),并请老师指导。

7.2.3 笔试的注意事项

求职考试的主要内容是基础知识和专业技能知识,其次是同专业有关和同招聘单位有关的某种知识。用人单位对毕业生进行笔试考核,不仅仅考查文化、专业知识,往往包括考核心理素质、办事效率、工作态度、修辞水平、思维方法等。所以毕业生在参加笔试时,要注意掌握三要、三不要,认真审题,将自己的认识水平、知识水平和能力水平通过笔试较好地展现出来。

1. 笔试"三要"

（1）要做好充分准备

提前熟悉考场环境，掌握注意事项，有利于消除应试时的紧张心理。除携带必备的证件外，一些考试必备的文具也要准备齐全。考试前要有良好的睡眠，以保证考试时有充沛的精力和良好的竞技状态。

（2）要了解考试的规则和具体要求

考试时切不可违反规则，否则不但会被取消录用资格，还会使人怀疑你的品格，以至影响其他单位的录用。

（3）要掌握科学的答卷方法

拿到试卷后：

首先，应通览一遍，了解题目的多少和难易程度，以便掌握答题的深度和速度。

其次，要按照先易后难的原则排出答题顺序，先答相对简单的题，最后再攻难题。答题时要掌握好主次。有时毕业生见简答题是自己准备较充分的，洋洋洒洒写了上千字，而对论述题目则准备不够，就随便写了几十个字。这样功夫没用到点上，成绩当然会受到影响。所以毕业生要在统揽全卷的基础上，抓住重点题目下功夫，认真答写，充分显示自己的知识水平。

再次，要尽可能留出时间对易出错的地方进行复查，特别注意不要漏题。

最后，要注意卷面清洁，字迹应力求清晰，书写不要过于潦草，字迹难于辨认会影响考试成绩，不要做大面积的涂改。认真的答题态度，细致的书写作风，会大大增加被录用的可能性。

2. 笔试"三注意"

（1）注意把握复习重点

不要把复习重点放在难题、怪题上，要把基础知识掌握好，在实际运用上下功夫。

（2）注意不要浪费时间

有时笔试出题量较大，其用意一方面考察知识掌握程度，一方面考察应试者的应试能力。所以考生在浏览卷面后，要迅速答较容易的题目，余下的时间再认真推敲其他题目。不要死抠几道题，浪费时间。

（3）注意克服紧张情绪

情绪紧张往往会导致怯场，怯场就会影响考试成绩。客观地对自己进行正确评估，有助于克服紧张情绪和自卑心理，增强自信心。求职笔试同高考不同，高考是"一锤定音"，而求职考试则有多次机会。

大家都知道，要在求职考试中胜出，主要是依靠平时的努力学习和不断积累，因此打好基础、积极准备、沉着应对才是考试过关的关键。

7.3 网 络 应 聘

网络招聘，一个并不新鲜的名词，排除了时间、地点、金钱的限制，使网络招聘获得了更多的受众。上海人才热线最新资料显示，近期网络招聘单位和个人求职者的数量都以超过 70% 以上的速度直线上升。其中应届毕业生的增长速度尤为明显,以超过 75% 的数量急剧猛增。国外某家具公司驻华办事机构招聘木质家具质量监督员、成品沙发/沙发套质量监督员等职位,岗位专业性强,综合要求高,信息在浙江人才网上发布不到 3 天,就有 1375 人次的点击量。

7.3.1 网络应聘的优势

网络招聘之所以发展迅速,和传统招聘相比,具有以下优势。

1. 信息多

与应聘职位相同或相近的职位非常多,少则几十条,多则上百条、上千条可供选择。

2. 用时少

传统招聘会大都需要大半天时间,且旅途劳顿;网络招聘则可以足不出户,不必风吹日晒,就能及时浏览到大量最新的职位需求信息,从而做出快速反应。

3. 范围广

网络招聘不仅可以查找到申请人所在城市的职位,而且可以跨地域寻找其他城市的工作岗位,非常方便。

4. 成本低

传统招聘方式需要制作简历,打印简历,如果再加上照片、门票、来回的交通费用,一场下来至少要几十元甚至上百元。网络招聘则大大节约了成本,只需一点电费,扫描一张照片(甚至不用扫描),几元钱就能搞定。

5. 应变快

网络上的招聘信息每天都有新动向,可以根据自己选中的公司和职位,对网络简历做快速改动,避免了招聘会上对不同职位无法做相应变动的尴尬和遗憾。

7.3.2 网络应聘前的准备工作

- 拥有一台计算机或者上网方便的场所,这是最基本的条件。
- 要掌握基本的网络知识,包括如何进入并顺利地浏览网页,如何使用网络搜索工具,还要学会理解网页上的语言,等等。
- 准备电子版照片一到两张。如果没有数码照片,请事先扫描纸版照片,照片应该选择生活照,不能是艺术照。
- 各种学历证书、职业资格证书以及所获奖励的有关材料要准备齐全。
- 要把近期学习阶段所学课程进行一个总结,比如把高职期间所学专业课程、在校期间接受的各种培训等方面的内容归纳一下。

7.3.3 网络应聘成功六要素

毫无疑问,网络招聘已成为大部分企业的首要招聘方式,而网上求职也已经成为大部分求职者的最重要的求职手段。与此同时我们又看到招聘经理们为堆积如山的简历发愁——虽然收到的简历很多,但真正适合的人才却很少;求职者为网络求职的盲目和可怜的反馈而发愁——怎么就没有能给自己面试机会的企业？

那么如何才能在网络时代让自己的求职更高效、更快速、更成功呢？网上求职有其特殊性，尊重其客观规律才能获得成功。网上求职的规律主要表现为六个方面。

1. 要有针对性

不管是递交书面简历还是电子简历，针对性都应该是简历投递的第一要素。针对性体现在三个方面：针对自己的职业定位与生涯规划选择真正适合你的岗位；针对特定的岗位设计有针对性的简历；根据岗位性质使用针对性的语言。其中最重要的是你准确的职业定位，很多人无法充分表达"针对性"，其根本原因就是职业定位不清。

在此还要特别提醒：不要同时在一家公司应征数个职位，因为对公司来说，重复阅读相同的简历不仅浪费时间，而且很容易让他们觉得应聘者其实根本不知道他们到底想做什么。

2. 用准关键词

随着智能化技术在招聘中的应用，关键词的设置显得越来越重要。越来越多的企业，特别是一些大公司，通常都会用智能化的搜索器来进行简历筛选。很显然，从企业的角度这会大大降低招聘成本，而对于求职者而言，这无疑降低了求职的成功率。所以，如何分析所应聘的岗位可能需要的一些关键词信息就显得很重要。有些信息是必需的，如高校名称、行业类别、特定的知识/技能（比如：知识管理、助理会计师、Photoshop，等等）。

3. 讲求诚信

不讲诚信会给社会造成很多损失，也给企业招聘造成了大量成本的浪费。确切地说，企业人事经理很讨厌应聘过程中的造假行为。有就是有，没有就是没有，即便欺骗过了第一轮，也通不过后期审查。求职者这样做会降低自己的诚信度，不但进不了公司，还浪费了大量的时间，而且这些公司之间会互通信息，求职者以后很难在这个行业找到好工作。

4. 不断更新

勤快地刷新简历至少有两个好处。一是表明你现在正在求职，而不是让人感觉你找了很长时间的工作也找不到。二是当招聘人员在搜索人才时，符合条件的简历通常都是先按刷新的时间顺序排列的，而他们一般只会看前面一两页。很多求职者其实并不知道刷新简历可以获得更多的求职机会，因此每次登录最好都刷新简历，刷新以后，就能排在前面，更容易被找到！

5. 简历要易读

招聘负责人不会有太多的时间停留在你的简历上，更重要的是，你不能让招聘经理看了你的简历后感到烦，所以使你的简历易读就显得很重要，而不会轻易地被删掉！具体要求参见第6章电子简历。

6. 准备一份求职信

求职信集个人介绍、自我推销和下一步行动建议于一身，它总结归纳了履历表，并重点突出求职者的背景材料中与未来雇主最有关系的内容。一份好的求职信能体现你清晰的思路和良好的表达能力，也就是说，它体现了你的沟通交际能力和你的性格特征。

如果你想通过应聘资料使招聘单位进一步感受到你"鲜活"的形象，想让未来的雇主知道你适合这份工作的理由，你可以在应聘资料中增加一份"求职信"。

7.3.4 网络应聘注意事项

针对涉世未深、急于求职的高职毕业生,网络应聘是一种便捷的求职方式,但是任何事物都有利有弊,由于网络的安全性还无法控制,个人或企业在网络上输入的信息有可能被他人窃取利用,同学们也要充分了解网络应聘的弊端,以防给自己带来麻烦甚至危害。

1. 网络招聘的弊端

（1）信息虚假

虚拟的网络世界给少数虚假信息提供了可乘之机,对求职者和招聘者双方来说,都存在对虚假信息的担忧。

（2）无效信息多

有些网站为了提高点击率,便将一些过时的招聘信息也发布在网上,使得求职者常常看到大量过时失效的信息,劳而无获。

（3）资料泄露带来麻烦

不少求职者会突然接到一些自己从来没投过简历的保险公司或传销公司的电话,还有些人发现,自己用来求职的照片被放在了不法网站上。

2. 典型的网络招聘陷阱

骗子惯用的伎俩通常是先在网上公布一些薪酬诱人的"招聘信息",利用求职者急于找到工作的心理,要求求职者汇款到指定的可以全国通存通兑的账号,钱一到账立刻就被取走,公安部门难以追查。近年来,北京、上海、西安一些高校的毕业生在网上求职就遇到了"雇主"以录用后需要进行职位培训,要求购买培训教材为由,被骗去钱财,而此后"雇主"就再也没有任何消息了。

【案例分析】

网络应聘要谨防的陷阱

某高职学校女学生王某通过网络将个人应聘资料发出后,不仅被骗走了 280 元钱,自己的私人资料和相片还被发在色情网站上,整天有陌生人打来骚扰电话。

据王某说,由于毕业离校的日期将近,她向数十个求职网站逐个发送了详细的个人资料;为了让个人资料更"精彩",她还在求职简历上附上了个人生活艺术照片。几天后,一家"外贸公司"打来电话,说对她的情况比较满意,对方在电话里用英语和她进行了一些对话后,表示基本同意聘用她为公司销售部经理助理。

当天下午,王某又接到该"公司"的电话,对方称经过公司研究,为考验应聘人员的应聘诚意,愿意参加公司面试的人员在 6 月 15 日之前交 280 元,面试不合格,当场返还所缴款项;面试合格即签订用人协议,上班当天返还 280 元。当王某寄出了 280 元所谓"诚意考验费"后,却怎么也联系不上"雇主"了。

正当王某大呼上当时,更让她感到害怕的事发生了。一到晚上,她就接到陌生人的骚扰电话。经询问王某才明白,这些骚扰者都是在一个色情交友网站上看到了她的相片和资料才打来电话的。于是,她只能更换了手机号码,但是又担心真正的招聘单位无法联络她,她原先投递的应聘材料都将报废;同时想到她自己的相片还在色情网站上贴着,她就有莫名的烦躁和恐惧。

资料来源：根据网易 http：//education．163．com 材料编辑整理。

3. 如何防范网络招聘陷阱

法律专家提醒，由于我国相关法律还不健全，遇到网络诈骗很难提取证据，维权困难，所以要防患未然。具体有以下几个防范措施。

（1）要有针对性地选取正规、知名的网站

因为正规网站在发布人才需求信息时，都会仔细验证招聘单位的真实性，要求招聘单位提供单位营业执照、办理人员的身份证件以及加盖公章的单位证明等，信息来源比较可靠。求职者在登记电子简历时，虽然要保证资料的真实性，但要注意对某些资料的保密，不要随意将自己的生活照、艺术照发到网上，必须用照片时最好用标准两寸照。

（2）尽早进行真实接触

高职毕业生要选择适合自己的职位，对自己投递简历的公司要多了解。求职者根据自己的求职意向，有针对性地访问一些公司网站进行查询，或致电相关部门确认，核实用人单位的真假。同时，尽快进入供求双方的真实性接触阶段，增加招聘的可信度。

（3）捂紧口袋，决不掏钱

在任何情况下，都不要向任何网上"雇主"发送自己的社会保险账号、信用卡号及银行账号。女生不要在没有了解该公司真实情况的前提下单独去面试。无论哪种形式的面试或预约，在出门前一定要给家人或亲朋好友留下要去的招聘单位的详细地址和联系电话（包括固定电话），以备查用。

🍁 小贴士

网上求职体验

时间：6月1日

体验网站：前程无忧

体验人：毕业生小张

第一步：注册成为会员

登录网站，点击"新会员注册"，填写会员名称、密码、电子邮箱等，注册后弹出一个新的页面，点击下面"我要马上填写简历"的提示，进入填写简历的预备状态。

第二步：正式填写前的状态设置

在个人简历的网页上有三项提示：会员组，被默认为"普通"；语言选择，被默认为"中文"；简历方式，被默认为"简历向导"。公开程度则选择了"对所有人公开"，根据说明，完全公开可以提高应聘机会。

第三步：填写个人信息

个人信息不是每项必填，按照说明，带红星号的必须填写。电话一项给出了家庭、移动、公司等几个选择，可以谨慎填写。电子信箱是根据前面注册时的填写而自动生成的。

工作经验。工作经验的填写需要做出一些选择，如果找不到合适的，还可以自行填写。做"工作描述"得颇费一番脑筋。小张事先点了带问号橘色方块的"帮助"，看了一下网站给出的范例，稍微打了一下草稿，写了若干字，尽量保证语言简练又说得清楚。点击

"保存/添加"。但是注意专业描述的字数不能超过 50 个字！

第四步：自我评价与求职意向的填写

这部分应该是简历向导中比较重要的一部分，不得多于 150 字。求职意向可以做多项选择，从行业要求到职能要求、喜欢工作的城市、单位的性质，还有对薪水的要求，都可以比较清晰地体现出来。到此，简历的基本信息就算填写完毕，可以从三种简历模式中选择一种自己喜欢的，小张选择了典雅型简历模式保存。

点击"下一步"，在所显示的页面中，有四项功能：一是预览简历，二是如果有必要还可以再填写一份英文简历，三是可以把在这里生成的简历发送到自己邮箱一份，四是可以补充填写一些其他信息。寻找用工单位比较接近的职位信息出现，点击所设的"职位名称"，能浏览到招聘单位的简介和对该职位的要求，如果符合，就可以申请这个职位了，剩下的事情就是等待招聘单位联系了。

【关键术语】

面试、面试技巧、面试问题、笔试、网络应聘

【请你筹划】

1. 一名主播，主持了两年某一档节目后，跳槽去了另一家电视台，设计用 30 秒与观众告别。

2. 请班委会在本班组织一次模拟面试。面试流程、面试题目及评分标准均由同学们自己设计，面试考官可以由老师和学生共同组成。大家一起查找面试中存在的问题并加以改正。

第8章
择业与就业权益保障

【学习目标】

1. 了解毕业生的就业权利,懂得在求职应聘中如何保护自己的权益。
2. 掌握走上工作岗位后保障自己权利的方法。

【技能要求】

1. 能对毕业生的就业权利有正确认识。
2. 运用所学知识在应聘及就业中保障自己的权益。

引导案例

试用期的困惑

小王和小赵是即将面临毕业的大学生,通过报纸广告,两人相约来到一家房地产广告公司应聘市场部助理。面试、笔试各个环节进行得都非常顺利,最后,面试负责人通知小王和小赵:"你们被录用了。"试用期的主要工作是联系相关写字楼的承租客户,同时,试用期小王和小赵每人必须交纳 3000 元的押金。交押金的目的是为了保证公司利益不受损失,试用期结束后公司将退还押金。

初试锋芒的成功让小王和小赵兴奋不已,两人并未多想,就从银行取款交纳了押金,开始着手完成他们试用期的工作任务。接下来一个月的时间,按照公司指定的几座写字楼联络计划,小王和小赵分头忙碌起来,每天从学校到写字楼往返奔波。

然而一个月下来,小王和小赵竟然没能联系到一家客户,他们只好如实地向公司有关负责人说明了情况。经过一番交涉,公司有关负责人遗憾地表示,由于小王和小赵未能完成任何公司交办的任务,两人不能被最终录用,并且,在一个月期间两人因涉及公司业务发生的部分费用支出要从当初交纳的押金中扣除。

没能完成公司交办的业务,固然让小王和小赵感到歉疚,但当初交纳的押金因各种原因被部分扣除,也让小王和小赵感觉难以接受。

资料来源:大学生就业维权网 http://www.job315.Net.

8.1 应聘择业中的权益保障

近几年,因毕业生就业过程中人身财产权利受损的多起案例引起社会、学校、学生对毕业生就业权益保障问题的关注。毕业生究竟有哪些就业权利?如何来保护自己的权利？毕业生在择业和就业阶段权益保障的重点有哪些不同？下面我们将从择业阶段和就业阶段，分别向高职毕业生进行介绍。

8.1.1　毕业生就业权利概述

毕业生作为就业群体的一个重要主体，享有多方面的权益。根据目前我国宪法、就业促进法、劳动法、劳动合同法的有关规定，毕业生主要享有以下几方面的权益。

1. 毕业生享有平等就业权

我国宪法规定，中华人民共和国公民有劳动的权利和义务。劳动法进一步明确规定："劳动者享有平等就业和选择职业的权利。"平等就业权是公民最重要的劳动权，是其他劳动权利存在的前提，没有就业权，公民不可能进入劳动力市场，与劳动用人单位形成劳动关系，继而享有其他一系列的劳动权。

除了一些特殊行业必须对性别、身高等条件有硬性要求外，如果用人单位把一些与工作无关的要素如相貌、性别、年龄、户口甚至民族作为必要条件，从而使求职者不能平等就业，就是就业歧视。高职毕业生遇到的就业歧视主要有以下三种。

（1）学历歧视

一些公司招聘员工动辄要求研究生学历、本科毕业，根本不考虑招聘岗位对学历的实际需求。许多高职求职者在诸如"研究生学历""大学本科以上"的招聘条件下黯然止步。选拔人才设置过多限制，其实不是真正的竞争，是一种自我封闭，是堵塞人才成长之路，其危害不可小觑。

事实上一些公司的老总也承认，有些岗位根本不需要本科学历，本科生在这些岗位上也不安心，辞职频繁，给用人单位带来了不稳定的因素。中共中央提出要不拘一格降人才，就是要打破人才身份的歧视，打破学历类别的歧视。因而，看学历，但不唯学历且重能力，是大势所趋，是历史的必然选择和前进的方向。

（2）性别歧视

在每年的大学毕业生双向选择招聘会上，许多用人单位明确声明"不招女生"。郝捷是某高职院校计算机专业毕业生，连续三年获得学院"优秀学生干部"称号，还拿到中级电子商务师的资格证书。但在学校组织的人才交流会以及一些社会上举办的大型人才招聘会上，多次求职仍没有找到工作。她说，一些招聘单位一看是女生，连面试的机会都不给。

不久前，江苏省妇联对《妇女权益保障法》实施情况进行了专题调研，下发 1300 份调查问卷，在回馈的 1100 多份问卷中，有 80% 的女大学生表示自己曾在求职过程中遭遇过性别歧视，有 34.3% 的女生有过多次被拒的经历。在同等条件下，女生签约率明显低出男生 8 个百分点。

（3）相貌歧视

以貌取人，古已有之。一些公司招聘员工好似选美，完全不看是否有真才实学。2012 年12 月，某高职院校财会专业学生李某应聘某银行柜员，因脸上长痘，不符合条件未被录用。无独有偶，因身高不足 1.50 米，毕业于某师范院校的小李也与教师职业失之交臂。

随着劳动力市场竞争的加剧，就业歧视日趋严重，还出现了健康歧视以及残疾歧视、姓氏歧视、血型歧视等离奇古怪的现象。但不管是哪种就业歧视，都是对毕业生就业权益的严重侵害,都将使劳动力市场的正常运行机制发生严重的扭曲和损害。任何单位或个人对毕业生进行无理的歧视或是严重的不平等对待,我们都有权利提出异议。

2. 毕业生享有知情权

知情权是毕业生择业成功的前提和关键,只有在充分了解就业政策、占有信息的基础上,毕业生才能结合自身情况选择适合自身发展的用人单位。毕业生的知情权表现在有权了解与就业有关的政策、信息,包括就业工作的程序,时间安排,政府、学校的政策,用人单位的各种人才需求信息,还有学生自己的各种资料、档案等。

各高校就业部门必须及时、全面地公开各类信息,各用人单位必须保证招聘信息的真实性,以保障毕业生的知情权。

(1)高校应及时全面公开就业信息

目前,各省市已建立高校毕业生需求信息登记制度,凡需录用高校毕业生的用人单位,须到有关高校毕业生就业指导中心办理信息登记,由高校毕业生就业指导中心通过各种渠道向全校毕业生发布用人需求信息。各高校职能部门应当全面、及时、有效地将信息传递给全体毕业生,任何人不得隐瞒、截留需求信息。

(2)用人单位应如实提供招聘信息

毕业生有全面了解用人单位真实情况的权利,有权向用人单位详细了解用工意图、工作环境、劳动报酬和发展前景等各方面的情况。用人单位应本着对学生负责、对学校负责的态度向毕业生提供真实的招聘信息。

专场招聘会是许多大公司常用的招聘手段,深受大学生的欢迎,但是有不少企业利用到高校举行招聘专场会的机会进行产品推介或企业宣传,毕业生浪费了时间、精力,一无所获。有些用人单位自我介绍言过其实,夸大薪金待遇,误导毕业生,这些行为都侵害了毕业生的知情权。

(3)毕业生享有接受就业指导权

毕业生有权从学校接受就业指导。学校应成立专门机构,安排专门人员对毕业生进行就业指导,包括向毕业生宣传国家关于毕业生就业的有关方针、政策;对毕业生进行择业技巧的指导;引导毕业生根据国家、社会需要,结合个人实际情况进行择业。

就业指导包括集体辅导和个别咨询,现在大部分高校的就业指导属于集体指导,主要通过就业指导课、就业动员会、就业讲座等方式进行。毕业生通过接受就业指导,能够对自己准确定位,进行合理择业。随着毕业生就业市场化发展,毕业生也将由单方面从学校接受就业指导而转为主动寻求具有就业指导资质的社会机构的就业指导。

(4)毕业生享有被推荐权

学校在就业工作中的一个重要职责就是向用人单位推荐毕业生。历年工作经验证明,学校的推荐往往在很大程度上影响到用人单位对毕业生的取舍。学校应在公正、公开的基础上,根据毕业生本人的实际情况向用人单位进行实事求是的介绍、推荐,保证毕业生的被推荐权。

(5)毕业生享有自主选择职业权

自主选择职业权是指毕业生在符合国家就业方针、政策的前提下,根据自身素质、所学专长、个人意愿和就业市场各种信息,选择职业和用人单位的权利。自主选择职业权有利于毕业生在正确认识自我的基础上,充分发挥个人的特长,促进社会生产力的发展,是社会进步的体现。

毕业生自主选择职业权表现为有选择就业或选择升学的权利;有选择及时就业或选择延迟就业的权利;有选择固定职业或选择自由职业的权利;有选择进国家机关的权利,也有选择自主创业的权利。对于毕业生的这种权利,任何单位或是个人不得干涉。任何将个人意志强加给毕业生,强令毕业生到或不到某用人单位都是侵犯毕业生自主选择职业权的行为。

(6)公平待遇权

用人单位在录用毕业生的过程中,也应公正、公平,一视同仁。但在当前,毕业生的公平待遇权受到很大的冲击,也最为毕业生所担忧。

由于各项配套措施滞后,完全开放公平的就业市场尚未真正形成,用人单位录用毕业生还不同程度地存在不公平、不公正的现象,学校推荐工作中也存在不足。公平享受录用权是毕业生最为迫切需要得到维护的权益。

(7)违约求偿权

毕业生、用人单位签订协议后,任何一方不得擅自毁约。如果用人单位无故要求解约,毕业生有权要求对方严格履行就业协议,否则用人单位应对毕业生承担违约责任,支付违约金,毕业生有权利要求用人单位进行经济补偿。

8.1.2 毕业生如何正确行使就业权利

法律、法规和有关政策规定了毕业生享有多项就业权利,但是毕业生不能滥用权利,必须正确行使这些权利。

1. 毕业生要有履行相应义务的意识

毕业生应当树立责、权、利统一的思想,形成权利义务一致的观念。在就业阶段应该履行以下义务。

(1)回报国家、服务社会的义务

对于毕业生而言,国家和社会乃至家庭为其成才和发展提供了相当优厚的条件和待遇,这是其他青年群体所无法比拟的。按照"得之于社会、还之于社会、报之于社会"的原则,毕业生理应积极地、有责任地以自己的职业行为,回报国家、社会和家庭,承担起自己应尽的义务。

此外,许多高职毕业生一出校门就梦想得到高薪、高待遇的工作,看不起小企业、小单位,这就与回报祖国、服务社会的义务相差甚远。目前广大基层特别是西部地区、艰苦边远地区和艰苦行业还存在人才匮乏的状况,需要大批人才特别是高校毕业生到这些地方建功立业。21世纪的大学生,肩负着民族的希望、历史的重任,应当志存高远、不畏艰辛,到边远地区去、到艰苦行业去、到基层去、到生产、服务第一线去。

(2)如实介绍自己情况的义务

毕业生在求职择业过程中如实向用人单位介绍自己的情况,是诚信做人的基本要求,也是自己应尽的义务。毕业生在填写推荐表、撰写自荐信、向用人单位介绍自己时,必须实事求是,不得弄虚作假,讲优点不要夸张,谈缺点不能回避,有过失不可隐瞒,说成绩不能虚假,以诚相见,只有如实地介绍自己的情况,才能获得用人单位的信任。

（3）遵守就业协议的义务

就业协议是明确毕业生、用人单位和学校在毕业生就业工作中权利和义务的书面表现形式,属意向性协议。就业协议一经毕业生签字,用人单位签字盖章后即具有法律效力,任何一方都不得擅自解除,否则,违约方应向另一方支付协议条款所约定的违约金。

但是从实际情况来看,违约多见于毕业生。毕业生违约,往往会产生诸多不良的后果,主要表现在三个方面。

① 损害了签约单位利益。用人单位为录用一名毕业生需做大量工作,有的单位甚至对录用毕业生的工作岗位都做了具体安排,一旦毕业生违约,不仅使用人单位为录用该毕业生所做的一切工作付诸东流,而且会因延误时机,增加用人单位继续选择其他毕业生的难度,这样势必影响用人单位的进人计划。

② 影响了学校信誉。毕业生的违约往往会被用人单位归咎于学校管理不严、教育无方,从而影响学校与用人单位的长期合作关系。从实际情况来看,一旦毕业生违约,该用人单位连续几年都不会到该学校来挑选毕业生。

③ 影响了其他毕业生顺利就业。用人单位到学校挑选毕业生,往往有许多毕业生竞相应聘。用人单位一旦与毕业生 A 签约,其他同学便没有与该单位签约的机会了。如果 A 违约,用人单位因时间关系无法补缺,就会造成就业信息的浪费,也使其他毕业生丧失了一次可能的就业机会。

（4）按时到工作单位报到的义务

《普通高等学校毕业生就业工作暂行规定》要求,毕业生办理完离校手续后,应持"报到证"按时到用人单位报到。如果自离校之日起,无正当理由超过 3 个月不去就业单位报到的,由学校报地方主管毕业生调配部门批准,不再负责其就业。在其向学校缴纳全部培养费或奖（助）学金后,由学校将其户粮关系和档案转至家庭所在地,按社会待业人员处理。

2. 要有正确行使权利的方法

（1）不要滥用权利

毕业生在行使与就业有关的权利时,不得滥用权利,不得有损他人利益。所谓权利的滥用,是指权利享有者在行使权利的过程中,故意超越权利的界线,造成他人权利的损害,造成国家、社会、集体的利益损害,以满足自身超越权利范围的行为。

王强是应届毕业生,2014 年 3 月他开始搜索各类媒体的招聘广告,不管专业是否吻合,只要是国有企业,一律投放简历。不久王强接到部分企业的面试通知,他不加选择地参加每一家企业的面试。这实质上是他不会正确地行使权利,因为他浪费了自己的时间,也增加了面试单位的招聘成本。所以,只有在筛选求职信息的基础上认真做出选择才是正确行使权利的表现。

（2）不要盲目行使权利

大学生在行使自己的权利之前,必须对自己所享有的权利有一个全面而清醒的认识,以客观理智的心态对待权利的广泛性，而不能主观地将自己的就业权利进行盲目的膨胀和扩张。李冰是一名普通的高职学生，他同宿舍的好友张启是一名班干部。当年3月，学校发布了几家大型超市的用工需求。他俩都向佳家乐超市投了简历。不久，张启得到面试通知，而李冰没有。李冰认为自己的学习成绩、平时表现不比张启差，不应该没有面试的机会。

经了解，因名额有限，系里重点推荐了张启。6月份，张启到佳家乐超市上班实习，而李冰仍然没找到合适的工作。李冰及其父母认为学校侵犯了他的公平待遇权，多次找学院领导要求解决李冰的就业问题。

众所周知，用人单位愿意优先聘用学生干部，系里向用人单位重点推荐学生干部无可厚非。李冰没有找到合适的单位原因很多，不能就此认定是系里的责任。他认为系里重点推荐张启是侵犯其公平待遇权，要求学院解决的做法就是一种盲目行使权利的行为。

8.1.3 毕业生如何保障权利

毕业生在正式就业之前，通常在两个阶段最易遭受权益侵害。

一是在求职应聘时，这一阶段最容易受到侵犯的权利主要是财产权；二是签署就业协议时，这一阶段容易受到侵害的是就业权利。只要在这两个阶段做好防范措施，就能很好地维护自己的财产权利。

1. 如何在求职应聘中保护自己的权益

严峻的就业形势刺激了人才市场的火爆，在供需严重不平衡的现实面前，各种骗子乘虚而入，盯上了涉世未深的高校毕业生。据《北京娱乐信报》联合专业人力资源机构就职场陷阱问题进行的调查，70%的求职者遭遇过职场陷阱。

其中，职场中最大的骗局当属收取保证金、押金，其比例占到了28.16%；遭遇过"虚假职位信息"的占17.37%；遭遇过"利用试用期骗取廉价劳动力"的占14.21%。本书在第5章也详细列举了这些招聘陷阱，下面简单说一下如何防范和保护自己的权益。

（1）早做心理防范

本书提到招聘中的各种骗术，究其原因，无非就是利用毕业生的"三种心态"。

第一是自负心态。觉得自己能力强、身价高，高薪聘任才能体现自己的价值，结果往往落入"高薪"的陷阱。

第二是着急心态。毕业生急于找工作的心理让一些不法之徒找到了借机骗财的机会，这些人以报名费、服装费、培训费、证件费等各种名义收取应聘者的费用后便人去楼空。

第三是糊涂心态。大学生心地单纯，对社会的复杂了解不多，认识不深，警惕性不强。

2013年5月初，某省会城市的两家媒体分别刊登一则相同内容的广告：某外资五金塑料有限公司驻该市办事处计划在该市四家大商场开设专柜，经营高级工艺品，招聘管理人员和售货人员若干，薪金及待遇优厚，并在上岗之前进行专业培训。由于该外资企业注册资金雄厚，信誉度高，在国内较有名气，具有较大吸引力。而且，该公司当地办事处"经理"张某在临时租用的某大厦会议室给应聘者上了第一节培训课。

培训课让众多应聘学生大开眼界,心生敬意,课后张某当场通知最后取得应聘资格的28人(绝大部分是应届大学毕业生),第二天去某度假村进行体能测试和专业仪器操作训练,并要求每人交报名费、押金及服装费900元。

次日,28人来到集合地点准备去度假村。张某说,野外训练不便携带东西,要求应聘者把身上所有的钱物交由公司统一保管,训练结束后返还。张某让租来的两辆大客车拉上应聘者开往度假村,自己则溜之大吉,该28人被骗走的财物价值达6万余元。

为什么28名大部分受过高等教育的人轻而易举地落入陷阱?原因其实很简单:骗子的狡猾和被骗者的麻痹。张某骗术高超,但他的伎俩也并非十分高明和无懈可击。那些应聘的学生们从一开始就被假象蒙蔽了,认为该外资企业是大公司,其办事处在高档大厦有办公地点,培训也十分正规,就完全放松了警惕。

其实他们中任何一个人稍稍思考一下,按照该公司宣传单上的查询电话了解一下,就会知道公司根本没有在当地设立办事处,骗局就会被揭穿,然而遗憾的是28个人竟无一人有这种警惕性。

所以,毕业生一定要在求职应聘时做好足够的心理防范准备,注意做到三点:一要戒心贪,不要让"高薪"蒙住双眼;二要戒心急,要仔细考虑各种收费是否合理;三要戒心粗,利用多种方式了解就业市场中种种不规范行为,提高警惕,遇事能够理智分析、做出正确判断。

(2)要对用人单位做全面考察

一些不法分子为蒙蔽毕业生,使毕业生放松警惕,往往会将自己或公司包装得非常气派,他们会在大厦、宾馆临时租赁办公室进行虚假招聘,并把招聘的程序搞得很正规,然后行使各种诈骗手段。那么如何了解用人单位的资信呢?可以借用中医的"望闻问切"来谈这个问题。

"望"就是眼观四路,观察用人单位所在地的环境和单位人员的基本素质,查看有无营业执照等。例如进入某公司后,要在其办公室观察有无营业执照、营业执照上所列的主要经营业务是哪些、营业执照办理的时间,如果没有看到,则要留心,可以从侧面打听或直接索要复印件。

"闻"是通过资讯手段了解该单位经营发展概况及运营状况。

"问"就是通过自己的亲友、同学、师长等关系网,核实招聘单位所言是否真实。"切"即是直接交手试探虚实,在应聘中直接向主考官了解公司的各种情况,看看与自己了解的是否一致。综合上述信息,对用人单位的资信做出基本判断。

(3)不要轻易缴纳各类费用

毕业生要掌握一个概念,是去用人单位展示自己的能力,而不是去交钱的。国家法律明文规定,用人单位在招工中不得收取保证金、抵押金,所以当听到用人单位要收取这些费用时,可以转身就走,因为由此便能看出该单位市场运作不规范,即使以后到该单位上班,也会有许多麻烦。

此外像招聘费、管理费、报名费等都是企业为引进人才、增强企业竞争力必须花费的成本,怎能让应聘者承担?针对"招聘陷阱"中的押金骗术,毕业生在应聘时一定要牢记,招聘单位是招人,而不是招钱。所以要保持头脑清醒,捂紧自己的钱袋子,不要被人牵着鼻子走。

（4）获取招聘信息的渠道一定要正确

搜集招聘信息时要看是不是在正规的媒体或是网站发布的,不要依靠短信、QQ、E-mail寻求不明的信息,对网上的信息要有理性的认识和分析。

目前,国内有许多网站由于技术能力的限制无法做到对每条个人信息的真伪一一辨别,个人可随意填写个人信息,同时注册多个网站,随时能够打一枪换一个地方。还有一些"黑网"打着招聘的旗帜来蒙骗一些人,通过网上"付款"获得收益后就"人间蒸发"了。

（5）不要轻易提供家庭电话

许多学生找工作心切,生怕联系不畅,单位录用通知无法传达,就将能找到自己的联系方式统统填写,殊不知会让不法分子钻空子。信息时代,通信技术非常发达,每个毕业生都要有保护个人私有空间的意识。

一般来讲,应聘时只要留下自己的手机、电子邮箱就足以方便联系了。当对方要求你提供奇怪的证明材料时一定要多留个心眼,在任何情况下都不能向只有一知半解的"招聘单位"透露有关任何你的隐私信息,千万不要轻易地提供家庭电话。

2. 签署就业协议的注意事项

（1）认真了解国家就业政策和规定

毕业生在择业签约前要认真全面地掌握国家关于高等学校毕业生就业政策和规定。高校毕业生就业政策和规定,是指导和规范毕业生求职活动的行为准则,是保障毕业生顺利就业的政策依据。

2014年4月24日,人力资源和社会保障部会同有关部门,编印了《高校毕业生就业政策百问》,并整理发布了《高校毕业生就业有关文件汇编》。

《高校毕业生就业政策百问》对近年来国家促进高校毕业生就业政策要点和广大高校毕业生及用人单位关心的问题进行了简洁、通俗的解读和解答。

《高校毕业生就业有关文件汇编》包括中央文件和地方文件两大部分。中央文件分为法律法规和部门规章、党中央国务院文件、部门文件三大类;同时,对部门文件和地方文件按照综合性、面向基层、促进以创业带动就业、就业见习和职业培训、就业服务、科研项目吸纳、入伍服兵役、服务外包吸纳就业、公平就业等方面做了分类整理,便于毕业生和用人单位查询。毕业生应当认真学习和领会,用以规范自己的择业行为。

（2）认真研究协议书中条款内容

毕业生在与用人单位签约前,要认真仔细阅读就业协议书中的全部条款,力求了解条款的内容和含义,如有不清楚的,应向用人单位询问,切忌草率签约。教育部统一格式就业协议书考虑极其周详,前后8项条款将大学生和用人单位的权利、义务,罗列得清清楚楚。协议书的第3项条款关于见习期、薪金等重要内容,但在第3项条款的起始处,有着一段文字的补充:"如果甲乙双方已有约定,可以不填写以下栏目,并另附约定条款。"毕业生一定要留意此处,尽可能不留"空白"。

一位目前就业于某外企的小李说,去年就是听了公司的花言巧语没填协议书的第3项,结果临到工作时,才发现岗位和薪金都"相差千里",再想换其他单位时间已来不及,只好自认倒霉。毕业生在签订就业协议书时,对以下事项要特别留心。

① 岗位待遇。要明确就业的具体工作部门或岗位,明确工作条件和生活条件。约定最好以文字形式体现,不要仅仅在口头上达成一致。

② 继续深造、调离。要明确工作以后是否能继续升学及调离的条件及考取公务员的处理办法等,在协议书上应予以明确。

③ 用人单位的人事权。要了解用人单位有无人事权以及用人单位的隶属关系。无人事权的单位,除了用人单位需在协议书上签字盖章,还必须加盖用人单位上级主管部门的公章,以示同意录用。否则学校将无法将该生列入就业派遣方案。

(3) 注意违约条款的合理性及本人的承受能力

毕业生在与用人单位签订就业协议书时,许多内容要靠毕业生与用人单位经过约定,并且经常会有另附约定条款加以补充的情况。所以毕业生在与用人单位进行约定时还要注意以下问题。

① 约定条款是否合理。例如有的单位在协议中写到,毕业生在单位中要服务多少年,如果毕业生违反约定将赔偿多少;但却没有写明如果单位违反约定,将赔偿给毕业生多少。这是显失公平的条款。

② 约定条款能否承受。例如对于违约问题,有的用人单位约定的违约金少则几千,多则上万。这时应当考虑能否承受,必须慎重签约。

③ 是否有签字盖章。毕业生与用人单位的约定条款,一般是附后补充,必须要有双方的签字盖章,否则当日后发生争议时,由于没有双方签字盖章,导致约定条款没有法律效力。

④ 要把握签订就业协议的时机。在就业洽谈会上,通过双向选择,毕业生确定了用人单位,对方也明确表示录用意愿后,就要抓紧与用人单位签订就业协议书。要避免在自荐洽谈时积极主动,而在签约时左顾右盼、瞻前顾后、犹豫不决而使用人单位心存疑虑。毕业生应本着对自己、对用人单位和对学校负责的态度,积极把握时机签订就业协议书。

3. 保护权利的途径

(1) 行政部门的保护

当毕业生遇到就业权利受到侵犯时,可找就业主管部门。就业主管部门通过相应的行政行为来确定毕业生的权益,并对侵犯毕业生权益的行为予以抵制或处理。

当毕业生的合法权益(如遇到各项不合理的收费时)受到侵害时,应该及时向当地行政部门(如劳动监察部门)投诉,以维护自己的合法权利,或者直接向有权主管用人单位的行政机关,例如工商管理局投诉或举报。此外还可以向新闻机构反映情况。

(2) 学校的保护

学校对毕业生权益的保护最为直接。学校可通过制定各项措施来规范毕业生就业指导和就业推荐,对于用人单位在录用毕业生过程中的不公平、不公正行为,学校有权予以抵制以维护毕业生的就业权益。

高等学校在毕业生签订就业协议过程中应进行监督和指导,对于用人单位与毕业生签订不符合国家有关政策规定的就业协议,学校有权拒签,未经学校审核同意的就业协议不能作为编制就业方案的依据。

（3）毕业生自我保护

① 毕业生要有法律常识。毕业生应了解目前国家关于毕业生就业的有关方针、政策和规则，熟悉毕业生在就业过程中的权利和义务，这是毕业生权益自我保护的前提。

② 毕业生应有自律意识。毕业生要自觉遵循有关就业规则，接受其制约，保证自己的就业行为不违反就业规则，不侵犯其他毕业生和用人单位的合法权益。

③ 毕业生要有维权意识。毕业生应学会动用法律手段维护自身的合法权益。据调查发现，面对骗局，向工商、公安和劳动管理部门投诉的只有 15.26%，40% 的人会采取更传统的方式广而告之亲朋好友，愤慨之余到论坛里揭露的占 8.95%，找平面媒体揭发的占 3.16%，而多达 32.63% 的求职者自认倒霉，不了了之。正是求职者一次次地忍耐、姑息让骗子更加肆意妄为。所以为使自己的权利不受侵害，让不法分子不再加害其他求职者，毕业生一定要拿起法律武器，维护自己的权利。

④ 自我保护的途径。针对侵犯自身就业权益的行为，毕业生应该首先与有关用人单位协商解决。例如，为避免被用人单位以聘用考试为名侵占自己的劳动成果，毕业生可以与用人单位事先讲明版权归属问题（最好是书面约定），一旦发现用人单位有此行为，就要拿出依据与对方据理力争，争取圆满解决；若协商不成的，可向签订协议所在地的毕业生就业工作主管部门申请调解；也可依法向有关部门申请仲裁或直接向人民法院提起诉讼。

依照我国法律、法规的规定，被害人对侵犯其人身、财产权利的事实，根据情况不同，可以向公安机关、人民检察院报案或者向人民法院起诉。例如因招聘导致财产被骗，损失较大的，或者遭遇传销陷阱被非法拘禁的，可以向公安机关报案以挽回损失。

8.2　就业后的权益保障

"我被录用了"，当你向父母、朋友传递你找到第一份工作的欣喜时，年轻的你是否想过，即将踏入的工作旅途并不是平坦大道。

其中，有近一半是公司对劳动合同的单方面做出解释的。这就是我们通常所说的劳动合同陷阱。由于社会阅历浅，又不了解相关的法律知识，大学生往往成为劳动合同陷阱的常客。

与出现后果再补救相比，防患未然才是明智的选择，大学生们在找工作之前一定要了解一些必要的法律知识，特别是劳动法的相关内容，为顺利就业、更好地保障自己的权益做好准备。

8.2.1　劳动合同概述

1. 劳动合同的概念

劳动合同，也称劳动契约、劳动协议，是指劳动者同企业、事业、机关单位等用人单位为确立劳动关系，明确双方责任、权利和义务的协议。劳动合同是处理劳动者与用人单位双方争议的重要依据，也是稳定劳动关系、强化用人单位劳动管理的重要保证。

2. 签订劳动合同的必要性

（1）明确双方的权利义务

劳动合同的签订，在法律上确立劳动者与用人单位之间的劳动关系。劳动者依据劳动合同在用人单位内担任一定的职务或工种的工作，遵守劳动法律法规和用人单位的规章制度，完成劳动合同约定的生产（工作）任务；用人单位则依据劳动合同的约定，为劳动者提供符合国家规定的劳动保护和劳动条件，督促劳动者履行劳动义务，按照劳动者的劳动数量和质量支付劳动报酬。

（2）解决劳动纠纷的重要证据

签订劳动合同是很必要的，在发生劳动争议时也是解决纠纷的重要证据。

（3）充分发挥用人单位和个人选择自主性

签订劳动合同有利于用人单位自主用人，也有利于劳动者自主选择职业。通过劳动合同期限的约束，用人单位可以按照生产、工作的实际需要合理配置劳动力；劳动者可以根据自己的专长和志趣选择职业和岗位。

3. 劳动合同与就业协议的区别

就业协议是普通高等学校毕业生和用人单位在正式确立劳动人事关系前，经双向选择，在规定期限内确立就业关系、明确双方权利和义务而达成的书面协议，是用人单位确认毕业生相关信息真实可靠以及接收毕业生的重要凭据，也是高校进行毕业生就业管理、编制就业方案以及毕业生办理就业落户手续等有关事项的重要依据。该协议在毕业生到单位报到、用人单位正式接收后自行终止。签订就业协议主要意义在于将毕业生与用人单位双方互相选择的关系确定下来，一般并没有详细规定双方具体的权利与义务。

毕业生与用人单位签订了就业协议不能等同于签订了劳动合同。毕业生与用人单位在签订就业协议之后，还必须签订劳动合同，以保护自己的合法权益。目前的实际情况是，通常毕业生到单位工作后，双方才签订劳动合同。

就业协议与劳动合同都是用人单位录用毕业生时所订立的书面协议，但两者分处两个相互联系的不同阶段，两者有下列区别。

（1）性质不同

毕业生就业协议是毕业生在校时，由学校参与见证的，与用人单位协商签订的，是编制毕业生就业计划方案和毕业生派遣的依据。劳动合同是毕业生与用人单位明确劳动关系中权利义务关系的协议，学校不是劳动合同的主体，也不是劳动合同的见证方，劳动合同是上岗毕业生从事何种岗位、享受何种待遇等权利和义务的依据。

（2）内容不同

毕业生就业协议的内容主要是毕业生如实介绍自身情况，并表示愿意到用人单位就业；用人单位表示愿意接收毕业生，学校同意推荐毕业生并列入就业计划进行派遣。劳动合同的内容涉及劳动报酬、劳动保护、工作内容、劳动纪律等方方面面，更为具体，劳动权利义务更为明确。

（3）阶段不同

一般来说，就业协议签订在前，劳动合同订立在后，如果毕业生与用人单位就工资待遇、住房等有事先约定，亦可在就业协议备注条款中予以注明，日后订立劳动合同对此内容应予认可。

4. 高职毕业生对劳动合同的认识误区

劳动合同非常重要,但是毕业生却不重视劳动合同的签订,主要是因为对劳动合同存在错误的认识。

（1）怕付违约金而不敢签合同

张强学的是计算机与网络技术应用专业,2008 年毕业后去一家网络公司担任网络编辑员。由于网络公司的成立、发展、运行瞬息万变,张强想如果签约就等于束缚了自己,一旦要跳槽,就得交违约金,因此不想和单位签订劳动合同。

实际上法律规定,劳动合同对劳动者的违约行为设违约金的,仅限于两种特殊情况:"违反服务期约定的"和"违反保守商业秘密约定的"。即劳动合同中要设违约金条款,首先要有服务期约定,或者要有保密约定。没有这其中任何一条作为前提的,都不能设立违约金条款,即使有也属无效条款,对劳动者没有约束力。像张强这种情况,可以签订短期劳动合同,例如签订一年。这样既有利于保护自己的权利,又便于自主选择。

（2）想做自由人而不愿签合同

出于人生规划的考虑,很多高职生不习惯与用人单位签订较长时期的劳动合同。但是某些企业,特别是国有大中型企业和一些特殊行业考虑到培养成本,用人单位往往不能对较长的合同期限轻易松口,所以就有一些学生采取了不签合同也不离职的做法。但是这种做法存在很多弊端,刚从学校毕业的大学生如果一直不与用人单位签订劳动合同,即使工作了,但还是职场中的"黑户",社会保险费无从缴纳,相关的权益也无法得到保障。这种情况下,要综合利弊,权衡得失,学会取舍。

一般说来,正规单位在大学毕业生报到后,都会及时与他们签订劳动合同。但是有些单位法律意识不强或是因为其他不良动机,拖延劳动合同的签订,毕业生应该学会依法维护自身的合法权益,到单位报到后应当及时提出签订劳动合同,如果单位执意不签,你可以向单位所在地的区、县劳动局的劳动监察科投诉;如果单位就此或以后因此而辞退你,你可以向区、县劳动争议仲裁委员会提请仲裁,要求公司赔偿损失。

8.2.2　如何签订劳动合同

1. 劳动合同的形式

劳动合同的形式是指订立劳动合同的方式。劳动合同的形式一般有书面形式和口头形式两种。书面合同是由双方当事人达成协议后,将协议的内容用文字形式固定下来,并经双方签字,作为凭证的合同。口头合同是双方当事人口头承诺即告成立,不必用文字写成书面形式的合同。我国劳动法规定,劳动合同应当以书面形式订立。

法律之所以这样规定,其目的在于用书面形式明确劳动合同当事人双方的权利与义务,以及有关劳动条件、工资福利待遇等事项,便于履行和监督检查,在发生劳动争议时,便于当事人举证,也便于有关部门处理。

2. 签订劳动合同的原则

签订劳动合同的原则,就是指在劳动合同订立过程中双方当事人应当遵循的法律准则。

（1）平等自愿的原则

平等，是指订立劳动合同的双方当事人具有相同的法律地位。在订立劳动合同时，双方当事人是以劳动关系平等主体资格出现的，有着平等的利益要求和权利，不存在命令与服从的关系。

自愿，是指劳动合同的订立完全是出于双方当事人自己的真实意愿，是在充分表达各自意见的基础上，经过平等协商而达成的协议。当事人一方不得强制或者欺骗对方，也不能采取其他诱导方式使对方违背自己的真实意愿而接受对方的条件。劳动合同的期限、内容的确定，必须完全与双方当事人的真实意思相符合。

（2）协商一致的原则

协商一致，是指劳动合同的内容，必须由当事人双方在法律、法规允许的范围内共同协商讨论，取得完全一致后确定。协商一致的原则是维护双方当事人合法权益的基础。

（3）合法原则

即劳动合同的签订不得违反法律、行政法规的规定。这条原则是劳动合同有效并受国家法律保护的前提条件，它的基本内涵有以下三点。

① 订立劳动合同的主体必须合法。所谓主体合法，是指双方当事人必须具备订立劳动合同的主体资格。用人单位应当依法成立，必须有被批准的经营范围和履行能力，能够依法支付工资、缴纳社会保险费、提供劳动保护条件，并能够承担相应的民事责任。

② 该劳动合同的内容必须合法。所谓内容合法，是指双方当事人在劳动合同中订立的具体劳动权利与义务条款必须符合法律、法规和政策的规定，不得从事非法工作。劳动合同涉及国家的用工、工资分配、社会保险、职业培训、工作时间和休息时间以及劳动安全卫生等多方面内容，用人单位在约定这些内容时，必须在法律和行政法规的范围内确定。

③ 订立劳动合同的程序与形式必须合法。一般要经过要约和承诺两个步骤，具体方式是先起草劳动合同书草案，然后由双方当事人平等协商，协商一致后签约。劳动合同应以书面形式订立。

3. 劳动合同的基本内容

劳动合同的内容，是指双方当事人在劳动合同中必须明确各自的权利、义务及其他问题。依照我国宪法及劳动法的有关规定，劳动者具有平等就业和选择职业的权利、取得劳动报酬的权利、休息休假的权利、获得劳动安全卫生保护的权利、接受职业技能培训的权利、享受社会保险和福利的权利、提请劳动争议处理的权利以及法律规定的其他劳动权利。

权利与义务是一致的，劳动者在享有权利的同时，还要履行相关义务。劳动法对劳动合同规定了9项法定内容。

（1）用人单位的名称、住所和法定代表人或者主要负责人

（2）劳动者的姓名、住址和居民身份证或者其他有效身份证件号码

（3）劳动合同期限

劳动合同期限分为有固定期限、无固定期限和以完成一定的工作为期限三种情况。毕业生在签订劳动合同时，应该根据自身的业务能力、特长、兴趣和今后发展等方面，权衡确定劳动合同期限。一般来说，刚毕业的学生选择固定期限比较合适，同无固

定期限相比，比较有保障，期限结束后，可以另行选择单位或岗位，又有一定的自由度。

（4）工作内容和工作地点

工作内容包括劳动者从事劳动的工种、岗位以及在生产或工作上应当达到的数量和质量或应当完成的任务。工作内容可以规定劳动者从事某一项或者几项具体的工作，也可以是某一类或者几类工作。毕业生在此主要是注意工作职责或要求是否明确、具体，是否有可能遇到难以完成工作任务的陷阱。

（5）工作时间和休息休假

国家实行劳动者每日工作时间不超过8小时、平均每周工作时间不超过44小时的工时制度。用人单位应当保证劳动者每周至少休息一日，同时用人单位应在国家法定假日期间依法安排劳动者休假。

（6）劳动报酬

劳动报酬是劳动者劳动的成果返还和劳动者履行劳动义务后必须享受的劳动权利。从另一方面讲，则是用人单位依据法律、法规以及劳动合同的约定支付给劳动者的工资、资金、津贴等。劳动关系双方在约定劳动报酬时，一定要明确数额或计酬方式。

① 最低工资。一般而言，各地区对有关工种都规定了最低工资。最低工资不包括四项内容，即企业延长法定工作时间的工资报酬（加班工资）；中班、夜班、高温、低温、井下、有毒有害等特殊工作环境津贴；个人缴纳的养老、医疗、失业保险费和住房公积金；伙食补贴（饭补）、上下班交通费补贴、住房补贴。

② 超时工作与加班费。据悉，某些民营企业尤其计件制单位，经常加大生产指标迫使劳动者工作10小时甚至更长时间。对此，《劳动法》有专门的规定。

如果"用人单位因生产经营需要，经与工会和劳动者协商后可以延长工作时间，一般每日不超过1小时；因特殊原因需要延长工作时间的，在保障劳动者身体健康的条件下延长工作时间每日不超过3小时，但是每月不超过36小时"。也就是说，对企业违反法律、法规强迫劳动者延长工作时间的，劳动者有权拒绝。

另外，如果劳动者同意延长工作时间，用人单位必须依法向其支付不低于工资150%的劳动报酬（休息日支付不低于工资200%的劳动报酬，法定休假日则须支付不低于工资300%的劳动报酬）。对拒不支付劳动者延长工作时间工资报酬的用人单位，劳动行政部门可责令其支付劳动者工资报酬、经济补偿，并支付赔偿金。

（7）社会保险

社会保险在我国主要包括：养老保险、医疗保险、失业保险、工伤保险、生育保险和住房公积金。其中养老保险、医疗保险和失业保险这三种险是由企业和个人共同缴纳的保费，工伤保险和生育保险完全是由企业承担，个人不需要缴纳。

社会保险的缴费比例各地有所差别，以北京为例，根据北京人力资源和社会保障网以及《北京日报》的报道，目前北京养老保险基金单位缴费比例为20%，个人缴费比例为8%；医疗保险单位缴费比例为10%，个人为2%＋3元；失业保险缴费比例为单位1%，个人0.2%；工伤保险单位缴费费率0.48%，个人不缴费；生育保险单位缴费比例为0.8%，个人不缴费。住房公积金缴费比例单位和个人同为12%，取下限并将各项基金缴费比例加总可得单位"五险一金"缴存比例为 44.28%，个人缴存比例为 22.2%，这两个比例之和是 66.48%。北京现行缴存比例通常为 8%～10%。

如果你在北京工作，税前工资 1 万元，那么个人缴纳的"五险一金"的比例为 22.2%，外加 3 元，即 2223 元；再扣除缴纳个税 322.70 元，还剩下 7454.30 元。也就是在扣除"五险一金"及其个人所得税之后，你每月能够拿到手的工资是 7454.30 元。同时，单位为你缴纳"五险一金"4428 元，因此，你的单位实际每月为你支付了 14428 元。

(8) 劳动保护、劳动条件和职业危害防护

在新通过的劳动合同法中，职业危害防护列为劳动合同的必备条款。强调职业危害防护条款，则要求用人单位必须将工作过程中可能产生的职业病危害、防护措施等在劳动合同中写明，不得隐瞒或欺骗，这更倾向于保护劳动者的合法利益。

对于企业而言，有职业危害的工作在劳动合同必备条款中要告知劳动者，而告知的方法和对危害的严重性的估测可以根据实际情况做适当的调节。

(9) 法律、法规规定应当纳入劳动合同的其他事项

根据劳动合同法的相关规定，用人单位与劳动者签订劳动合同时，除订立上述 8 项必备条款外，可以协商约定其他内容。《劳动合同法》第二十三条规定劳动合同当事人可以在劳动合同中约定保守用人单位商业秘密和知识产权的有关事项，劳动者如果"违反劳动合同中约定的保密事项，对用人单位造成经济损失的，应当依法承担赔偿责任"。

保密条款或保密协议起到了"丑话说在前"的作用，一旦劳动者发生侵犯商业秘密的违约行为，只需举证合同即可，用人单位维护自身权益就显得十分方便。

当前我国人才流动比较频繁，为防止不正当竞争，用人单位一般与高级职员在劳动合同中约定，劳动者在终止或解除劳动合同后的一定期限内，负有保密义务。或者约定不能到生产同类产品或经营同类业务，且有直接竞争关系的其他单位任职，这就是劳动合同中的竞业禁止条款。

竞业限制的人员仅适用于用人单位的高级管理人员、高级技术人员和其他负有保密义务的人员。竞业限制的范围、地域、期限由用人单位与劳动者约定，竞业限制的约定不得违反法律、法规的规定。在解除或者终止劳动合同后，前款规定的人员到与本单位生产或者经营同类产品、从事同类业务的有竞争关系的其他用人单位，或者自己开业生产或者经营同类产品、从事同类业务的竞业限制期限，不得超过二年。

4. 劳动合同的履行

劳动合同的履行，是指劳动合同在依法订立生效之后，双方当事人按照劳动合同规定的条款，完成劳动合同规定的义务，实现劳动合同规定的权利的活动。

8.2.3　签订劳动合同的注意事项

大学生在签订劳动合同时，要特别注意以下五点。

1. 尽快与用人单位签订正式的劳动合同

为了保障个人的利益，求职者在正式进入用人单位工作时，一定要与用人单位签订正式的用工合同，以便明确双方的权利和义务关系。

2. 没有签订劳动合同仍然受劳动法的保护

有些企业认为只要不与劳动者签订劳动合同,就可以不受劳动法律的约束,在辞退劳动者时较为便利,并且不必支付经济补偿。实际上这种观点是错误的。即使用人单位不与劳动者签订劳动合同,劳动者依然受劳动法律的保护。

根据《劳动合同法》第八十二条规定"用人单位自用工之日起超过一个月不满一年未与劳动者订立书面劳动合同的,应当向劳动者每月支付二倍的工资"。

3. 注意细节保护自己

为使用人单位无隙可乘,当劳动合同涉及数字时,一定要用大写汉字;另外要注意合同生效的必要条件和附加条件(如是否要鉴证、登记);合同至少一式两份,双方各执一份,妥善保管;毕业生在签订时要认真阅读内容,一份正式的合同应该条款齐全。如名称、地点、时间、劳动规则、具体工作内容和标准、劳动报酬、合同期限、违约责任、解决争议方式、签名盖章等。要对文本仔细推敲,发现条款表述不清、概念模糊的,及时要求用人单位进行说明或修订。

如果对合同条款有任何疑问,一定要确定后再签字,不要怕提出合同条款不妥而失去工作,否则可能会给日后留下隐患。如无异议,再当面同单位负责人签字盖章,以防某些单位负责人利用签字时间不同而在劳动合同上做手脚。

4. 慎签英文合同

我国《劳动合同法》规定,劳动合同应以书面形式订立。《劳动合同法》和《外商投资企业劳动管理规定》中对外资企业与中方雇员签订的书面合同应该采用何种文字虽然都没有明文规定,但由于我国宪法赋予公民有使用本民族语言文字的自由,因此,要求签订中文文本合同完全是正当合理的。所以高职生如果到外企工作,不要发怵英文水平,可以要求签订中文合同。

5. 注意格式合同

为了提高签订劳动合同效率和节省签约劳动量,实践中较为常用的是用人单位事先拟好劳动合同,由劳动者做出是否签约的决定而不允许改变合同内容,也就是签订格式合同。虽然格式合同中单方面限制劳动者主要权利和免除用人单位主要义务的条款因违反公平和诚实信用原则而归于无效,但劳动者签约时仍然应当注意完全理解格式合同的条款内容,并对其中的不合理部分提出异议。

8.2.4 劳务派遣简介

2008年1月1日开始实施的《劳动合同法》规定了劳务派遣的内容。从近几年高职学生的就业情况来看,签订劳务派遣合同的学生呈增长趋势,在此我们就简要介绍一下这种较为独特的劳动关系。

1. 劳务派遣的定义

劳务派遣又称劳动派遣、劳动力租赁,是指由派遣机构与被派遣人(例如高校毕业生)订立劳动合同,由被派遣员工向用工单位给付劳务,劳动合同关系存在于派遣机构与派遣员工之间,但劳动力给付的事实则发生于派遣劳工与要派企业之间。简单地说,甲公司是劳动派遣公司,乙公司是用人单位,即被派遣人与甲公司签订劳动合同,但是去乙公司上班。

　　劳动派遣的最显著特点就是劳动力的雇用和使用相分离。劳动派遣机构已经不同于职业介绍机构，它成为与劳动者签订劳动合同的一方当事人。劳动派遣三方关系，如图 8-1 所示。

图 8-1　劳动派遣三方关系图

2. 劳务派遣的种类

　　一般而言，我们可以将常见的劳务派遣分为以下几种。

　　（1）完全派遣

　　由派遣公司承担一整套员工派遣服务工作，包括人才招募、选拔、培训、绩效评价、报酬和福利、安全和健康等。

　　（2）转移派遣

　　由劳务派遣需要的企业自行招募、选拔、培训人员，再由派遣公司与员工签订《劳动合同》，并由派遣公司负责员工的报酬、福利、绩效评估、处理劳动纠纷等事务。

　　（3）减员派遣

　　指企业对自行招募或者已雇佣的员工，将其雇主身份转移至派遣公司。企业支付派遣公司员工派遣费用，由派遣公司代付所有可能发生的费用，包括工资、资金、福利、各类社保基金以及承担所有雇主应承担的社会和法律责任。其目的是减少企业固定员工，增强企业面对风险时的组织应变能力和人力资源的弹性。

　　（4）试用派遣

　　这是一种新的派遣方式，用人单位在试用期间将新员工转至派遣公司，然后以派遣的形式试用，其目的是使用人单位在准确选才方面更具保障，免去了由于选拔和测试时产生的误差风险，有效降低了人事成本。

　　（5）短期派遣

　　用人单位与劳务派遣机构共同约定一个时间段来聘用和落实被派遣的人才。

（6）项目派遣

企事业单位为了一个生产或科研项目而专门聘用相关的专业技术人才。

（7）钟点派遣

以每小时为基本计价单位派遣特种人员。

（8）双休日派遣

以周六、周日为基本计价单位派遣人员。

（9）国有企事业单位通过劳务派遣机构把闲置的人员部分或整体地派遣给第三方

3．劳动派遣的作用

劳务派遣对促进派遣员工就业、提高派遣员工的职业技能和执业能力、保障派遣员工的合法权益、解决派遣员工的后顾之忧等方面发挥着非常重要的作用，主要体现在以下几个方面。

（1）有利于保障员工合法权益，提高员工职业素质

劳务派遣建立起新型的劳动关系，有助于保障派遣员工的合法权益；充分利用劳动部门的就业平台和资源优势，为派遣员工提供更多的就业机会和更为广阔的职业选择；重视派遣员工的教育培训工作，有效提升派遣员工的职业素质和职业技能，提高派遣员工的职业选择能力。

（2）有利于提高员工工资水平

劳务派遣不仅保证了派遣员工的工资收入水平，而且还可以利用内部的岗位空间和岗位调整，提高派遣员工的工资收入。

（3）有利于节省用人单位费用

实行劳务派遣可以节省用人单位劳动力使用和管理成本；用人单位可根据生产经营需要，随时要求派遣机构增减派员，有利于用人单位用人的灵活性；也可使用人单位从繁杂的劳动保障事务中解脱出来，有利于用人单位集中精力抓好生产经营。

8.3 试用期内的权益保障

《中华人民共和国劳动法》第 17 条规定：用人单位可以和劳动者约定试用期。该条款具体包括以下两层含义。

其一，用人单位和劳动者对在劳动合同中是否设立试用期条款具有自主性和自愿性。即试用期条款的设立与否，完全取决于双方是否事先约定。

其二，只有形成双方的合意才能认定存在试用期条款。即试用期条款的设定必须在平等自愿基础上，由劳资双方协商确定。

8.3.1 试用期概述

1．试用期的概念

何谓试用期？试用期是指用人单位对新招收的职工进行思想品德、劳动态度、实际工作能力、身体情况等进行进一步考察的时间期限。适用于初次就业或再次就业时改变劳动岗位或工种的劳动者。用人单位与劳动者订立劳动合同时依法协商约定的试用期满

后,不得以任何理由再延长试用期。

2. 试用期的期间

试用期并不是法定的,而是由用人单位和劳动者共同约定的。但是约定的期间不得违反法律规定。《中华人民共和国劳动合同法》第 19 条规定:"劳动合同期限三个月以上不满一年的,试用期不得超过一个月;劳动合同期限一年以上不满三年的,试用期不得超过二个月;三年以上固定期限和无固定期限的劳动合同,试用期不得超过六个月。"

各省、自治区、直辖市又分别对试用期做了更细的规定,同学们可以自己有针对性地查询。

3. 试用期与劳动合同期限的关系

试用期与劳动合同期限既有联系又有区别。首先,试用期应包含在劳动合同期限之内,是劳动合同期限的一部分。其次,仅约定试用期的,试用期不成立,该期限即为劳动合同期限。

有的企业错误地认为试用期对企业很有利,与员工仅仅就试用期订立所谓的试用期合同、临时合同,等等,这些其实都是不合法的,按照上述提到的法律规定,该期限被推定为正式合同期。

8.3.2 试用期内劳动合同双方的权利义务

1. 试用期内劳动权利义务的一般规定

小陈 2008 年 7 月毕业于某高职学院,专业为计算机。毕业前,他成功应聘了一家知名的网络公司。签约时,公司要求小陈签一份由他们提供的格式合同。该合同中有"试用期满,不符合要求,公司有权解聘"的字样,因为公司的薪水和福利都使他感到满意,而工作又不容易找,他也就没敢细问。工作后,小陈一直兢兢业业,但三个月的试用期满后,公司以小陈工作不符合要求将其辞退。

长期以来,无论求职者还是招聘单位一直存在着这样的认识误区:劳动者和用人单位在试用期内,不需要有任何理由,均有权随时与对方解除劳动合同。

根据《中华人民共和国劳动法》和《中华人民共和国劳动合同法》的规定,在试用期内,劳动者可随时通知用人单位解除劳动合同,而无须任何理由。这是法律赋予劳动者的权利,是《劳动法》基本原则的体现。这种形式上的不平等保证了司法上和实践中实质上的平等。

但是用人单位无权随时在试用期内单方面解除劳动合同。用人单位只有证明劳动者不符合其录用条件以后,才可以单方面解除劳动合同。如果员工对企业在试用期内解除劳动合同有不同意见,企业必须向该员工说明理由,并且举出"员工不符合录用条件"的证据。如果不能举证,用人单位就不得单方面解除劳动合同。

上述案例中,小陈可以要求公司对自己不符合工作要求的具体表现进行举证。如果公司举不出证据,就不能解聘小陈。

2. 使用期内劳动权利义务的特别规定

按照《劳动合同法》的规定,劳动合同对劳动报酬和劳动条件等标准约定不明确,引发争议的,用人单位与劳动者可以重新协商;协商不成的,适用集体合同规定;没有集体合同或者集体合同未规定劳动报酬的,实行同工同酬;没有集体合同或者集体合同未规定劳动条件等标准的,适用国家有关规定。

根据《劳动部办公厅关于试用期解除劳动合同处理依据问题的复函》第三条规定:"用人单位出资(指有支付货币凭证的情况)对职工进行各类技术培训,职工提出与单位解除劳动关系的,如果在试用期内,则用人单位不得要求劳动者支付该项培训费用。"所以从这个意义上来说,试用期的约定有助于对劳动者的倾斜性保护。

8.3.3 与试用期容易混淆的几个概念

刚刚走出校门的高职毕业生们陆续开始踏上工作岗位,拥有了自己人生的第一份劳动合同。要迈好在职在岗的第一步,保护自己的正当权益,搞清楚劳动合同中的试用期与见习期、学徒期和服务期这三个概念的区别十分重要。

1. 见习期

见习期是我国针对应届高校毕业生进行业务适应及考核的一种制度,适用于用人单位招收应届毕业生的情况。见习期满如果合格,则对职工办理转正手续,为其评定专业职称;见习期满,如果达不到见习要求的,可延长见习期半年到一年或者降低工资标准,表现特别不好的,用人单位可予以辞退。

根据原劳动部的有关规定,大中专、技校毕业生新分配到用人单位工作的,执行为期一年的见习期制度,见习期内可以约定不超过半年的试用期。但对于试用期的特殊权利不能适用于见习期。

2. 学徒期

学徒期实际上类似于见习期,只是针对的人群不一样,主要是指工厂在招收工人时进行岗前培训这个阶段。根据原劳动部 1996 年制定的有关规定,学徒期是对进入某些工作岗位的新招工人熟悉业务、提高工作技能的一种培训方式,在实行劳动合同制度后,这一培训方式仍应继续采用,并按照技术等级标准规定的期限执行。试用期和学徒期包含在劳动合同期限内,试用期和学徒期可以同时约定。

3. 服务期

服务期是用人单位在招收或使用劳动者的过程中提供特殊待遇后,与劳动者协商确定的一个附属期限。所谓特殊待遇应具有两个特征:首先,这种待遇不是法律规定的待遇;其次,不是用人单位为本单位所有劳动者提供的普遍待遇,而是只提供给特定的劳动者。

《上海市劳动合同条例》罗列了以下三种情形:

(1) 用人单位出资招用新员工,如用人单位为原本户口在外地的新员工出钱办理户口进沪;

(2) 用人单位为员工出资培训;

(3) 用人单位给员工有特殊待遇,如提供一套房子,一辆车子等。

在服务期内,劳动者应遵循诚实信用原则,不得任意跳槽,否则,将根据《条例》承担赔偿违约金的责任。

8.4 劳动合同的解除与终止

劳动合同的解除与终止，看似简单的事情其实并非我们想象中的那样简单。合同的解除与终止牵涉到法律关系的变化，牵涉到企业的商业秘密及知识产权保护，牵涉到经济的赔偿与补偿等许多问题。下面我们将介绍劳动合同的解除与终止的相关问题。

8.4.1 劳动合同的解除

1．劳动合同的合意解除

经劳动合同当事人协商一致，劳动合同可以解除。

2．劳动者解除合同

劳动者解除劳动合同，应当提前 30 日以书面形式通知用人单位。根据有关法律规定，除非有服务期约定或者竞业限制的约定，在下列情况下，劳动者可以随时通知用人单位解除劳动合同。

- 未按照劳动合同约定提供劳动保护或者劳动条件的。
- 未及时足额支付劳动报酬的。
- 未依法为劳动者缴纳社会保险费的。
- 用人单位的规章制度违反法律、法规的规定，损害劳动者权益的。
- 因以欺诈、胁迫的手段或者乘人之危，使对方在违背真实意思的情况下订立或者变更劳动合同的，用人单位免除自己的法定责任、排除劳动者权利的，违反法律、行政法规强制性规定等情形致使劳动合同无效的。
- 法律、行政法规规定劳动者可以解除劳动合同的其他情形。

除此以外，用人单位以暴力、威胁或者非法限制人身自由的手段强迫劳动者劳动的，或者用人单位违章指挥、强令冒险作业危及劳动者人身安全的，劳动者可以立即解除劳动合同，不需事先告知用人单位。

3．用人单位解除劳动合同

（1）一般情况

有下列情形之一的，用人单位提前 30 日以书面形式通知劳动者本人或者额外支付劳动者一个月工资后，可以解除劳动合同。

- 劳动者患病或者非因工负伤，在规定的医疗期满后不能从事原工作，也不能从事由用人单位另行安排的工作的。
- 劳动者不能胜任工作，经过培训或者调整工作岗位，仍不能胜任工作的。
- 劳动合同订立时所依据的客观情况发生重大变化，致使劳动合同无法履行，经用人单位与劳动者协商，未能就变更劳动合同内容达成协议的。

（2）特殊情况

劳动者有下列情形之一的，用人单位可以随时解除劳动合同。

- 在试用期间被证明不符合录用条件的。
- 严重违反劳动纪律或者用人单位规章制度的。

- 严重失职,营私舞弊,对用人单位利益造成重大损害的。
- 劳动者同时与其他用人单位建立劳动关系,对完成本单位的工作任务造成严重影响,或者经用人单位提出,拒不改正的。
- 以欺诈、胁迫的手段或者乘人之危,使对方在违背真实意思的情况下订立或者变更劳动合同的。
- 被依法追究刑事责任的。

(3) 例外情况

劳动者有下列情形之一的,用人单位不得解除劳动合同。

- 从事接触职业病危害作业的劳动者未进行离岗前职业健康检查,或者疑似职业病病人在诊断或者医学观察期间的。
- 在本单位患职业病或者因工负伤并被确认丧失或者部分丧失劳动能力的。
- 患病或者非因工负伤,在规定的医疗期内的。
- 女职工在孕期、产期、哺乳期的。
- 在本单位连续工作满 15 年,且距法定退休年龄不足 5 年的。
- 法律、行政法规规定的其他情形。

8.4.2　劳动合同的终止

劳动合同的终止情形有以下六种情况。

- 劳动合同期满的。
- 劳动者开始依法享受基本养老保险待遇的。
- 劳动者死亡,或者被人民法院宣告死亡或者宣告失踪的。
- 用人单位被依法宣告破产的。
- 用人单位被吊销营业执照、责令关闭、撤销或者用人单位决定提前解散的。
- 法律、行政法规规定的其他情形。

8.4.3　终止合同与解除合同的区别

1. 性质不同

终止合同与解除合同有着根本的区别。终止合同是指合同双方按照合同规定的条款履行了全部义务,即平时所说的合同已到期。解除合同则是指在劳动合同履行完毕之前,因某种原因,提前终止劳动合同的法律效力。

2. 条件不同

终止合同的条件均为法定条件,而解除合同除了法定条件外,劳动合同的当事人还可以约定解除。

3. 法律后果不同

劳动合同终止时,劳动单位只有在被依法宣告破产的、被吊销营业执照、责令关闭、撤销或者用人单位决定提前解散的情况下,或者劳动合同期满(不降低原来劳动条件但劳动者不同意续签的除外)需要支付经济补偿金,但是由用人单位提出解除劳动合同时,必须依法向劳动者支付经济补偿金。

此种情况下,用人单位应根据劳动者在本单位工作年限,每满一年支付一个月工资的标准向劳动者支付。六个月以上不满一年的,按一年计算;不满六个月的,向劳动者支付半个月工资的经济补偿。

劳动者月工资高于用人单位所在直辖市、设区的市级人民政府公布的本地区上年度职工月平均工资三倍的,向其支付经济补偿的标准按职工月平均工资三倍的数额支付,向其支付经济补偿的年限最高不超过十二年。

属于劳动合同解除后,用人单位未按规定给予劳动者经济补偿的,除发给经济补偿外,还须按经济补偿金数额的双倍支付额外经济补偿金。

劳动者个人因与用人单位解除劳动关系而取得的经济补偿金,原则上是免征个人所得税的。但为了防止有些企业或个人钻法律空子,搞一些变相偷税漏税的勾当,国家又规定,超过当地上年职工年平均工资三倍数额以上的部分,仍然需要上税。

此外,由劳动者提出解除劳动合同如给用人单位造成经济损失时,劳动者还应承担赔偿责任。

8.5 劳动争议中的权益保障

当前,劳动争议案件日益增多,如何正确解决这类纠纷,以维护劳资双方的合法权益,是当代大学毕业生必须了解的内容,只有这样才能正确对待和处理劳动争议中的权益保障。

8.5.1 劳动争议的范围

《中华人民共和国劳动法》指的劳动争议,指中国境内的企业与职工之间的下列劳动争议:一是因企业开除、除名、辞退职工和职工辞职、自动离职发生的争议;二是因执行国家有关工资、保险、福利、培训、劳动保护的规定发生的争议;三是因履行劳动合同发生的争议;四是法律、法规规定应当依照"企业劳动争议处理条例"处理的其他劳动争议。

8.5.2 劳动争议的处理方法

劳动争议发生后,当事人可向本单位劳动争议调解委员会申请调解;调解不成,当事人一方要求仲裁的,可向当地的劳动争议仲裁委员会申请仲裁。当事人一方也可在60日内直接向劳动争议仲裁委员会申请仲裁。对仲裁裁决不服的,可以向人民法院提起起诉。

如果超过了法定期限60日内怎么办?当事人仍可向仲裁委员会申请仲裁,待仲裁委员会做出"驳回"的裁决后,再凭这个"驳回"裁决,向人民法院提起诉讼。

8.5.3 劳动争议的举证责任

1. 解除劳动合同的举证责任

因用人单位做出的开除、除名、辞退、解除劳动合同等决定而发生的劳动争议,用人单位负举证责任,举证不能或不充分的,人民法院或劳动争议仲裁机构可予撤销用人单位的决定,用人单位应赔偿劳动者损失。

2. 其他争议的举证责任

根据我国民法规定，谁主张，谁举证。如果劳动者与劳动单位发生劳动争议，应就自己的主张自行提交相应的证据。

【关键术语】

就业权利、劳动合同、试用期、劳动合同终止

【请你筹划】

王刚是某高职院校的毕业生。经过几个月的奔波、努力，他与一家公司签了就业协议，协议中规定了 5000 元的违约金。7 月份他办完毕业手续来公司报到上班，公司与他签订劳动合同，合同期限为 5 年，违约金为 20 万元。

王刚不想签 5 年的劳动合同，觉得违约金也太高了，但是不签是不是就要交付 5000 元的违约金呢？请你运用所学的知识帮助王刚。

第 9 章

适应职业 发展职业

【学习目标】

1. 了解实习期的作用。
2. 理解从基层做起的重要意义。
3. 懂得转变角色、更快适应职场的原则和方法。

【技能要求】

1. 认真把握实习期。
2. 能够踏踏实实地在基层工作。
3. 认真实践,顺利转变角色。

引导案例

实习就是考验

2013 年 1 月,某职业学院财会系的赵霞开始了在会计师事务所的实习生活。第一天,穿戴整齐的赵霞和另外五名学生来到事务所,等待事务所领导分配任务。事务所领导给他们的任务是去大街小巷发放该事务所的宣传材料。

寒风中,赵霞和她的同学们走上不熟悉的街头,向行人发放宣传资料,第二天,其他同学觉得实习工作既艰苦又与专业无关,纷纷离开,发放宣传单的只剩下赵霞。

赵霞每天早上按时去事务所领来宣传资料,然后到最热闹的街道,在公交车站、商务大楼门口,向来往的行人发放资料。在一个星期的资料发放工作中,她被保安驱逐过、遭受过行人的白眼,也曾因冻僵的双手拿不住资料,满世界去捡资料而委屈地流泪。

第二周她上班后,事务所主任把她叫到办公室:"小赵,干得怎样啊?"赵霞说:"主任,我从所里领来的资料都发完了,您再给我些吧,我现在已经知道到哪发材料最合适了。"主任说:"你通过考验了,今天开始,我带你做项目。"

就这样,赵霞跟着主任做了两个月的审计工作,在实习结束时她已经熟练掌握了审计工作的各项流程,并且能够独立撰写审计底稿;而与她一同而去第二天就离开的同学虽然也找到了实习单位,但在业务上都没有赵霞收获大。

9.1 认真把握实习期

每年4月,春暖花开,也是毕业生完成学业准备答辩的时期。2013年4月中旬,某职业学院金融系开始毕业设计答辩。好几个月不见,同学们聊得最多的自然是自己的实习单位和实习情况。

有的同学说:我们单位领导可厉害了,请假必须提前两天,当天请假的要扣150元,我一个礼拜的工资呢! 有的同学说:你还有工资,不错了,我们单位只提供午餐,连工资也没有。还有的学生对单位制度没有人情味表示不满。甚至有的同学为自己是实习学生却要给正式职工"随份子"倍感烦恼,总之,意见五花八门,得出的结论是:还是学校好,如果能永远待在学校该多好啊!

这就是即将踏上工作岗位的高职毕业生的真实心态。人作为社会动物,走向社会是必然。在校学习阶段仅仅是人生的一个驿站,是我们开始工作、走向社会的准备阶段,它总会有结束的时候,这是我们每个高职毕业生必须要面对的现实。我们怎能为留不住校园时光而哀叹呢? 应该为如何在社会上更好地生存去尝试、去积累。实习阶段就是从学生到社会人的必不可少的积累阶段。

高职院校培养的是应用型、技能型人才,在教学计划中有近一半的课时为包括校内实训、顶岗实习(毕业实习)在内的实践课。顶岗实习一般安排在最后一学期,实习期间为3~6个月。实习单位既有学校联系的,也有学生自己找的,这些单位往往会有一些用工需求。

实习对学生而言,有助于他们了解社会、增长工作经验,既是在实践中增强技能的好机会,也是一个考察实习单位,确定就业方向或目标的良好时机。对单位而言,可以在实习学生中选拔人才,减少用工培训成本。不少同学就是因为在企业实习中表现突出,被单位直接留用。

同学们要高度重视实习,利用实习期做好转换角色准备,抓紧进行职业适应性调适,为自己更顺利地找到工作、做优秀员工打下基础。

9.1.1 树立良好的第一印象

高职生初到一个实习单位,其外在形象、谈吐、接人待物的方式都会给单位领导和同事留下第一印象。第一印象的好坏对今后事业的发展有着重要意义,高职毕业生切莫忽视。那么如何树立良好的第一印象呢?

1. 仪表端庄大方

仪表是个人形象的基本外在特征,端庄大方的仪表会给人留下良好的第一印象。

(1)装饰得体

初到实习单位,要注意衣着打扮。衣服不一定要讲究高档、时髦,追求名牌,只要符合自己的经济状况和实习生身份即可。男生切忌穿得太随意(如穿着短裤、背心甚至拖鞋),女生不要穿得过于暴露。女生在化妆方面,一是不能浓艳,二是不能素面朝天,学生味十足。有些商业服务业在妆容上有要求,例如银行柜员、商场收银员等都要适当化淡妆,实习生也要遵守此项规定,该化妆时就得化妆。

(2)面带微笑

到一个新的环境,如何更快地融入?我们不能被动地等待别人来关心,而是要主动去交往,最好的方法就是面带微笑地向同事问好。此外微笑还是亲和力的标志,要想在一个团队人际和谐、心情愉快,就要微笑地面对一切。如果你不善微笑,那么从现在起,每天对着镜子笑 50 次吧!

(3)举止文明

要保持积极向上的精神面貌,不要哈欠连天,一副睡不醒的样子。要注意在同事、领导面前说话落落大方,女生不要有吐舌头、扭身子等小气、扭捏的动作,男生不要嬉皮笑脸、大大咧咧,显得过于松散。做事要注意细节,例如当部门领导向他人介绍自己时,一定要起身微微鞠躬,并表示请多指教和多关照之意。

2. 工作踏实勤奋

高职毕业生到实习单位后,领导分配的工作不一定与专业有关,即使与专业有关,作为实习生的我们可能不会马上上手操作。那么在工作中我们要注意什么呢?

(1)要主动找活

实习生到单位,首先要做的是眼里有活。主动承担扫地打水、清洁桌面、擦拭窗台等细小的工作。在实习初期,有时领导没有给你安排工作或者安排一些算不上活的小活,就是在考察你是否有主动工作的意识,你一定要一丝不苟地做好小活,并主动询问领导需要你做些什么。

(2)要甘做小事

到了实习岗位,每个学生都想多学点,希望所做的事和自己的专业直接挂钩。但是实习生一定要避免好高骛远的想法,把一件小事做得尽善尽美,就是最大的收获。例如学财会的实习生,很多人就必须从最外围的财会业务做起,例如在店内收银,或者跑银行、去税务工商送报表等。

实习生就要踏实地做好类似这样的小事,尽快适应工作环境,认清工作性质,熟悉工作程序。最好能够运用所学知识,提高办小事的业务能力(例如优化流程、提高速度),以求做出工作成绩。这是赢得同事赞美和领导信任的基本条件。

(3)尽快熟悉工作环境

实习的第一天要大致了解一下办公的环境,本部门、本单位的同事。领导给安排具体工作的,就要弄清自己的职责、工作内容,尽快进入工作角色。

在实习中,不要局限于与一个部门的同事打交道,而要多利用单位团体活动的机会,认识不同部门的同事,这样做既可以拓展人际关系,也可以了解其他部门的职能与角色,在遇到问题时还可以获得别人的有力外援。再就是利用午餐的机会,了解同事间、同事和上级相处的模式;公司中人际关系是如何构成的;公司有哪些约定俗成的规则;公司的组织架构是什么内容等。

(4)要及时汇报

领导、师傅交代的事,一定要及时反馈完成情况,这既是工作要求,也是沟通技巧。遇到不会做的事,及时求助同事。当天不能办完当天的事,原因有很多,如场地没有联系好、该找的人没有找到⋯⋯你要及时向交办人汇报、沟通,让他了解你存在的困难和问题,帮你协调和解决。

3. 敢于承担责任

许多学生在实习时,还是习惯拿自己当学生看,总是自己原谅自己,以至会抱怨单位的规定没有人情味。小孙在一家大型国有商场实习,商场 10:00 营业,早班的员工应当9:30 到岗。2012 年 12 月下旬,北京下了一场大雪,小孙刚好在大雪的第二天上早班。大雪导致交通堵塞,平时花费一个多小时就能到单位,那天她用了两个小时,结果 9:50到单位,迟到了,不仅受到批评,还被扣了 50 元。

小孙觉得非常委屈,她找到单位领导,强调下雪是不可抗力,自己是在商场开门前到达的,没有影响工作,而且作为实习生,不能按照正式员工处罚。领导告诉她,实习生遵守实习单位的规矩是不容置疑的,在上班的第一周培训中,商场已将工作纪律、处罚规定明确地告诉了大家,你违反了规定,就要承担责任,这没什么好商量的! 而且考虑到实习生的实习工资低,我们的处罚也低,正式员工迟到了要扣 100 元。

实习单位对于员工和实习生违反规定的处罚措施,只要不违反《劳动法》,是可以按照规定实施处罚的。实习单位接纳实习生、严格要求实习生,让学生树立责任意识、自律意识,具有强烈的纪律观念,是单位承担社会责任的一种方式。所以,当高职学生踏上实习岗位时,一定要遵守单位的各项规章制度,服从单位的管理,把在实习单位的经历看成学习进步和获得职业能力的过程。

总而言之,良好的第一印象是在自己的内在品质和相应的工作技巧共同作用下树立的。尽管它具有暂时性和浅表性的特征,但是它有利于培养高职大学生的职业意识,有利于强化自己的工作纪律和职业道德。当然,我们不能仅仅满足于良好的第一印象,而应当通过长期的不懈努力,以自己良好的内在气质、正直的为人和出色的工作成绩去建立更高层次的长期的良好印象。

9.1.2 建立和谐的人际关系

人在社会活动中不可避免地会发生个体之间的相互作用和联系,这种在社会活动中所形成的建立在个人情感基础上的相互联系就是人际关系。事实上,人际关系渗透到了所有的社会关系中,人际关系无处不在,它对于人各方面的发展都具有非常重要的意义。那么如何在实习单位建立和谐的人际关系呢?

1. 尊重他人,虚心请教

尊重他人是建立良好人际关系的前提。尽管人们的分工有不同,贡献有大小,但在人格上都是平等的。初到实习单位,应当把每一个人当作自己的老师,不管他的职务尊卑、收入多少、年龄大小和文化高低。此外,要按照单位约定俗成的习惯去称呼领导和同事,不要让人产生你是局外人的感觉。

2. 平等待人,不卑不亢

高职毕业生要平等对待每个同事,不要厚此薄彼,切忌以貌取人或以个人好恶为标准,把同事分成几个等级,亲近一部分人而疏远另一部分人。不要卷入是非矛盾和拉帮结派之中,而应该尽力与所有同事发展平等互助的友好关系。不要认为某人对自己有用就打得火热,而对他人不理不睬。

3. 正直善良,乐于助人

待人处世要做到公平正直,不偏不倚。当同事在工作、生活上遇到困难时,应给予同情,用感情上的安慰和行动上的帮助来促使同事克服困难,消除烦恼,以促进同事间的友好关系。只有热心帮助别人的人才会得到别人的帮助,也只有乐于助人的人才会得到人们的认可与赞扬。

4. 诚实守信,理智行事

真诚与信任是建立良好人际关系的基础。在与同事的交往中要恪守信用、言行一致,说到做到,不言过其词。当工作中发生一些纠葛、摩擦甚至冲突时,不要马上找领导告状,或者哭哭啼啼,要冷静对待,妥善处理。

5. 服从上级,注意沟通

作为下级的高职毕业生,要自觉服从工作安排,力争圆满完成领导交办的任务。对于确实难以完成的任务,要注意维护领导的权威,不要当面与其顶撞,可以在私下与领导单独交流。这样就会得到领导的肯定,处理好与领导的关系。工作中,对领导既要尊重、坦诚、实事求是,又要注意分寸,交往得当,不能为了一己私利而对领导曲意奉承、讨好献媚,将关系庸俗化。只要坚持以把工作做好为出发点,在工作方面与领导形成共识,也就有了与领导建立良好关系的基本条件。

许多高职生进入实习单位后,不敢主动找上级沟通。但是不沟通,上级就不了解你的工作,不知道你干得如何。所以你要认真思考工作以来的收获、困惑,以及你对自己工作职责的理解,主动找上级沟通,让他知道你很重视这份工作,并在用心地做好。

另外,在开会时要适当发言,让你的上级尽快注意你。切忌老是坐在角落里一言不发。如果你有好的建议或设想要敢于拿出来,当然也要乐于接受前辈们的批评或补充。

9.1.3 认真考察实习单位

实习期对高职生的重要性在于:它是高职生进入职业生活的序曲,是高职生判断自我能力的基础,是高职生增长工作经验的好时机,是高职生确定工作目标的思考期。高职生除了认真工作、踏实做事、展现才华之外,还要好好利用几个月的实习期考察实习单位。对实习单位的考察可以从以下三个方面进行。

1. 观察单位的人气是否旺盛

单位的发展主要依靠管理层的领导,因此先要观察领导者。

第一,看单位领导是否有远大的理想及踏实的工作态度,对待工作是否热情、勤勉,对待下属是否公正、公平,对单位的发展是否有脚踏实地的计划,在单位有没有凝聚力,在职位安排上是否任人唯亲等。

第二,看员工是积极工作还是消极散漫,团队是否团结一心、乐于帮助新人,同事之间是否关系和睦。

第三,看工作内容能否发挥自己的才干,企业的内部管理制度规定得是否明确并被严格遵守,晋升通道或学习培训的机会是否平等;工作环境是否稳定,待遇是否满意等。

2. 了解单位员工对单位的评价

可以从不同方面了解不同的同事对领导、对工作、对工资待遇等方面的评价。同事们工作久了,对单位了解更深刻,他们的评价会体现单位的价值观,是非常有用的资讯参考。同时,还要听听其他渠道反馈的信息,包括单位的客户、竞争对手、关联单位等。一个有魅力有价值的单位是值得它的竞争对手尊敬的。

3. 考虑个人的价值取向是否与单位文化相融

在你忙着做实习工作时,你也在一点一滴地了解企业的历史、价值观与发展目标。在实习期结束之前,你一定要仔细分析自己的价值观、成才观是什么,是否与单位的企业文化相融。还要客观分析自己的兴趣爱好是否适合目前从事的工作。另外要考虑该单位是否符合自己的职业规划,是否能提供公平的晋升空间,自己是否真的适合在该单位工作。

通过以上几个步骤的考察和自己的深思熟虑,你就可以确定是否值得留在该单位工作了。如果决定留下,那就要及时向学校、系里表达你的想法,同时向单位的人力资源部门了解今年的进人计划,进行毛遂自荐,向单位表示愿意把无限的热情投入到单位事业发展中去;如果觉得自己不适合该单位,那就认真总结在实习期间的经验教训,使自己学有所获,为下一步求职应聘打下基础。

高职学生的实习,是人生道路上一次重要的选择,可能决定自己的首次就业,但第一次就业并不一定就是终身的职业选择。随着社会需求的变化,已经就业的高职生还可以根据自身的实际条件,适时调整职业方向,把握好重新选择的机会,在社会中找到更能发挥自己聪明才智的岗位。

【案例分析】

从清洁工到麦当劳总裁

1976年,一个年仅15岁的少年几经努力,在澳大利亚悉尼的一家麦当劳餐厅开始了他的第一份工作——打扫厕所。扫厕所,这是个没有多少技术含量的工作,但是这个15岁的少年做的和别人很不一样,比如:用干灰先除湿吸水,再进行清扫而不是直接打扫;把花草放进厕所,把一些谚语警句贴在厕所的墙壁上,等等,只要是能改善厕所环境,让客人在厕所也能感受温馨服务的小事,他都会去尝试。这个少年就是查理·贝尔——麦当劳总裁兼首席执行官。

在当时,扫厕所被视为毫无前途没有出息的工作,但是,贝尔却把这当作他事业开始最坚实的一块基石。也正是基于他的坚持不懈,在每一件小事中尽力展现自己的能力,他的人生就从扫厕所的时候开始发生变化!后来他成为正式员工,走向正规职业培训之后,贝尔被放在店内各个岗位进行锻炼。勤奋聪颖的他经过几年的历练,全面掌握了麦当劳的生产、服务、管理等一系列工作,这也成为他事业的第二块重要的基石,量的积累一定会带来质的飞跃!

19岁,贝尔被提升为澳大利亚最年轻的麦当劳店面经理。

27岁,成为麦当劳澳大利亚公司副总裁。

32岁,被任命为麦当劳澳大利亚公司的执行董事。

38岁,贝尔开始主管麦当劳公司在亚洲、非洲和中东的业务。

43 岁，成为第一位非美国人的麦当劳公司掌门人，而且也是麦当劳最年轻的首席执行官。

资料来源：无忧商务网 http://www.5ucom.com.

这是一个接近传奇、被许多报纸杂志转载过的故事。基层锻炼成才，基层成就辉煌！如果能从中领悟到真谛，哪怕只做到十分之一，就会书写光明的未来！

9.2 从基层做起，夯实工作第一块基石

教育部 2014 年 11 月 28 日颁布了教育部《关于做好 2015 年全国普通高等学校毕业生就业创业工作的通知》（教学［2014］15 号），要求各地各高校要进一步健全鼓励毕业生到基层就业的服务保障机制，落实和完善学费补偿和助学贷款代偿、后续升学和就业服务等政策。

要会同有关部门继续组织实施好"农村教师特岗计划、西部计划、大学生村官、三支一扶"（支农、支教、支医和扶贫）等各类基层服务项目，通过定期走访、跟踪培养等方式关心毕业生的工作、成长和发展。主动配合政法部门，研究制定健全从政法专业毕业生中招录人才的规范便捷机制的具体办法，促进政法专业毕业生就业。

要求各地各高校要积极会同有关部门加大政府购买力度，开发更多基层公共管理和社会服务岗位吸纳毕业生就业。推进高校与二、三线城市战略性合作，持续开展二、三线城市面向毕业生的专场招聘活动，努力为区域经济社会发展提供人才和智力支持。进一步创造条件，引导毕业生到城乡基层、中西部地区、艰苦边远地区和中小微企业就业，会同有关部门抓好吸纳毕业生就业的社保补贴、培训补贴、税费减免、毕业生落户、人事档案管理等政策的落实，支持更多毕业生到基层建功立业。

大学生面向基层就业有利于青年人才的健康成长和改善基层人才队伍的结构，有利于促进城乡和区域经济的协调发展，有利于构建社会主义和谐社会和巩固党的执政地位，是解决毕业生就业结构性矛盾的根本途径，也是个人事业发展的必经阶段和实现阶段性就业的基本要求。

9.2.1 基层工作是成就事业的重要基础

什么是基层呢？我们要从广义上理解"基层"。从地域上讲，基层既包括广大农村，也包括城市街道社区；如果按照组织性质划分，既涵盖县级以下党政机关、企事业单位和社会团体组织，也包括非公有制组织和中小企业。

此外按照是否直接就业为标准，基层包括到城市基层或农村工作的直接就业，也包括到农村去做村官、去城市社区做志愿者、到广大农村进行"支农、支教、支医、扶贫""三支一扶"等非直接性就业。基层是吸纳毕业生就业的最大空间。

1. 基层是建功立业之地

有的同学认为，在基层从事平凡的工作做不出伟大的事业，这种认识是不正确的。让我们来看看中国当代青年知识分子的优秀代表、原共青团湖南省委书记吴奇修的事例。

吴奇修，1966 年出生于湖南。1987 年他从北京大学经济系毕业，放弃了读研究生的

计划，放弃了留在大机关、大城市工作的机会，主动要求回到家乡涟源市工作。1995年为改变农村的落后面貌，他离开城市，担任偏僻闭塞的南部山区石门村党支部书记，一干就是7年。7年间，他和广大农民一起艰苦创业，闯市场、办工厂，探索农村工业化、城镇化、现代化之路，使贫困落后的小山村变成全国文明村、全省小康示范村和社会主义新农村的试点村。

因为出色的工作业绩，他先后被评为1997年湖南省十大新闻人物、1999年中国十大杰出青年。2001年吴奇修被中共中央授予"全国优秀共产党员"称号，2002年后当选为党的第十六次全国代表大会代表和主席团成员。

由此可以看出，农村的广阔天地也是大学生的用武之地，在农村也可取得骄人的成绩。高职生要想成就一番事业，实现自己的职业理想，也应该树立行行建功、处处立业的观念，踊跃到基层锻炼，踏踏实实地从小事做起。

2. 到基层工作是大势所趋

根据2013年度我国人力资源和社会保障事业发展统计公报，2013年末全国就业人员76977万人，比上年末增加273万人；其中城镇就业人员38240万人，比上年末增加1138万人。全国就业人员中，第一产业就业人员占31.4%；第二产业就业人员占30.1%；第三产业就业人员占38.5%。2013年全国农民工总量达到26894万人，比上年增加633万人，其中外出农民工16610万人。

全年城镇新增就业人数1310万人，城镇失业人员再就业人数566万人，就业困难人员就业人数180万人。年末城镇登记失业人数为926万人，城镇登记失业率为4.05%。全年全国共帮助5.3万户零就业家庭实现每户至少一人就业。组织2.8万名高校毕业生到农村基层从事"三支一扶"的工作。

由此可以看出，目前我国就业形势依然严峻，劳动力供大于求的格局长期存在。客观环境要求高职学生一定要把眼界放宽，期望值放低，将心态放平。从低位进入，在基层工作岗位做出贡献。

3. 基层需要高职毕业生

高职院校的培养目标是培养适应生产、建设、管理、服务第一线的职业岗位所需要的德、智、体等全面发展的技术应用型专门人才，高职生就业后所从事的大都是平凡的岗位，基层的工作。

根据2014年中国人力资源市场信息监测中心对内地104个城市就业形势的统计，东部沿海地区2014年的用人需求和求职人数，分别比2012年减少5.9%和9%。而华中地区的用人需求和求职人数则双双上升1.8%和2.9%。另一份报告也指出，新疆、内蒙古、宁夏等地，也成为人才输入的新区域。

从行业需求看，租赁和商务服务业、批发和零售业、居民服务和其他服务业、建筑业、住宿和餐饮业用人需求均有所减少。与上季度相比，除公共管理与社会组织（41.8%）、教育（6%）、金融业（2.7%）、国际组织（66.4%）等行业的用人需求略有增长外，其他各行业的用人需求均有所减少。其中，用人需求减少较多的行业有：租赁和商务服务业（-22.9%）、批发和零售业（-15.8%）、居民服务和其他服务业（-15.1%）、建筑业（-11.5%）、住宿和餐饮业（-6.5%）、制造业（-5.9%）。

与去年同期相比,用人需求增加较多的行业有:公共管理与社会组织(＋106.7％),电力、煤气及水的生产和供应业(＋21.1％),交通运输、仓储和邮政业(＋7.5％),制造业(＋4.7％)。用人需求减少较多的行业有:租赁和商务服务业(－31.8％)、批发和零售业(－11.9％)、房地产业(－11.8％)、建筑业(－8.6％)、住宿和餐饮业(－8.5％)、居民服务和其他服务业(－2.2％)。

由此可以看出,公共管理与社会组织、电力、煤气及水的生产和供应业,交通运输、仓储和邮政业人才需求量较大,广大高职生要立足于到第一线求职就业,不仅实现了高职教育的育人目标,发挥了高职院校学生动手能力强的优势,而且解决了高职生就业问题。从埋头苦干开始,既能树立吃苦耐劳的新形象,又可以增强实际锻炼的机会,对今后的长期发展也将是有利的。

9.2.2 基层工作是发展事业的必经阶段

岗位是成才的舞台,是一个人奉献社会、施展才华,取得成就的场所。有少数大学毕业生对到基层工作还存在多种误区,对应聘的单位这不满意那不满意,不能一心扑在工作上。事实上基层工作是发展事业的必经阶段。

1. 基层岗位不等于低级工种

许多学生不愿做基层工作,是对基层工作存在认识误区。他们将基层工作与低级工作等同起来,认为在基层干就是丢人现眼、没有出息。有的虽然没有这样贬低基层工作,但是认为基层工作没有含金量、没有技术成分,不读大学照样能做,现在读完大学还得做基层工作,大学不就白读了?

这些学生只知其一,不知其二,世界上不存在任何一个轻松的基层工作。但是基层绝不等于低人一等,不同的工作岗位因为技术含量、资金投入的不同,创造的价值有所区别,但是每个人的劳动在本质上是没有高低贵贱之分的。有的同学把劳动岗位创造的价值等同于劳动价值,这是错误的观点。

另外,随着高新技术在劳动中的广泛运用,越来越多的企业需要提高员工的文化素养和知识含量,以适应岗位技术的不断升级。三年前不需要就读大学就可以胜任的岗位,可能三年后就需要聘用大学生,因为技术要求在不断提高,如果你不掌握新的岗位技术,就会被淘汰。由此便知,三年前的入职条件与三年后的入职门槛是不一样的,高职毕业生到基层工作是时代发展的需要,绝不是人才浪费。

2. 基层工作锻炼综合素质

就一个单位个体而言,基层工作是单位的基础性工作,最能锻炼一个人的综合素质,只有经过基层的锻炼,才能为今后的进一步发展打下坚实的基础。大家知道香港特别行政区第一任行政长官董建华是如何成长的吗?董建华是听从父亲建议从最底层做起,从优秀员工做起,才一步一步走向成功的。

董建华是船王董浩云之子。董浩云17岁独闯天下,48岁在香港创业,经过艰苦奋斗终于造就了一个以香港为基地、拥有1200万总吨位船队的远洋海运王国——东方海外。董建华从英国利物浦大学毕业后,舆论认为董浩云肯定会安排儿子去美国继续深造,或回香港在董家的海运王国执掌要职。出乎人们意料的是,董浩云却要董建华到美国去打工——到通用有限公司最基层去当一名普通职员。

董浩云为什么要这样安排呢？董浩云对董建华讲过下列一段话，从中可以看出董浩云教子成才的良苦用心。

董浩云说："阿华，我并不怀疑你是一个有理想的人，但我担心你不够刻苦。你不要想到自己有依靠，你必须自己主动去找苦吃，磨炼自己的意志，接受生活的挑战，所以你必须全面锻炼自己，从最底层做起。只有先当好一名普通的职员，今后才可能明白应该怎样对待你下面的职员；在这以后，你才能充分考虑学习别人的经验，为将来开创新的事业打下良好的基础。"

董建华听从了父亲的建议，在美国勤勤恳恳、扎扎实实地干了近十年，为此后的辉煌奠定了坚实的基础。1978 年，其父退休，董建华正式执掌父业。1996 年 12 月 16 日，董建华当选为香港特别行政区第一任行政长官。

由此可知，一个人不管家庭背景如何，要想取得成就都得从最基层干起。董建华的成功不仅得益于他父亲的高瞻远瞩，更来自他十年基层打拼的经历。高职毕业生只有从最基层做起，才能真正了解自己欠缺什么，才能更有针对性地学习。而这个学习过程，也是我们职业生涯发展的积淀。

3. 基层工作增加人生阅历

柯达大中华地区主席叶莺曾经说过，一个人要获得长远发展，必须从一个较低的起点，一步步脚踏实地地做，这样才会有坚实的准备。

国内外有许多的成功人士，都是从基层员工做起。例如，华人首富李嘉诚做过销售员，挨门逐户推销过塑料花；台湾塑胶大王王永庆当过米铺杂工，每天给客户送米上门；香港亿万富翁霍英东做过轮船上的铲煤工；世界"新闻大王"普利策，年轻时当过骡夫、水手、建筑工、图书馆员工、记者等。这说明，从基层员工做起，是一种重要的人生经历，是职业发展不可跨越的过程。要成功，必须从最底层做起，只要经过艰难的磨砺，才能成就栋梁之材。

9.2.3　基层工作是阶段性就业的基本要求

阶段性就业强调不是通过一次就业就达到理想的工作岗位，而是分阶段由低级向高级工作岗位迈进。高水平的课堂理论教学培养不出实用型技术人才，任何技术的获得必须来自实践的积累，初级到中级技术能力的掌握和技术职称的取得，要通过 3～5 年时间实践锻炼，高级实用型技术人才的要求标准，是职业技术院校无法实现的，高职阶段的学习只能为同学们实现这一目标打下良好的基础。

高职生要抱着高能低就的心态，高等技术应用性专门人才不是高职生走出校门时的能力定位，而是多年后理论与实践经验积淀的升华。没有基层工作的经历，高职生不可能成为高等技术应用型专门人才。

尽管同学们有志于基层工作，但也要做好一些心理准备。因为到基层工作，学习和工作的条件较差、待遇低、面临的社会舆论压力大。所以大学生到基层去工作一定要注意陶冶情操，锤炼品格，以丰富的知识、过硬的本领、务实的作风、顽强的意志，在艰苦的磨炼中让青春绽放出绚丽的光彩；同时也要有一颗平常心，要勤勉敬业、求真务实，从小事做起，从眼前做起，在一点一滴中积累，更多地立足于岗位成才，通过创造性的工作做出卓越成绩，走出属于自己有价值的人生之路。

9.3　调整角色，适应职场

初涉职场，意气风发的你，有着一种舍我其谁的心态。然而，现实却总不能尽如己愿。在学校里对社会的认识与社会现实是有差距的，在校园里的为人处世规则与工作中的做人做事规则有一定的差异，校园里的学生角色与职业生活中社会人角色也有很大的区别。当一个人进入一个新的环境，其心理、行为、自我形象将随着环境的变化而变化，这种转变通常称为角色转变。

高职毕业生从学校进入社会也面临着学生角色向职业角色的转变。绝大多数毕业生在角色转变中，有个适应过程，如果毕业生能够顺利地度过"职业适应期"，就有可能走向成功的职业生涯。那么如何尽快地适应职业生活，顺利地度过"职业适应期"呢？下面讨论的初涉职场常见的心理问题、不适应职业角色的种种表现，以及更快适应职场的成功法则，希望能对高职毕业生有所帮助。

9.3.1　高职毕业生在角色转变中常见的不良心理

1. 依恋心理

高职生刚刚走上工作岗位，还不能马上脱离学生身份，观察问题、分析问题及思考问题还是以学生时期养成的固定模式进行，对学生身份有种心理依恋，特别是遇到挫折、困难以及面对较为复杂的人际关系时，总是回想美好的学生时代，或利用各种通信手段与同学倾诉自己的郁闷、失望和不满，使得适应新环境、建立新的人际关系出现困难。

2. 自卑心理

有的高职生面对新的工作环境、陌生的人际关系，感到拘谨、不自在，不知道工作从何入手。特别是同一批聘用人员中有本科生、研究生的，高职生更感到心理压力大，工作中缺乏自信与热情，影响了个人才能的正常发挥。

3. 依赖心理

目前我国绝大多数的高职院校招生本地化。许多高职生从小到大没离开过父母一步，在学校里又是根据教学计划按部就班地完成学习任务，对家长、老师的依赖性比较大。尽管在青年时期有一定的独立意识，但是总体上他们独立能力不强，对自己的工作性质、发展方向、工作内容、工作职责思考不够，在工作中习惯于做好别人安排、布置的工作，导致进入状态慢，工作主动性、积极性不够。

4. 浮躁心理

有些高职生没有认真分析自己的兴趣、爱好、特长及优势，从众心理强，这山望着那山高，今天想做营销工作，明天又觉得金融理财有发展前途，频繁地跳槽，不肯专心干好本职工作，几年下来，总是在起点转圈，没有任何工作经验或人脉积累。长期如此，将严重阻碍个人的成长和事业的发展。

9.3.2　高职毕业生职场不适应的几种表现

根据网上"新人职场适应性"微型调查,职场新人对岗位表示满意的仅占 11.6%,他们对工作满意度低,主要源自对职场的不适应性。毕业生不适应职场的表现主要有以下几种。

1. 自我感觉与实际能力存在错位

大多数毕业生怀着做出一番事业的心态走上工作岗位。许多同学专业学习成绩很好,自我感觉工作能力、业务能力应该没问题,但实际工作效果却不尽如人意。小张学的是国际贸易专业,毕业后在一家贸易公司办公室工作。上班没多久,办公室主任通知她下星期一上午 9:00 参与与新加坡某公司的商务洽谈,并做会议记录。

小张做了精心准备,专门看了商务谈判的有关内容。周一上午 8:55,小张来到公司会议室,发现总经理已经在会议室等候新加坡客人,就赶紧找个角落坐下。会议开始不久,就转入了从新加坡转口橄榄油的业务谈判。小张紧张地记录着,觉得自己所学专业都用上了,记录也很完整,应该得到总经理的表扬。谁知总经理认为她连基本的会议服务、礼仪都不懂,将她调离了办公室岗位。

2. 不懂企业基本规则

有的毕业生工作热情很高,但是办事效果不令人满意。一位老板让刚进公司的大学生去买箱复印纸,结果小伙子跑到电脑城买回 25 元一包的复印纸。因为路途远,打车回来,花费 30 元交通费。当小伙子拿着发票去老板处签字时,老板很不高兴。老板认为买复印纸只需打个电话让他们送货上门,而且价格便宜,小伙子不经请示擅自打车,增加了公司的运营成本。

某企业领导和一位从事就业推荐工作的老师说过这样一件事。一次她带单位新来的高职生去业务单位谈项目,到了中午,单位领导请对方经理吃饭。在饭桌上,该学生只顾自己吃饭,连一句客套的话都没有,最后还让领导自己去结账。

这位企业领导说:其实这个学生不错,人很老实,但是我不想用他。如果学生想更好地融入单位,一定要在入职前去了解、摸索一些基本的行业规则,这些规则说到底就是接人待物的方式方法,有些甚至是基本的工作礼仪,高职生一定要按企业规则做。

3. 人际关系不适应

网上一项关于大学毕业生"工作压力、不满来自何处"的统计调查显示,难以融入新环境或压力来自人际关系的比例最高,占 34.3%。有的高职生工作一段时间,发现同事关系很难相处,除了上班问好、下班再见之外,与同事交流非常少;有的高职生看不惯某些同事的行为举止,而将自己封闭起来;有的锋芒毕露,招来其他同事不满。

小王进一家市场调研公司刚工作了半年,已经想跳槽了。他既不是业务能力不行,也不是对工资薪金不满意,他的税后工资 3000 元左右是全家最高的,他就是觉得跟同事难以融合。

4. 企业文化不适应

每个公司都有自己的企业文化,不论公司是否宣传这些文化,它都是客观存在的。通俗地讲,企业文化就是企业的做事习惯。不注意这些习惯,就会与其他人格格不入。

小李毕业后在一家文化传播公司做文秘。公司作息时间为 9：00～17：00。但是到了下班点，公司的许多部门员工都不马上回家，还在继续工作。小李觉得加班得付加班费，否则不加班。他总是按时来、按时走，一分钟都不愿在公司多待，许多老员工对他印象不好，认为他不勤快。他自己也觉得不合群，上班时没什么好心情。

有些国有企业人情味很浓，同事结婚、生孩子，大家都会凑点钱、买点东西，聚个餐添点喜庆，这叫"随份子"。小王刚到一家国营批发公司上班半个月，就赶上了同事李姐生孩子，办公室的陈大姐张罗着大家凑钱，同事们每人出了 100 元。轮到小王了，他不愿意出，原因是自己和李姐都不认识（李姐因身体原因，一个月前请假休息了）。结果办公室的人都不爱搭理他了。

9.3.3　高职毕业生不适应职场的原因分析

几乎所有的大学毕业生都希望在自己第一份职业岗位上有所作为，立志以满腔的热情换取优异的工作成绩。但是实际工作中总有或多或少的不适应。这里面既有企业本身的原因，也有毕业生自身的原因。

1. 用人要求与自身能力存在偏差

刚走上工作岗位的大学生，都面对着一个把书本知识内化成自身能力的过程。社会和单位上的人往往认为：高职大学生既然是"高级技能型人才"，工作后应该"上手快、适应性强"，因此对高职大学生的期望值往往过高，求全责备。

但在现实中，尽管高职教育强调动手能力，注重实操技能的培养，但是还无法形成综合技能，其观察能力、综合分析能力相对较弱，这就与用人单位所要求的讲竞争、重实效的行为方式产生了矛盾，从而导致高职毕业生对工作的不适应。

2. 理想和现实存在差距

（1）自我期望过高

实践中感到挫败感的毕业生大多是优秀学生，他们对工作怀有较高期望，希望马上从事业务工作，但是当单位领导让他们先做琐碎的打杂事务时，便感到英雄无用武之地，自己做的事情与理想差距太大，工作干劲一落千丈；有的单位领导虽然安排新人从事业务工作，但是书本上的业务知识与实际工作要求有一定差距，毕业生对自己业务能力的判断标准与用人单位的价值判断标准不一致，没有成就感，工作热情慢慢耗尽。

有些学生对一些工作单位的实际情况诸如生活环境艰苦、人际关系复杂、经济收入微薄、工作程序单调、管理方式落后和生产试验设备陈旧等因素估计不足，面对现实与理想的落差，自我调适能力不够，不少的毕业生由满腔热情变为大失所望，工作的积极性也就踪影皆无。

（2）综合素质有待提高

我国经济步入全球化的战略格局，对高素质综合性人才的需求就更为迫切。因此，高职毕业生不仅要有扎实的专业知识，较强的实际操作能力，还要具备一定的组织管理能力，更重要的是必须具备勇于开拓、锐意进取的创新精神。

然而，一些大学毕业生对职业必备的综合素质认识不清，对社会竞争的残酷性了解不深，在校期间不注重综合能力的锻炼与培养，一旦踏入社会才意识到自己的综合素质远远不能胜任其所从事的工作,现有的知识结构不够充分和合理,书本知识和实际问题相差太远,而且很难有机地结合起来。

（3）思想行为过于简单

大学生活的单纯、校园人际关系的简单、青春年少的任性与偏执、社会阅历的缺乏,使得大学生对社会、对人生价值的认识往往表现出理想化倾向,在分析问题、处理问题上表现为简单化。因此,在现实生活中,尤其是面对复杂的人际关系和深奥的企业潜规则,他们看不透,又不会灵活地对待,往往造成人际关系紧张。

9.3.4　如何适应职业角色

要完成从学生角色到职业角色的转换,就要充分认识和认真对待这些矛盾和冲突。只要大胆面对现实,积极克服困难,立足岗位,树立职业意识,调整心态,踏踏实实从身边小事做起,努力学习,不断提高和完善自我,就一定能够顺利地完成角色的转换。

1. 树立职业意识

刚刚毕业的高职生在走上工作岗位之前往往对角色转换认识模糊,对即将从事的职业缺乏全面的了解。因此,毕业生在踏上工作岗位后,要能够根据现实环境快速地调整自己,要尽快树立职业意识。

（1）独立意识

走上工作岗位后,大学生就成为社会认可的具有真正"独立资格"的社会人,在生活上要自理,尤其是在工作上要独当一面,承担一定的社会责任。要学会独立思考、独立分析、独立处理问题,摆脱对家长的依赖心理,特别是遇到人际关系矛盾时,要脱离学生角色,不要想当然地认为别人应该照顾自己或谦让自己。在工作中既要虚心,又要敢于大胆发表自己的见解,不要人云亦云。

（2）主人翁意识

大学生走上工作岗位,意味着要对单位和部门承担自己应有的社会责任和义务。这就要求大学生要树立高度的主人翁责任感和积极的奉献精神,不斤斤计较个人得失,不看重蝇头小利,以单位、部门的兴衰荣辱为己任,积极主动地承担岗位责任。许多单位领导反应,看一个新人是否有潜力,只要看他有没有主动性,那些干事不讲条件、主动找事做、干活不需要催促的毕业生就是值得单位进一步培养的有生力量。

（3）团队意识

从某种意义上说,学生在校学习是一种单纯的个体劳动,而走上工作岗位后,面对的是科技高速发展,社会分工越来越细,部门与部门之间、个人和个人之间的团结协作关系日益密切的环境。许多科研项目的完成、工程计划的实施、工作的组织管理等,都要求有团结协作的团队精神;特别是现代企业都非常重视企业文化建设和团队精神的培养,形成巨大的创业合力。

因此,刚刚走上工作岗位的大学生,一定要树立团队协作意识,要从整体利益出发,顾全大局,在促进所在集体的发展中实现自己的人生价值。现在许多学生集体意识淡漠,有的过多地考虑个人利益,有的过分突出个人成绩,这些都会影响自身的长远发展。

2. 从容面对挫折

新进入用人单位的高职毕业生有远大抱负,希望干出一番事业,这是好事。但是在设计个人职业发展规划时,一定要对自己有个客观认识,不要太看重个人成就,不要将工作目标定得过高,将期望值降低些,正确看待失败与挫折。

新手初上工作岗位,出现差错实属正常。连用人单位都承认,他们从未遇到过刚接手工作就体现出高素质,无须怎样指点就能将工作出色完成的毕业生。失败乃成功之母,只要认真分析失败原因,改正错误,成功一定会到来。最后还要明白,新人刚到工作岗位,不受重视非常正常,因为单位常常需要一段时间的考察,决定是否重用新人。

总之,高职毕业生应保持初生牛犊不怕虎的工作激情和干劲,同时对暂时较低的待遇、困难、挫折本着"风物长宜放眼量"的态度,先立足然后再谋发展。

3. 不断完善自我

古人说过:"少而好学,如日出之阳;壮而好学,如日中之光;老而好学,如秉烛之明。"学习是一件贯穿毕生的事情,不善于终身学习的人肯定跟不上时代的变化。职场新人由于经验不足,或是对企业各方面情况不了解,在各方面总存在着或多或少的缺陷。要想快速进步,一定要学会学习。

事实表明,一个人在学校里学到的知识毕竟是有限的,大部分知识和能力还必须在工作实践中获得。尽管高职毕业生在校期间已经学到了一定的知识,具备了一定的能力,但知识结构还不尽完善,解决实际问题的能力及动手能力还不能适应社会发展的要求。

一些在工作岗位上工作多年、具有丰富的专业知识和实践经验的技术人员、领导、师傅、同事都是很好的老师。同学们只有放下架子,虚心学习,勤于思考,才能从他们身上学到许多观察问题、分析问题和解决问题的方法,才能尽快熟悉并掌握有关的业务知识,完善知识结构,更好地适应工作。

(1)学习他人工作经验

知识经济时代,知识更新步伐加快,竞争非常激烈,要在竞争中取得优势,就必须比别人学习得更快!高职毕业生必须不断地更新知识,开阔视野,以适应新的形势。学习的方法很多,主要是多向前辈请教工作方式方法,注意在小事中积累工作经验,在实践中将书本知识消化、掌握,增长业务知识。

特别要强调的是,高职毕业生要成为有心人,处处学、时时学。例如要注意观察公认业务能力最强的上级或者同事,琢磨他们的工作思路和工作特点。平时不妨主动给他们做义务的助手,潜移默化中才能获得过硬的业务知识和能力。

(2)学习规章制度及办事规则

新人进入单位后,一定要认真学习本单位、本部门的规章制度,要充分了解自己所承担工作的职责及要求。除此之外,还要学习企业独特的人际相处常识及潜移默化的办事规则。例如上面提到的小张,就是因为不懂办公室的办事规则,而被调离办公室岗位的。

后来小张向一位办公室大姐请教,才知道办公室是一个单位的核心部门,办公室人员一定要学会"眼观六路,耳听八方",做到"四勤"——眼勤、口勤、手勤、腿勤。小张的会议记录并无太大问题,但是小张应该提前向部门经理请示工作要领,询问会议记录前的准备事项,这样她就知道应该提前到会议室做好会议的各项准备工作,例如茶叶是否准备好,是否需要摆放鲜花,会议双方人员的座次安排等,会议休息期间是否要对客人进行引导、照料等。这些办事规则需要毕业生细观察、多请教,才能运用自如。

4. 学会沟通相处

人与人的相处是否和谐很大程度上取决于沟通方法和技巧。以下一些沟通、相处方法有助于你尽快地融入集体,有个和谐的工作氛围。

（1）记住沉默是金

在与同事相处的过程中,不要以个人的喜好作为交友标准,因为同事的喜好可能与你相似,也可能与你全然不同。对于与你看法不一致的同事,你应保持沉默,不要妄加评论,不能以此为界,划分同类与异己,更不应当把观点不同的同事当成阻挡自己发展的绊脚石。同事之间应该是相互合作的关系,而不是相互竞争的"敌人"。互惠互利,才是集体接纳你的基本前提。

（2）保持适当距离

不打听别人的隐私,诸如生活状况、感情纠葛等,除非对方主动向你说起。即使是好朋友都应该保留彼此的空间,更何况同事呢？过分关心别人隐私是一种无聊、没有修养的行为。单位里总有一些人喜欢评论是非,难免出现各类小团体。刚到单位的新人,不可能了解事情的来龙去脉,更没有正确分析判断的能力,因此不要介入。因为你缺乏资历,最容易成为是非旋涡的牺牲品,可能导致走人的结果。

（3）踊跃参加活动

有些单位年轻人多,外地人多,同事们下班后喜欢一起出去吃饭娱乐。刚参加工作的高职生可能因为要参加学历教育、考证复习班而不愿参加。其实,学习的时间是可以挤出来的,到了工作岗位不能过于专注于学习,而要注意积累人脉关系。

在闲暇之余,与同事们一起出去娱乐,比如唱歌、跳舞、郊游、度假,等等,这不仅能彼此增进了解,也能让你获得更多的快乐和放松,更有助于培养一种和谐的人际关系。而且集体活动一般都采取 AA 制,这样大家心里都没有负担,经济上也都承受得起。

（4）说话注意分寸

高职毕业生由于刚刚工作,与同事都不熟悉,在说话的时候必须注意分寸,不能想说什么就说什么,否则可能会带给你意想不到的麻烦。当你与同事或领导产生意见分歧,应学会有效沟通,例如寻找合适的时间、合适的地点进行交流;沟通方式不同,效果可能就会全然不同。

小赵参加工作不到一年。一次,她听同事说某经理在会上批评她工作不认真,觉得很委屈,就想找经理谈谈自己到底存在哪些问题。她没有与经理预约就直接走进其办公室,第一句话就是:"我听说您在会上批评我工作不认真,我想问您我存在哪些问题？"经理非常生气:"我没说过这话,谁说的,你把他找来。"结果不欢而散。

如果小赵注意沟通方式,从汇报工作的角度了解经理对自己的工作评价,再请经理指出自己今后努力的方向,就能达到较好的沟通效果。

总之,互相尊重、配合,很快融入集体是进一步展示个人才华的前提,这也是进入任何单位都要面对的功课。

【关键术语】

实习期、基层工作、角色转变、大学生创业

【请你筹划】

请参照 YBC 创业计划书模板，结合自身的兴趣、专业和市场调研情况，尝试一下创业的流程。

第 10 章
创业——让梦想飞翔

【学习目标】

1. 了解创业的概念、形式与条件。
2. 理解创业者应具备的创业能力、心理特征。
3. 理解高职生创业的政策环境。
4. 理解创业项目选择原则、思路及主要方向。
5. 掌握创业计划制订的基本要求。
6. 掌握创业企业创立的步骤,掌握创业企业管理的要点。

【技能要求】

1. 能够运用有效的方法,提高自己的创业素质。
2. 能够结合自身条件和市场机遇选择创业项目。
3. 能够制订切实可行的创业计划。
4. 能够按照我国工商管理部门的规定创立企业。
5. 能够有效地管理所创立的企业。

引导案例

"西少爷"肉夹馍公司创业成功之道

"西少爷"肉夹馍公司最初是由毕业于西安某高校的三位大学生发起设立的,以"古法烤制"的关中肉夹馍为核心产品,还提供健康蔬菜系列夹馍、现磨醇豆浆、凉皮等经典美味的中餐连锁公司。

该公司在 2014 年 4 月 8 日在北京海淀区五道口开张以来,获得飞速的发展,在成立约 3 个月时,该公司的店平效(即公司终端卖场的销售业绩与卖场面积的比值)就超过了全球第一大奢侈品珠宝商,创造了一个奇迹。在成立第 4 个月时,该公司在望京开了第一家店。到第 8 个月该公司又完成了一个奇迹,售出了第 100 万个肉夹馍。在 2015 年的 12 个月内,该公司计划开出 30 家店,其收入将会超过 1 亿。该公司创业成功的经验主要有下列几点。

1. 将互联网学到的理念、知识和技能用于产品研发和产品生产

在"西少爷"公司内部,他们把产品分为两部分,首先是食物本身,其次是与所有体验相关的部分。在他们看来只要是互联网上的生意,不分线上线下,包括食物本身的口感都是产品,这些都需要产品经理把控。他们把肉夹馍的包装叫 UI,打开包装的过程叫 UE。

在开店之前,他们反复练习和面,在不同的烤箱尝试,用掉了 5000 斤面粉。他们所用的肉都由中粮统一供货。大量的机械化可以省下一些不必要的人工,严格控制原料配比和加工工艺,让生产流水线化,从而保证每一个肉夹馍的口感相同。现在他们使用的设备和产品口味都是通过不断试验敲定的,可以说,他们制作肉夹馍的工艺和流程在历史上是没有的。

2. 向优秀企业学习先进的管理方式

作为"西少爷"公司的创业人,他们不仅学习麦当劳的中央厨房和店面如何运作,加盟中心如何完成所有加工,还通过 OEM 提高效率,去控制采购、生产、运输成本;还持续思考如何控制各个店面的管理、产品质量并将它们标准化。目前,该公司从加工中心配送到各个店面都有一套配送体系。

3. 不仅研发新产品,还对老产品进行提升

在"西少爷"公司,所有的配方都是他们自己研制的,并不断研发调整,比如肉馅里就有 30 多种香料。该公司的产品研发团队一方面负责研发新品,另一方面对老产品进行提升,搜集和反馈信息,每周做迭代。传统商家一个配方用 100 年,该公司则不断地快速地研发、迭代。

4. 让用户在最短的时间内体验到最好的餐饮服务

互联网在改变商业模式的同时,也在改变人们的消费体验。"西少爷"公司运用一些新技术提升用户外卖体验。比如他们正在研制一款外卖包装盒,使食物保鲜度更好。他们还会为每台外卖车置入 GPS 设备,让送餐过程可控。而这一切的创新,其目的是让用户在最短的时间内体验到最好的餐饮服务。

资料来源:根据 http://shequ.sj998.com/材料编辑整理。

小贴士

OEM 生产

OEM 生产,即贴牌生产,也称为定牌生产,俗称"贴牌",由于其英文表述为 Original Equipment/Entrusted Manufacture(译为原始设备制造商或原产地委托加工),因此简称为 OEM。基本含义为品牌生产者不直接生产产品,而是利用自己掌握的关键的核心技术负责设计和开发新产品,控制销售渠道,具体的加工任务通过合同订购的方式委托同类产品的其他厂家生产。之后将所订购产品低价买断,并直接贴上自己的品牌商标。

创业,是一个神奇的词,它能够激发个人无限的热情、开发个人无穷的潜能;它能让一个一无所有的人变成拥有千万资产的实业家,也会让一个殷实富裕的家庭背负沉重的债务;它既有登攀高峰后的无限风光,又有一着出错,满盘皆输的巨大风险;它充满挑战充满刺激,它像一颗石子击破平静的水面,让人的经历跌宕起伏,让生命彰显出强大的活力;它像小鹿一样撞击着年轻人的胸怀,让梦想插上翅膀搏击长空。

年轻的高职朋友,如果你是一个热情洋溢的人,如果你时常有一种追逐梦想的冲动,那么就选择创业吧。

10.1 创业概述

10.1.1 创业的概念与形式

1. 什么是创业

创业是创立基业或创办事业。从广义来说,它是开创国家、集团和群体的大业;从狭义来说,它是个人或若干人联合创办自己的企业并拥有其所有权的生产经营活动。它是创业者对自己拥有的资源或通过努力能够拥有的资源进行优化整合,从而创造出更大经济或社会价值的过程。

本节所讲的创业是指狭义的创业。高职生创办自己的企业,是高职生迈向职业生涯新高峰的标志,是人生道路上的一次飞跃。本节将介绍创业的概念、形式与条件,创业者应具备的创业精神,创业者应具备的创业能力,鼓励高职生创业的优惠政策等内容。

有人形象地把创业概括为:一个发现和捕获机会并由此创造出价值的过程。人们习惯上认为创业就是投资,我们认为创业包含了投资行为,但不等同投资。创业包括更丰富的精神内涵,例如执着、顽强、坚定等意志品质。

2. 创业的形式

创业的门类五花八门,养几百只鸡是创业,买车跑运输也是创业;把家里的农产品拿出去摆地摊是创业,搞公司办厂也是创业;在家里开个小店是创业,承包柜台同样也是创业。尽管创业的内容多种多样,我们还是可以从组织结构、经营方式、自主性三个角度对创业形式做简单的划分。

(1)个体类与合作类

按照创业实体的组织形式来划分,创业的实体包括两大类:个体类、合作类。如果是一人创业,一般可以选择个体工商户、一人有限责任公司、个人独资企业等组织形式;如果是多人共同创业,可以选择的组织形式有:有限责任公司、合伙企业、股份合作制企业。

如果拟创办的企业规模很大,创业者也可以融资创业,那么选择的组织形式有:有限责任公司、有限合伙企业、中外合资企业、中外合作企业。你可以根据自己的融资能力、管理水平、经营规模、投资行业等具体情况,选择适合自己创业的组织形式。

(2)店铺经营与无铺创业

传统上的创业都是有真实店铺的店铺经营模式,由于需要租店面、雇店员、装修店面、添置设备等,首期投资较大,再加上每月需要支付房租及水电费用,创业成本较高。所以近年来无铺创业开始流行起来。无铺创业可使创业者投入相对较低的资金就可开业,降低了创业门槛,缓解了经济压力。

此外,无铺创业的运营成本较低,使商品或服务价格更具竞争力,从而使创业者获得更大的利润空间。无铺创业已成为年轻人特别是高校大学生最推崇的创业形式。无铺创业包括以下几类。

① 网上开店。网上开店是最通用的无铺创业形式,创业者在网上销售商品,虽需要支付一定的网上注册费,但大大低于有形店铺的租金。网上开店对创业者专业背景的要求不高,但需要其有一定的进货渠道和营销能力。目前,网上开店主要有直销和代销两种方式,经营商品以礼品、艺术品、化妆品、电子产品、二手用品为主。

② 私人顾问。创业者凭借一技之长,成为顾客的私人顾问,提供上门服务。这种创业方式在欧美国家非常流行,在国内,随着人们生活水平的日益提高,对私人服务的需求正不断看涨。私人顾问主要有以下几大服务方向。

私人美容顾问。包括皮肤保养、服饰搭配、形象设计、时尚资讯等,为有需求的顾客提供一对一的美容服务。学习美容美发专业的人应该更有便利条件。

私人健康顾问。包括私人心理顾问、私人减肥顾问、私人食疗顾问等。随着人们健康意识的增强,私人保健服务领域蕴藏着巨大商机。学习保健或体育类的有志人士可以考虑。

私人理财顾问。根据顾客的资产结构、收入状况及投资需求,为其量身定制理财方案或提供投资组合专业建议。调查显示,随着中国经济的发展,越来越多的职业人士有理财服务需求。如果你是学习金融或财务专业的,应该很有实力。

（3）个人工作室

个人工作室一般有三种类型。

- 创意类,以创意设想或才艺展示为主,如撰稿、音乐创作、摄影、绘画等。例如"网上装修工"已成为相当吃香的职业,主要是利用音乐、图片、动画帮助网店老板装修独具个性的店铺,既环保又可以顾家,还不用挤公车,颇受年轻人欢迎。
- 技术类,主要提供技术服务,如软件设计、网页设计、系统维护、翻译等。
- 咨询类,提供企划、公关等咨询服务。

个人工作室对从业者的专业技能和创意思维有较高的要求,如果你是个特别有创意的人,可以尝试一下。

（4）钟点公司

最近几年,国内的钟点工市场渐成气候,需求行情不断看涨,这为钟点公司提供了宽广的发展空间。有意涉足这一领域的创业者可关注以下三个方向。

- 钟点秘书公司,主要为小型企业、个人提供整理文档、接听电话等服务。
- 钟点清洁公司,主要为企业或家庭提供清洁服务。
- 钟点家政公司,主要为家庭提供保姆、厨师、园丁钟点服务。

在海南,就有一家"大学生家政服务中心",该中心创办人是海南师范大学毕业生赵丽影。中心的员工都是海南师范大学的在校学生,他们在接受初步培训后就可上岗服务。

3. 自主创业与借力创业

所谓自主创业是指白手起家,在某个生产经营业务范围内开辟新的天地,如办个养殖场、开个花店、成立一家个性手工饰品店等。而借力创业则是凭借外力帮助自己实现创业梦想,包括加盟特许经营和内部创业。

特许经营是世界流行的生意模式,它以较低的风险,为缺乏企业知识与经验的人拥有自己的事业提供一个机会，这是一种典型的双赢模式。特许经营总部通常有一个成功的生意，并有标准的经营方式，可以像复印机一样复制，例如麦当劳、佐丹奴。

内部创业可以用一个形象的词来形容：借鸡生蛋。即一个有志创业者先选择一家成功公司，取得老板的信任，通过市场研究把握投资机会，建议老板从公司发展角度投资新项目，这个新项目就是创业的机会。

一般而言，作为项目的提出者，通常会负责筹备、落实及执行。从企业内部创业，有很多有利条件：资本雄厚、管理经验丰富、共享业务资源、延用品牌等，更容易成功。

10.1.2　创业的条件

很多有抱负的年轻人都希望通过自己创业，获得人生事业的成功，但是创业成功者毕竟是少数，每年新创办企业中，至少有 50% 在半年之内倒闭，倒闭的主要原因是没有把握创业的基本法则。创业如同打仗，在战略上要藐视它，不要受制于条条框框，因地制宜，最大限度地去整合和利用资源是创业的不二法宝。但是，凡事预则立，不预则废，要想创业成功，就需要做好充分的准备工作，也就是说要在战术上充分地重视它，做好充分的准备，不打无准备之仗。

1. 要具备创业精神

什么是真正的创业精神？哈佛大学商学院对其的定义是："创业精神就是一个人不以当前有限的资源为基础而追求商机的精神。"从这个角度上来讲，创业精神代表着一种突破资源限制，通过创新来创造机会、创造资源的行为，而不是简单地体现在创造新企业。因此，创业精神可以简洁地概括为："没有资源创造资源，没有条件创造条件，用有限资源去创造更大资源。"

在国家教育部 2012 年 8 月 1 日发布的《普通本科学校创业教育教学基本要求》中，强调要培养大学生的创业精神，即通过创业教育教学，培养学生善于思考、敏于发现、敢为人先的创新意识，挑战自我、承受挫折、坚持不懈的意志品质，遵纪守法、诚实守信、善于合作的职业操守，以及创造价值、服务国家、服务人民的社会责任感。由此可看出，教育部强调的创业精神由创新意识、意志品质、职业操守和社会责任感等要素构成。

从心理学角度讲，创业精神就是乐观的精神状态、永不言败的劲头、百折不挠的毅力。从适应当代社会迅速发展变化的需要讲，创业精神包含三大要点：一是坚持解放思想与实事求是相统一，既要敢想敢干，又要求真务实；二是有强烈的事业心和责任感，刻苦钻研、勤奋工作，努力掌握科学文化知识、专业知识和专业技能；三是要树立高标准、严要求，不怕困难，勇于创新，敢于创业，敢于竞争的思想。

2. 要有强烈的创业欲望

在创业前你要回答自己几个问题，以确定自己是否有强烈的创业欲望。

- 我为什么要创业？是别人游说？是攀比？是跟风？是现状所迫？还是性格中有"不安于现状"的冲动？回答越是来自自我的因素，创业的愿望越强烈。
- 是否有足够的决心，如果失败了愿意承担风险吗？
- 过去的利益是否舍得放弃？如果对后两个问题的回答都是肯定的，说明你已决定承担最坏的结果。

3. 要有入行的基本能力和行业背景

很多年轻人在创业时过多强调资金因素对创业开展的影响力,其实不然,创业条件中资金虽然很重要,但最重要的是创业者个人的经营能力,特别是业务能力,如开发客户能力、综合应变能力等。因为在创业初期,事无巨细,都要创业者自己亲自动手。创业者其实很多时候就是一个业务经理,有了客户,有了订单,企业运行便顺畅起来。从实际情况来看,很多创业成功者都是做业务出身。

此外,创业者在创业之前,要有一定的行业背景,行业背景包括专业知识,也包括工作经历。它能使你了解行业发展、运行的基本态势,顺利收集相关的资讯,掌握行业知识、客户资源渠道以及赢利模式。简单地说,在该行业有独立判断能力,才不会被人蒙骗。如何积累行业经验,最常用的方法就是先打工再当老板,通过打工的经历来积累经验与资源。

4. 要有充分的资源

创业要有足够的资源。资源包括人力和财力。很多人在初次创业的时候,都是资源十分欠缺的。资源不足,使企业创业成功的概率降低,但要有完全充分的资源也是不可能的。在资源具备上,一般来说,要符合两种条件,一是要有进入一个行业的起码资源,另一方面是具备差异性资源。如果任何条件均不具备,创业成功的可能性很小。创业资源条件主要考虑以下六个方面。

- 业务资源:解决的是企业运营的模式是什么?
- 客户资源:谁来购买或消费你提供的产品或服务?是否拥有一定的客户资源和人际网络?
- 技术资源:凭什么赢取客户的信赖?
- 财务资源:是否有足够的启动资金。
- 行业准入条件:某些行业受到一些政策保护与限制,需要进入资格条件。
- 人力资源条件:有无可靠的合作者?是否有合适的专业人才参与技术研发、生产、管理等事务性工作?

以上资源创业者也不需要 100% 具备,但至少应具备其中一些重要条件,其他条件可以通过市场化方式来获取。创业者如有足够的财力资源,其他资源欠缺也可以弥补;如果有足够的客户资源,其他资源的欠缺也容易改变。

10.1.3 创业者应有的心理特征

1. 创业者应具备较强的独立性

独立性是创业者最基本的心理素质,创业者要善于独立思考、决策和行动。独立性主要表现在创业者的自立、自主、自信三方面。

创业者的自立是指创业者能走出依附他人的生活圈子,在选择创业目标和人生道路时有自己的见解与主张,有凭自己的智慧和才能努力开创自己事业的决心;创业者的自主是指创业者具有独立的人格,善于独立思考问题,善于设计和规划自己的未来,在行动中有远见、有敢为人先的胆略和实事求是的态度;创业者的自信是指创业者具有主动积极的人生态度和进取精神,相信自己有能力、有条件开创自己的事业,相信自己能够成为创业的成功者。

2. 创业者应善于交流合作

在创业过程中,创业者要善于通过语言、文字等多种方式与客户、供货商、公众媒体、内部员工进行沟通、交流和合作。良好的沟通、交流和合作,可以排除障碍、化解矛盾、降低工作难度、增加信任度、提高办事效率和成功的机会。

3. 创业者应敢于行动,勇于承担风险和责任

在创业中,机会与风险共存,且事业的范围和规模越大,伴随的风险和心理负担就越大,创业者必须敢闯敢干、有胆有识,才能变理想为现实。成功的创业者总是事先分析比较成功的可能性和失败的风险,选择那些成功可能性大和失败风险小的目标采取行动。

4. 创业者应善于克制盲目冲动和私利欲望

在创业中,创业者要善于控制和协调自己的情绪和行动,善于克制盲目冲动和私利欲望,把自己的活动始终控制在正确的轨道上,要做到行为瞄准目标,决策依据可靠,采取的行动方法得当。

5. 创业者应具备坚韧性

创业者在创业中要坚持不懈、不屈不挠、顽强努力,要能够根据市场的需要和变化确定正确的目标,并带领员工战胜逆境实现目标。如果在创业中,三心二意、知难而退,或虎头蛇尾,见异思迁,终将一事无成。

6. 创业者应善于自我调节,有较强的适应性

面对市场的激烈竞争和快速变化,创业者要善于因客观变化而灵活地适应变化,有较强的适应性,做到"胜不骄,败不馁"。

10.1.4 创业者应具备的创业能力

创业能力是一种高层次的综合职业能力,它包括专业技术能力、经营管理能力和社会活动能力。

1. 专业技术能力

专业技术能力,是创业者掌握和运用专业知识进行专业生产经营的能力。

创业者一要懂得所创立企业专业生产的理论依据、生产规律、检验方法和评估手段等。

二要掌握用专业知识指导的具体操作和技能技巧。

三要接受和理解与所创立企业经营方向有关的新技术的能力。

四要有把环保、能源、质量、安全、经济、人力资源管理等知识和法规运用于本企业的能力。

五要能快速地获取整理分类信息的能力,要通过大量的阅读来提高自己的学习能力,要多阅读经济管理和市场营销类书籍,基础的财务知识和法律知识也要具备。

六要学会整合身边的资源达到最大的效能。简单来讲,要学会利用身边的环境、地域、习俗、包括地域差价、信息不对称等条件。

2. 经营管理能力

经营管理能力是创业者在创业活动中对规划、决策、实施、管理、评估、信息反馈与调控的能力。它包括市场信息的捕捉和处理能力；人员的选择、使用、组合和优化能力；资金筹集、核算、分配、使用和周转能力；分析决策能力；迁移和创造能力；申办企业能力；确定企业布局的能力；控制和调节能力。该能力是一种较高层次的综合能力，它直接影响着所创立企业的发展方向和经济效益。

3. 社会活动能力

社会活动能力是创业者在创立和经营企业中与各类管理者、客户、供货商、公众媒体、内部员工进行沟通、交流和合作中所表现的能力。它包括人际交往能力、谈判与推销能力、企业形象策划能力、合作能力、自我约束能力、适应变化和承受挫折的能力等。创业者要学会建立自己的人脉，要广结良缘，有好的人际关系。

该能力体现了创业者处事、待人、接物的综合水平，关系到企业的生存与发展。

10.1.5 创业者应具备的创业观

现在想创业的人越来越多，许多人创业抱有一夜暴富和严重的赌博心态，有的甚至不顾自己的实际情况，借贷创业，把全家都绑在了他的创业战车上，似乎觉得只要自己创业，就可以发大财。这种思路非常危险。

1. 创业不能贪大弃小

在选择项目时，切忌好高骛远，不要做假大空的项目。在你的创业初始，一定不要相信很短的时间就能赚大钱的项目，这些项目十有八九都是骗人的。可以选择一些投资小见效快的小项目。最好从小产品的销售开始，因为无论你今后发展如何，有了销售渠道你就能立于不败之地。

2. 创业要有高度的责任心

创业初始，举步维艰，所有的事情都要你操心。你要节约一切的开支，特别是在开办费和设备上，不要浪费。尤其要注意利润，一定要有成本观念。因为你现在是老板，你要给别人发工资。所以你要审慎决策，避免因决策失误或者盲目冲动让你的家庭、你的员工受到损失。

3. 创业要做好失败的准备

创业是很容易失败的，但和赌博不一样，赌输了，会一无所有，创业失败了，你能够获得经验，重新了解自己的优劣势，锻炼自己的各种能力。许多创业者认为成功的标志并不是他拥有多少财富，而是他知道如何赚取财富。所以创业要做好失败的准备，做好失败了再重新开始的准备。

以上三点，是对即将创业的朋友们的建议和忠告。只要你建立正确的创业观，选好行业，不怕失败，一步一个脚印地勇往直前，成功并不遥远。

10.1.6 我国支持大学生自主创业的优惠政策

大学生创业是一个热门话题，并不仅仅因为金融危机的影响。因为大学生有激情、懂专业，创业不仅能解决自身的生存，还为社会提供了就业岗位，为社会创造价值，是一件既体现个人价值又造福社会的好事。为鼓励大学生自主创业，从国家到地方都出台了各项优惠政策，下面做简要介绍。

1. 企业注册登记方面的优惠政策

（1）简化程序

凡高校毕业生（毕业后两年内，下同）申请从事个体经营或申办私营企业（以下简称个私企业）的，可通过各级工商部门注册大厅"绿色通道"优先登记注册。其经营范围除国家明令禁止的行业和商品外，一律放开核准经营。对限制性、专项性经营项目，允许其边申请边补办专项审批手续。

对在科技园区、高新技术园区、经济技术开发区等经济特区申请设立个私企业的，特事特办，除了涉及必须前置审批的项目外，试行"承诺登记制"。申请人提交登记申请书、验资报告等主要登记材料，可先予颁发营业执照，让其在三个月内按规定补齐相关材料。凡申请设立有限责任公司，以高校毕业生的人力资本、智力成果、工业产权、非专利技术等无形资产作为投资的，允许抵充 40％的注册资本。

（2）减免各类费用

除国家限制的行业外，工商部门自批准其经营之日起一年内免收其个体工商户登记费（包括注册登记、变更登记、补照费）、个体工商户管理费和各种证书费。对参加个私协会的，免收其一年会员费。对高校毕业生申办高新技术企业（含有限责任公司）的，其注册资本最低限额为 10 万元，如资金确有困难，允许其分期到位；申请的名称可以"高新技术""新技术""高科技"作为行业予以核准。

高校毕业生从事社区服务等活动的，经居委会报所在地工商行政管理机关备案后，一年内免予办理工商注册登记，免收各项工商管理费用。

注意事项：大学毕业生在办理自主创业的有关手续时，除带齐规定的材料，提出有关申请外，还要带上大学毕业生就业推荐表、毕业证书等有关资料。

2. 金融贷款方面的优惠政策

（1）优先贷款支持、适当发放信用贷款

为鼓励大学生创业，国家加大了对高校毕业生自主创业贷款的支持力度，对于能提供有效资产抵（质）押或优质客户担保的，金融机构优先给予信贷支持。对高校毕业生创业贷款，可由高校毕业生为借款主体，担保方可由其家庭或直系亲属家庭成员的稳定收入或有效资产提供相应的联合担保。对于资信良好、还款有保障的，在风险可控的基础上适当发放信用贷款。

（2）简化贷款手续

通过简化贷款手续，合理确定授信贷款额度，一定期限内周转使用。

（3）利率优惠

对创业贷款给予一定的优惠利率扶持，视贷款风险度不同，在法定贷款利率基础上可适当下浮或少上浮。

注意事项：由于大学毕业生自主创业贷款相对其他贷款风险高。大学生刚毕业，缺少社会工作经验，又没有合适的抵押物或担保，银行在追求资金收益性、流动性的同时，也要考虑其安全性，许多银行尚未完全落实对大学生创业的贷款优惠。目前有部分银行，如北京银行在要求创业者个人提供存单质押或者房产抵押以及担保的情况下，对具有城镇常住户口或有效居留身份，年满 18 周岁自然人的个人创业，提供贷款。

3. 税收缴纳优惠

凡高校毕业生从事个体经营，自工商部门批准其经营之日起一年内免交税务登记证工本费。新办的城镇劳动就业服务企业（国家限制的行业除外），当年安置待业人员（含已办理失业登记的高校毕业生，下同）超过企业从业人员总数 60％的，经主管税务机关批准，可免纳所得税三年。劳动就业服务企业免税期满后，当年新安置待业人员占企业原从业人员总数 30％以上的，经主管税务机关批准，可减半缴纳所得税两年。

4. 企业运营方面优惠政策

（1）员工聘请和培训享受减免费优惠

对大学毕业生自主创办的企业，自工商部门批准其经营之日起 1 年内，可在政府人事、劳动保障行政部门所属的人才中介服务机构和公共职业介绍机构的网站免费查询人才、劳动力供求信息，免费发布招聘广告等；参加政府人事、劳动保障行政部门所属的人才中介服务机构和公共职业介绍机构举办的人才集市或人才、劳务交流活动给予适当减免交费；政府人事部门所属的人才中介服务机构为创办企业的毕业生及其所创办企业的员工提供一次免费或优惠的培训、测评服务。

（2）人事档案管理免两年费用

对自主创业的高校毕业生，政府人事行政部门所属的人才中介服务机构免费为其保管人事档案（包括代办社保、职称、档案工资等有关手续）两年。

（3）社会保险参保有单独渠道

高校毕业生从事自主创业的，可在各级社会保险经办机构设立的个人缴费窗口办理社会保险参保手续。

10.2　创业项目的选择与创业计划的制订

10.2.1　创业项目的选择

1. 创业项目选择的一般原则

（1）消费者需求导向的原则

创业项目的构思和选择必须从消费者的需求或潜在需求出发，对于成一定规模的需求或潜在需求要比竞争者更有效地通过项目的产品予以满足，有时还要细分不同年龄或背景的消费者的消费需求，通过项目的一系列产品予以满足。要善于通过市场调查，发现提供更佳产品或服务的竞争机会或填补市场空白的商业机会。

例如，某高校艺术设计专业 2011 级女学生王×，通过市场调查发现，美术类高考考生的考前培训需求很大，而她本人对美术很有激情，而且具有通过美术考试升学的亲身体会和成功经验，因此，通过开设一家画室，从事美术类高考考生的考前培训项目，从而取得创业的成功。

（2）发挥自身优势的原则

创业项目的构思和选择要注重发挥自身的优势，要利用创业者在学识、能力、经验、人际关系等方面的优势，涉足自己熟悉或擅长的行业创业，就容易成功。

例如，某高校自动化专业 2011 级本科生刘×等 5 人，利用他们自身的专业优势，联合出资 15000 元，在 2012 年 7 月正式成立久创科技公司，主要从事组装电脑的导购、电脑及配件的代售、电脑故障维修等业务。经营的 5 名同学根据自身特点和专业特长，分块负责公司的各项业务；店面的营业人员由 5 名同学轮流充当。由于关系良好，平常的工作量和业绩并不直接与利益挂钩，而采取平均分配利润的方式。公司营业一年多来，业绩尚可，已收回投资，并于 2013 年 6 月开始盈利。

（3）量力而行的原则

创业不仅需要有适销对路的产品或服务，还需要为了生产产品或提供服务的资金、技术、场地、销售渠道等条件。因此，创业项目的构思和选择，创业者必须量力而行。在创业初期，切忌选择高投入、高技术、高风险的项目，而要选择那些大小合适、便于操作和实施、能较快盈利的项目。

例如，当杭州市为了宣传城市的品牌，在闹市区开设了女装街后，小李认为自己亲戚在服装厂当老板，服装进货没有问题，于是她借了十几万元开始准备开店。事先她考虑最多的是店面的位置、店内的装修，对如何经营却考虑得很少。

一个月后，她在女装街最好的地段投资十万元租了一个 100 平方米的门面，装潢得富丽堂皇，从亲戚的服装厂批发了几百件女装，开始营业。但开业不久，同样的女装卖了两三件就再也卖不动了，服装店出现大量积压，之后干脆一个星期卖不出几件，经营出现了亏损。

（4）富有特色的原则

在竞争激烈的市场中生存，必须构思和选择富有特色的项目，生产富有特色的产品或提供富有特色的服务。在竞争激烈的市场中发展，就要密切关注消费者的新需求，善于捕捉他人没有发现的商机，及时发现新产品、新技术、新服务、新方法，果断开发新项目。

例如，在 2013 年，赵女士投资十几万元在某大城市偏高档的住宅小区里开办了富有特色的香水专卖店。首先，她对店铺进行了精心布置，把风格优雅的货架放在四周靠墙，陈列各种名牌的香水，在店堂中间放置沙发茶几，摆放各种国外的时尚杂志。另外，她添置了皮肤测试仪器，对每个消费者使用何种香水可以科学测试。最后，还吸引小区里的女士到香水专卖店来聚会，互相交流穿着、化妆、美容、使用香水等方面的经验，激发她们购买适合自己的香水。赵女士每月盈利达 2 万多元。

2. 大学生选择创业项目的主要思路

虽然在创业市场有无限商机，但对资金、能力、经验都有限的大学生创业者来说，首先要明确选择创业项目的主要思路。

（1）善于利用后发优势选择创业项目

发达国家、发达地区作为经济领域的先行者已经走在世界前列，可以发挥自己的外语优势和信息搜索能力，深入了解发达国家、发达地区已经或正在开展的好项目，从这些项目找灵感、找启发，选择自己的创业项目。

由于这些项目已经被发达国家或发达地区的消费者接受了,被事实证明是可行的,而我国社会正在迅速发展,同样的消费需求、消费能力也在形成中,如果大学生创业者善于利用后发优势,能够对发达国家的这些项目进行研究,去粗取精,青出于蓝而胜于蓝,就一定能找到很多好项目。

(2)善于利用他人的成功模式选择创业项目

在我国,有千千万万富有创业激情的创业者探索新项目、寻找市场突破口,总有一些聪明绝顶的幸运儿找到了既前所未有,又具现实可行性的绝妙项目,取得了良好的经济效益。在这种情况下,大学生创业者要敏锐地搜集到这一类成功项目,迅速学习跟进,将其他地区的原发项目,拿过来在自己所在地实施,也容易取得创业的成功。

成功的原因在于绝妙项目的先行者已经承担了创新的风险,用实践证明这些项目是切实可行的,大学生只要深入分析该类项目所需的市场条件、技术要求、资金需求,结合自己和自己所在地区的实际,创造性地吸收利用绝妙项目,就能大大提高创业的成功率。

(3)善于学习成功企业家的经验选择创业项目

大学生创业者,在人脉资源、行业经验、社会阅历等方面,相对于成功的企业家而言,肯定存在很大差距,大学生构想创业项目的视野、思路,往往也有很大局限性,多集中在自己的生活小圈子中。而成功企业家们多年形成的战略高度和经济视野决定了他们看到的好项目要多得多。但人的精力是有限的,不可能四面出击,样样都做。

这对大学生来说,是一个机会:成熟的企业家看到的好项目,由于没精力做,或者自身条件不充分被搁置,而大学生创业者恰恰需要这种比较有现实可行性的好项目。只要他们能积极拜师学艺,向成功的企业家虚心求教,就容易获得良好的创业项目。

3. 大学生选择创业项目的主要方向

在明确了大学生选择创业项目的主要思路的基础上,大学生还要根据自身特点找准方向,才有可能取得创业的成功。

(1)选择高科技领域为创业方向

由于大学生身处高新科技前沿阵地,在高科技领域有优势,在高科技领域创业就容易成功。但并非所有的大学生都适合在高科技领域创业,一般来说,技术功底深厚、学科成绩优秀的大学生才有成功的把握。有意在这一领域创业的大学生,可积极参加各类创业大赛,获得脱颖而出的机会,同时吸引风险投资。

推荐商机:软件开发、网页制作、网络服务、手机游戏开发等。

(2)选择智力服务领域为创业方向

智力是大学生创业的资本,在智力服务领域创业,大学生游刃有余。例如,家教领域就非常适合大学生创业,一方面,这是大学生勤工俭学的传统渠道,积累了丰富的经验;另一方面,大学生能够充分利用高校教育资源,更容易赚到"第一桶金"。此类智力服务创业项目成本较低,一张桌子、一部电话即可开业。

推荐商机:家教、家教中介、设计工作室、翻译事务所等。

(3)选择连锁加盟领域为创业方向

统计数据显示,在相同的经营领域,个人创业的成功率低于20%,而加盟创业的则高达80%。对创业资源十分有限的大学生来说,借助连锁加盟的品牌、技术、营销、设备优势,可以较少的投资、较低的门槛实现自主创业。但连锁加盟并非"零风险",在市场鱼龙混杂的现状下,大学生涉世不深,在选择加盟项目时更应注意规避风险。

一般来说大学生创业者资金实力较弱,适合选择启动资金不多、人手配备要求不高的加盟项目,从小本经营开始为宜;此外,最好选择运营时间在 5 年以上、拥有 10 家以上加盟店的成熟品牌。

推荐商机:快餐业、家政服务、校园小型超市、数码速印站等。

(4)选择在高校内部或周边开店为创业方向

大学生开店,一方面可充分利用高校的学生顾客资源;另一方面,由于熟悉同龄人的消费习惯,因此入门较为容易。正由于走"学生路线",因此要靠价廉物美来吸引顾客。此外,由于大学生资金有限,不可能选择热闹地段的店面,因此推广工作尤为重要,需要经常在校园里张贴广告或和社团联办活动,才能广为人知。

推荐商机:高校内部或周边地区的餐厅、咖啡屋、美发屋、文具店、书店等。

4. 大学生创业要避免的误区

(1)要避免眼高手低

比尔·盖茨的神话,使 IT 业、高科技业成为大学生眼中的创业金矿,以致不少学生不屑于从事服务业或技术含量较低的行业。其实,高科技创业项目往往需要一大笔启动资金,创业风险和压力都非常大,大学生如果对自身经验和能力认识不足,对创业的期望值又过高,一开始就起点较高,很容易失败。因此,大学生创业不妨放平心态,深刻了解市场和自己,然后从小做起,从实际做起,第一步走稳了再走第二步。

(2)要避免纸上谈兵

缺乏经验是目前大学生创业中普遍存在的问题,不少大学生创业者不习惯对其产品或项目做市场调查,而是进行理想化的推断。例如有的大学生就乐观地认为:如果有3000 万人需要我们的产品,每件售价 100 元,我们就有 3 亿元的销售市场。

实际上,这种推断方法是站不住脚的,而且常常起着误导作用。大学生在创业初期一定要做好市场调研,一些可行性研究也可委托专业机构进行,在了解市场的基础上创业,才能长久。

(3)避免单打独斗

在强调团队合作的今天,创业者想靠单打独斗获得成功的概率正大大降低,团队精神已成为不可或缺的创业素质,风险投资商在投资时更看重有合作能力的创业团队。如今大学生一般都有个性,自信心较强,在创业中常常自以为是、刚愎自用,这些都影响了创业的成功率。因此,对打算创业的大学生来说,强强合作,取长补短,要比单枪匹马更容易积聚创业实力,更容易取得创业的成功。

10.2.2　创业计划的制订

1. 创业计划制订的意义

创业计划是对选择的创业项目的调查、论证和描述,它通常由市场营销、财务、生产、人力资源等职能计划构成。通过调查和论证创业项目,有利于创业者有效地把握创业过程和预警市场变化;通过描述与拟创办企业相关的内外部环境条件和要素,可以为拟创企业业务的发展提供指示图和衡量业务进展情况的标准,同时还可成为吸引合伙人入伙和投资人投资的重要文件。一份优秀的创业计划往往会使创业者达到事半功倍的效果。

2. 创业计划应包含的内容

一般来说,创业计划应该包括拟办企业概况、创业的种类、资金规划及基金来源、资金总额的分配比例、阶段目标、财务预估、行销策略、可能风险评估、创业的动机、股东名册、预定员工人数等要素。各要素的内容如下。

（1）拟创公司基本情况

应包括公司名称、公司理念和公司的战略目标、拟成立时间、注册地区、注册资本,主要股东、股份比例,主营业务,销售收入、毛利润、纯利润,公司地点、电话、传真、联系人等。

（2）人员及组织结构

在企业的生产活动中,存在着人力资源管理、技术管理、财务管理、作业管理、产品管理等环节,而人力资源管理是其中很重要的一个环节。

社会发展到今天,人已经成为最宝贵的资源,这是由人的主动性和创造性决定的。企业要管理好这种资源,更要遵循科学的原则和方法。

在创业计划书中,必须要对主要管理人员加以阐明,介绍他们所具有的能力,他们在本企业中的职务和责任,他们过去的从业年限、主要经历和经营业绩等。此外,在这部分创业计划书中,还应对公司结构做一简要介绍,包括公司的组织机构图；各部门的功能与责任；各部门的负责人及主要成员；公司的报酬体系；公司的股东名单,包括认股权、比例和特权；公司的董事会成员；各位董事的背景资料。

（3）产品/服务描述

产品/服务描述应包括以下内容：产品/服务的概念、性能及特性；主要产品/服务介绍；产品/服务的市场竞争力；产品/服务的研究和开发过程；发展新产品/新服务的计划和成本分析；产品/服务的市场前景预测；产品/服务的品牌和专利等。

在产品/服务描述部分,创业者要突出描述产品/服务的技术水平,产品/服务的新颖性、先进性和独特性,产品/服务的竞争优势。另外,描述要准确,也要通俗易懂,使不是专业人员的投资者也能明白。一般地,产品介绍都要附上产品原型、照片或其他介绍。

（4）研究与开发状况

目前已有的技术成果及技术水平、研发队伍技术水平、竞争力及对外合作情况、已经投入的研发经费及今后投入计划、对研发人员的激励机制。

（5）行业及市场分析

在行业及市场分析中,应该分析行业的历史与基本特点、市场规模及增长趋势、行业及竞争厂商的状况、本公司的目标顾客和目标市场及竞争优势、本企业产品的市场地位、未来市场销售预测及发展趋势等内容,应着重回答下列问题。

- 该行业发展程度如何？现在的发展动态如何？
- 创新和技术进步在该行业扮演着一个怎样的角色？
- 该行业的总销售额有多少？总收入为多少？发展趋势怎样？
- 价格趋向如何？
- 经济发展对该行业的影响程度如何？政府是如何影响该行业的？

- 是什么因素决定着它的发展？
- 竞争的本质是什么？你将采取什么样的战略？
- 进入该行业的障碍是什么？你将如何克服？该行业典型的回报率有多少？

（6）营销策略

营销策略应包括以下内容：市场机构和营销渠道的选择与建立策略；营销队伍的管理与激励策略；促销计划和广告策略；价格决策策略。

（7）产品制造

创业计划书中的产品制造计划应包括以下内容：产品制造和技术设备现状；新产品投产计划；技术提升和设备更新的要求；质量控制和质量改进计划；产品制造的成本控制计划。

（8）财务规划

财务规划一般要包括以下内容：资金需求与使用计划、融资计划、损益预估表、现金流预测、资产负债预估表、盈亏平衡分析、投资回报率、投资收回年限等内容。

其中重点是现金流量表、资产负债表以及损益表的制备。流动资金是企业的生命线，因此企业在初创或扩张时，对流动资金需要预先有周详的计划和进行过程中的严格控制；损益表反映的是企业的盈利状况，它是企业在一段时间运作后的经营结果；资产负债表则反映在某一时刻的企业状况，投资者可以用资产负债表中的数据得到的比率指标来衡量企业的经营状况以及可能的投资回报率。

（9）风险控制

在创业计划中，要对创业项目实施可能出现的风险及拟采取的控制措施详细说明，重点要回答下列问题。

- 拟创公司在市场、竞争和技术方面都有哪些基本的风险？
- 拟创公司准备怎样应付这些风险？
- 拟创公司还有一些什么样的附加机会？
- 在拟创公司现有的资本基础上如何进行扩展？
- 在最好和最坏情形下，拟创公司的五年计划表现如何？

如果拟创公司的估计不那么准确，应该估计出拟创公司的误差范围到底有多大。如果可能的话，对你的关键性参数做最好和最坏的设定。

3. 创业计划的评估

创业计划是对未来行动的预测与筹划，创业计划的可行性可以通过解答下列问题加以评估。

- 你能否用语言清晰地描述出你的创业构想？你应该能用很少的文字将你的想法描述出来。根据成功者的经验，不能将这想法变成自己语言的原因大概也是一个警告——对你的创业项目思考得还不够深入和仔细。
- 你真正了解你所从事的行业吗？许多行业都要求选用从事过这个行业的人，并对其行业内的方方面面有所了解。否则，你就得花费很多时间和精力去调查诸如价格、销售、管理费用、行业标准、竞争优势等问题。
- 你看到过别人使用过这种方法吗？一般来说，一些经营红火的公司经营方法比那些特殊的想法更具有现实性。有经验的企业家中流行这样一句名言："还没有被实施的好主意往往可能实施不了。"

- 你的想法经得起时间考验吗？当未来的企业家的某项计划真正得以实施时，他会感到由衷的兴奋。但过了一个星期、一个月甚至半年之后，将是什么情况？它还那么令人兴奋吗？或已经有了完全不同的另外一个想法来代替它？
- 你的设想是为自己还是为别人？你是否打算在今后五年或更长时间内，全身心地投入到这个计划的实施中去？
- 你有没有一个好的网络？开始办企业的过程，实际上就是一个组织诸如供应商、承包商、咨询专家、雇员的过程。为了找到合适的人选，你应该有一个服务于你的个人关系网。否则，你有可能陷入不可靠的人或滥竽充数的人之中。
- 明白什么是潜在的回报？每个人投资创业，其最主要的目的就是赚最多的钱。可是，在尽快致富的设想中隐含的绝不仅仅是钱。你还要考虑成就感、爱、价值感等潜在回报。如果没有意识到这一点，就必须重新考虑你的计划。

如果对上述问题能清楚全面地回答，说明你的创业计划已具备了可行性，否则，就要对创业计划进行修改和调整，以适应市场变化并指导企业的经营管理活动。

10.3　创业企业的创立与管理

10.3.1　创业企业的创立

1. 企业组织形式的选择

（1）选择企业类型要考虑的因素

在开始创办企业时，你必须确认何种法定组织架构适合你的创业大计。简而言之，首先你必须决定是要自己创业还是合伙创业？如果选择合伙创业，企业的起始资本额如何由合伙人分担？合伙企业的收益如何分享？合伙企业的风险和亏损如何分担？要解决这些问题，你必须先了解各种企业组织形式的法律地位及特点，再选择最适合的企业组织形式配合你的创业计划。

尽管各种企业营运架构有差异性，但是最需要注意的焦点是一旦企业营运出状况时，企业内部将由谁负起最后法律上的财务责任？举例来说，以独资或合伙人企业组织形式创业，《企业法》要求个人自行负担公司的债务归属问题。也就是说，一旦企业因牵连上财物官司而败诉，则个人名下所属财产及不动产等都会受到法院的扣押、拍卖以偿还债务。无论一开始你选择哪一种经营模式，都不代表企业的经营体制已经定型不变，还是可以依据企业的发展与未来潜力做适时的变更。

（2）我国现存的适合小型企业选择的企业组织形式及特点

① 普通有限责任公司。它是依照《中华人民共和国公司法》，由 2 个以上 50 个以下股东所组成，股东以其出资额为限对公司债务承担责任，公司以其全部资产对公司债务承担责任的企业法人。普通有限责任公司的股东人数有限，一般相互认识，具有一定程度的信任感，其股份转让受到一定限制，向股东以外的人转让股份须得到其他股东过半数同

意。有限责任公司不能向社会公开募集公司资本，不能发行股票。

　　② 自然人独资有限责任公司。它是指只有一个自然人股东的有限责任公司。一个自然人只能投资设立一个一人有限责任公司。该一人有限责任公司不能投资设立新的一人有限责任公司。一人有限责任公司章程由股东制定。一人有限责任公司不设股东会。一人有限责任公司应当在每一会计年度终了时编制财务会计报告，并经会计师事务所审计。一人有限责任公司的股东不能证明公司财产独立于股东自己的财产的，应当对公司债务承担连带责任。

　　③ 个人独资企业。个人独资企业，是指依法在中国境内设立，由一个自然人投资，财产为投资人个人所有，投资人以其个人财产对企业债务承担无限责任的经营实体。个人独资企业的全部财产为投资人个人所有，投资人是企业财产的唯一所有者，投资人对企业的经营与管理事物享有绝对的控制权与支配权，不受任何其他人的干预，但投资人以其个人财产对企业债务承担无限责任。尽管个人独资企业有自己的名称或商号，并以企业名义从事经营行为和参加诉讼活动，但它不具有独立法人的地位。

　　④ 个体工商户。根据国务院在 2011 年 3 月 30 日发布的《个体工商户管理条例》第2 条规定，有经营能力的公民，依照本条例规定经工商行政管理部门登记，从事工商业经营的，为个体工商户。个体工商户可以个人经营，也可以家庭经营。申请登记为个体工商户，应当向经营场所所在地登记机关申请注册登记。

　　申请人应当提交登记申请书、身份证明和经营场所证明。个体工商户登记事项包括经营者姓名和住所、组成形式、经营范围、经营场所。个体工商户使用名称的，名称作为登记事项。个体工商户不具备法人资格，不能设立分支机构。

　　⑤ 普通合伙企业。它由普通合伙人组成，合伙人对合伙企业债务承担无限连带责任，普通合伙企业是不具有法人资格的营利性经济组织，其设立和内部管理都以合伙协议为基础。普通合伙企业的资本由全体合伙人共同出资构成，合伙人在原则上均享有平等地参与执行合伙企业事务的权利；各合伙人互为代理人，对于合伙经营的收益和风险，由合伙人共享、共担。

　　⑥ 农民专业合作社。它是在农村家庭承包经营基础上，同类农产品的生产经营者或者同类农业生产经营服务的提供者、使用者，自愿联合、民主管理的互助性经济组织。其特点如下。

　　第一，成员以农民为主体。

　　第二，以服务成员为宗旨，谋求全体成员的共同利益。

　　第三，入社自愿、退社自由。

　　第四，成员地位平等，实行民主管理。

　　第五，盈余主要按照成员与农民专业合作社的交易量比例返还。

2. 企业名称的确定

（1）企业名称的组成

　　企业名称由四部分组成：行政区划＋字号＋行业特点＋组织形式。例如某公司名称为北京市康达来商贸有限公司，其中北京市为行政区划，康达来为字号，商贸是行业特点，有限公司是组织形式。分支机构的名称应冠以主办单位的全称。如北京市康达来商贸有限公司方庄分店。

（2）企业名称的一般性规定

① 企业名称不得含有下列内容和文字。

第一，有损于国家、社会公共利益的。

第二，可能对公众造成欺骗或者误解的。

第三，外国国家（地区）名称、国际组织名称。

第四，政党名称、党政军机关名称、群众组织名称、社会团体名称及部队番号。

第五，其他法律、行政法规规定禁止的。

② 企业名称应当使用符合国家规范的汉字，不得使用汉语拼音字母、阿拉伯数字，法律法规另有规定的除外。

③ 在名称中间使用"国际"字样的，"国际"不能做字号或经营特点，只能作为经营特点的修饰语，并应符合行业用语的习惯，如国际贸易、国际货运代理等。

（3）申请企业名称预先核准的规定

① 申请人应当向具有登记管辖权的名称登记机关申请名称核准登记。名称预先核准登记后，申请人不得跨行政区划或跨登记管辖向其他登记机关申请设立（变更）登记注册。

② 法律、行政法规或者国务院决定设立公司必须报经批准，或者经营范围中属于法律、行政法规、国务院决定在登记前须经批准的项目的，申请人应当在取得名称预先核准后凭核准的名称报送批准。在登记注册时应提交符合法定形式的批准文件。

③ 申请企业名称预先核准登记应提交下列文件。

第一，《企业名称预先核准申请书》；

第二，《投资人授权委托意见》。

不能独立承担民事责任的分支机构，还应提交所属企业加盖公章的《营业执照》复印件，且其申请的经营范围不能超出所属企业的经营范围。

④ 有以下情况之一的，除填写《名称（变更）预先核准申请书》《投资人授权委托意见》外，还应当提交相关文件证件。

第一，使用自然人姓名（该自然人应当是投资人）做字号的应当提交该自然人身份证复印件及该自然人同意使用其姓名的授权（许可）文件。需要注意的是，所用投资人姓名如与党和国家领导人或老一辈革命家及名人的姓名相同的，不得作为字号使用。

第二，在同一行业内申请使用相同字号的应当由字号所有权人出具授权（许可）文件以及加盖其印章的执照复印件。授权（许可）的名称不得对公众造成欺骗或引起误解。

第三，商标注册人使用或授权他人使用其注册商标中的文字作为名称字号的应当提交商标所有权人出具的授权（许可）文件、商标注册证书（不能提交原件的，可以提交加盖商标注册权人印章的复印件）以及商标所有权人的资格证明（商标所有权人为经济组织的，需在资格证明上加盖经济组织公章；商标所有权人为自然人的，提交该自然人身份证复印件）。

第四，外商投资企业在名称中使用与外国（地区）投资人相同字号（英文字母）的应当提交该外国(地区)投资人的资格证明文件。

第五,申请在名称中冠以企业集团名称或者集团简称的,集团母公司应作为该企业的股东(出资人),应当提交加盖集团母公司公章的《企业集团登记证》复印件。

(4) 申请企业名称预先核准的技巧

- 申请者至少取 3 个以上的备用字号,核准机构将按申请者所填写的顺序依次查重,以首先不重名的名称为核准使用的名称。
- 名称中的行业特点应与主营行业相一致,不应当明示或者暗示有超越其经营范围的业务。例如主营销售百货,那么名称应以商贸或经贸为行业特点;主营科技开发业务,那么名称应以科技为行业特点。申请跨行业从事经营活动的,经营范围中的第一项应当作为主营行业。
- 使用外文译音做字号、字号有其他含义的或者使用新兴行业表述用语的,应当在"备注说明"栏目中做出解释说明并提交全体投资人签署的其他有关证明材料。

3. 企业经营场所的确定与企业经营场所材料的申报

(1) 企业经营场所的确定

在确定企业经营场所时,要优先考虑企业的经济效益,不同性质、不同类型的企业,对其经营场所的要求不尽相同。生产加工类项目的选址一般要考虑满足生产、加工的需要;交通便利;租金可以承受;员工的生活便利、安全等要素。

商业店铺、餐馆、各种服务类创业项目的选址要考虑人口密度大而且流动性大、在闹市区或繁华地段、交通便利且易停车等。具体来说,优秀的企业经营场所应具备以下条件中的两项为宜。

① 商业活动频繁的地区。在商业活动频繁的地区,特别适合那些有鲜明个性特色的企业的发展,这些企业可以有针对性地对顾客提供服务。在市郊地段,要创办为驾驶各种车辆的人提供生活、休息、娱乐和维修车辆服务的企业。

② 人口密度高的地区。在人口密度高的地区,人们有着各种各样的对于商品与服务的大量需求,且消费需求比较稳定,可以保证企业有稳定的收入。适宜在该类地区开办的企业有洗衣店、维修店、杂货店、食品店、服饰店、童装店、五金店、药店、美容美发店、化妆品店等。

③ 面向客流量最多的街道。企业处在客流量最多的街道上,可使多数人就近买到所需的商品,企业可以获得较高的营业收入。大多数商业企业适宜在此类企业开办。

④ 交通便利的地区。在乘客上下车最多的车站,或者在几个主要车站的附近(以500 米以内为宜),尤其适合发展餐饮、食品、生活用品和具有鲜明地方特色的土特产商店等。

⑤ 接近人们聚集的场所。在剧院、电影院、公园等娱乐场所附近,适合饮食、食品、娱乐、生活用品等企业的发展。在大工厂、机关附近,适宜开办办公用品、生活用品、咖啡厅、快餐店等。

⑥ 同类商店聚集的街区。大量事实证明,对于那些经营耐用品的企业来说,若能集中在某一地段或街区,则更能招揽顾客,顾客在此地有更多的机会进行比较和选择。在这类地区特别适合开设家用电器、家具、电脑、时装、饰品等商店。

（2）企业经营场所材料的申报

① 在填写企业注册登记申请表时，"经营场所"栏应填写详细地址，如"北京市××区××路（街）××号××房间"。

② 产权人应在"产权人证明"栏内签字、盖章。产权人为单位的加盖单位公章，产权人为自然人的由本人签字，同时提交由产权单位盖章或产权人签字的《房屋所有权证》复印件。

③ 经营场所位于农村地区且暂未取得房屋所有权证的，可提交《乡村规划建设许可证》或《临时乡村规划建设许可证》复印件并加盖单位公章。

④ 使用以下特殊房产作为经营场所的，应当提交相应的证明文件。

第一，使用军队房产作为经营场所的，提交《军队房地产租赁许可证》副本原件。

第二，使用宾馆、饭店（酒店）作为经营场所的，提交加盖公章的宾馆、饭店（酒店）的营业执照复印件作为经营场所使用证明。

第三，房屋提供单位是经工商行政管理机关核准的具有出租房屋经营项目的，即经营范围含有"出租商业用房""出租办公用房""出租商业设施"项目的，由该企业提交加盖公章的营业执照复印件及房屋产权证明复印件作为经营场所使用证明。

第四，申请从事报刊零售亭经营的，《企业经营场所证明》页中"产权人证明"栏应由市邮政管理局盖章，并提交市或区县市政市容委出具的备案证明复印件。

第五，在已经登记注册的商品交易市场内设立企业或个体工商户，经营场所证明由市场服务管理机构出具，并提交加盖该市场服务管理机构公章的营业执照复印件。市场服务管理机构出具的证明文件应明确该经营场所不属于违法建设。

⑤ 将住宅改变为经营性用房作为经营场所的，要按下列要求申报。

第一，填写《经营场所登记表》及《关于同意将住宅改变为经营性用房的证明》。

第二，到有关部门办理改变房屋使用性质的相关手续，并向工商登记机关提交变更后的证明文件。

⑥ 住宅及住宅楼底层规划为商业用途的房屋的使用限制。

第一，不得从事餐饮服务、歌舞娱乐、提供互联网上网服务。

第二，不得生产加工和制造、经营危险化学品等涉及国家安全、存在严重安全隐患、影响人民身体健康、污染环境的生产经营活动。

第三，不得从事法律、法规、规章规定的不得从事的其他行业。

⑦ 城镇违法建设和乡村违法建设不得成为经营场所。城镇违法建设是指未取得建设工程规划许可证、临时建设工程规划许可证或者未按照许可内容进行建设的城镇建设工程，以及逾期未拆除的城镇临时建设工程。乡村违法建设是指应当取得而未取得乡村建设规划许可证、临时乡村建设规划许可证或者未按照许可内容进行建设的乡村建设工程。

4. 办理特殊行业审批手续

在我国创办新企业必须经工商管理部门核准登记发给营业执照，普通行业如计算机维修、计算机软硬件制造、加工裁剪服装、纺织服装制造、建筑装饰、家庭服务等可直接到工商管理部门申请注册登记。

从事特殊行业只有在获得有关部门颁发的经营许可证后,才可到工商管理部门申请注册登记。如从事住宿业要得到由公安局各分县局核发的旅馆业特种行业许可证和区县卫生局核发的卫生许可证;手工纸制造、竹藤棕草制品制造、木质家具制造、洗染服务等行业要得到区县环保局的批准;快餐服务、正餐服务要得到区县环保局的批准和区县卫生局颁发的《食品卫生许可证》;保健品和营养品的制造要得到区县药品监管部门和区县环保局审批。从事道路货物运输由区县运输管理机构核发《道路运输经营许可证》。

5. 办理入资验资手续

有限责任公司、集体所有制企业、集体所有制(股份合作)企业在设立登记与变更注册资本(金)、实收资本(金)时,需要到工商行政管理局指定的银行开立临时账户,将货币资金存入其中,凭银行出具的入资单据到正规会计师事务所办理验资手续,并取得《验资报告》。

6. 领取营业执照程序

申请企业登记的申请材料被受理后,会取得受理人员发给的《受理通知书》或《准予登记通知书》,按上面提示的时间到工商管理机构的投资服务大厅开具票证,到指定的银行缴纳登记费用。缴费成功后,申请者可凭《受理通知书》或《准予登记通知书》以及银行出具的已缴费单据,到工商管理机构的发照窗口领取营业执照以及相关票据。

7. 办理纳税申报

纳税人凭工商营业执照或有关部门批准成立的证明,自领取工商执照或取得成立证明之日起 30 日内携带公章、财务章和以下有关资料的原件及复印件到办税服务场所办理开业税务登记:办理税务登记应出示、提供如下资料(所提供资料原件用于税务机关审核、复印件注明"经审验与原件相符"并签字后留存税务机关备查)。

① 营业执照副本或其他核准执业证件。

② 有关合同、章程、协议书。

③ 组织机构代码证书副本原件。

④ 注册地址及生产、经营地址证明(产权证、租赁协议);如为自由房产,请提供产权证或买卖契约等合法的产区证明,如为租赁的场所,请提供租赁合同或协议,出租人为自然人的还须提供产权证明;如生产、经营地址与注册地址不一致的,请分别提供相应证明。

⑤ 法定代表人(负责人)居民身份证、护照或其他证明身份的合法证件;复印件分别粘贴在税务登记表的相应位置上。

⑥ 工商部门出具的验资报告或有权机关出具的评估报告(办理律师事务所的不要求提供此项)。

⑦ 纳税人办理新设分支机构税务登记时,还须提供总机构的税务登记证副本复印件。

经过以上步骤,新企业就完成了注册申报和纳税申报手续,就获得了合法经营的资格。对于应届毕业生在自主创业中担任企业法人代表的,在其公司申请注册中,需要学校出具的证明包括:就业办公室出具的应届毕业生证明;公安处户政科出具的集体户口证明;公安处治安科出具的无刑事犯罪记录证明。

10.3.2 创业企业的管理

1. 组建管理团队

要组建一个优势互补、高度认同、目标一致的团队，关键是要聘请两类人才：一类是具有技术和营销等独特职业技能的人才；另一类是具有管理技能的人才。

在聘请雇员时，应先向被聘者讲明工作性质、工作时间、享受的假期和附加福利。在同被聘人员见面时，尽量不要使其紧张，这样，可以使你更多地发现他的真正的性格特点。对被聘试用者要进行培训，试用后应与其签订劳动合同。

2. 员工管理

对员工的管理力求简单务实。

第一，创业核心成员要明确目标，达成共识。

第二，要强调管理方法，许多问题都应直接沟通，摆到桌面上来讲，把问题明朗化。

第三，制定并执行既定的管理制度，特别是人事和财务规章制度，要强调人人必须遵守，不能有特权，也不能朝令夕改。

第四，要建立团队意识，增强企业的凝聚力。

第五，要重视培训员工，使员工在学到新的和更有效的工作方法的同时，能感到企业对他们的关心和认同。

第六，要重视员工的安全，这不仅有利于员工的健康和激发员工的积极性，也有利于企业降低费用。

3. 质量管理

质量是反映产品或服务满足规定或潜在要求的特征和特性的总和，质量管理就是保证产品或服务让顾客满意制度、方式和方法的总和。质量管理的要点如下。

第一，树立质量意识，要把质量作为企业一切行为的准则。

第二，所有员工都必须接受相应的质量教育与培训，让员工统一认识企业的目标。

第三，注重引进新技术，发挥新技术对改进质量的重要作用。

第四，企业必须向原材料供应商提出明确的质量要求，并严把进货质量检验关。

第五，要关注企业生产经营各环节和细节的合理性，及时调整不合理流程，保证生产经营顺畅运行。

4. 成本控制

成本控制对企业经营非常重要，如企业起步成本过高，在固定设施、装修及设备上投入过多、过早，这些固定成本的投入将分摊到出售的产品和服务上，将导致企业失去竞争优势。小企业在购买固定资产前，要考虑下列问题。

第一，对于此项固定资产的最低支出额是否能够承担？

第二，收回投资需要多长时间？预计能产生多少利润？

第三，因为能节省时间能产生多大效率？

第四，是否能提高产品质量增加收入？

如果对上述问题的回答是肯定的或满意的，则可购买该固定资产。

5. 价格管理

确定产品或服务的价格的方法有两种。

一是成本加价法。将制作产品或服务的全部费用加起来就是成本价格,在成本价格基础上加一个利润百分比得出销售价格。

二是竞争价格法。在定价时,除考虑成本外,还要了解当地同类商品或服务的价格,以保证企业定价具有竞争力。

如果创业者所定的价格比竞争者高,就要保证该企业能更好地满足顾客的需要。不管企业利润大小,都要先保证固定成本的支出,然后才随着销售量增加到盈亏平衡点,才开始盈利。

6. 财务管理

财务管理是企业管理的核心,其基本职能是获得资金和管理资金。财务管理的目标有两个:一是提高经济效益。即要使企业在经济活动中所取得的有效成果大于生产经营的消耗,要求企业占有或耗费尽可能少的资产,生产更多的商品,获得更多的利润。二是实现财富最大化。即要使企业通过合理经营,把企业的总价值最大化,包括企业规模扩张、企业的公众形象的提升等方面的最大化。

财务管理的内容涉及三方面:一是投资决策。它是利用各种分析决策的方法,对可能的投资方案进行评估和选择,达到企业价值最大化。二是筹资决策。它要测算各种资本的成本,研究最佳的资本结构,选择有利的资本期限及安排资本偿还计划。三是日常营运资本的管理。在保证企业既定生产规模的前提下,要尽可能地使各环节所占资金量最低,并且加速周转,以获取最大的收益。

利润是反映企业财务状况的一个基本会计要素,是衡量企业经营管理水平,评价企业经济效益的一项重要指标。为了保证利润核算的真实性和有效性,一要核对账目,即核对收入类、费用类、结存类账户是否平衡;二要财产清查,主要是对库存商品、固定资产以及现金等进行清查、盘点;三是利润的核算,要定期计算利润或亏损,做到心中有数。

7. 谈判与宣传

拥有良好的谈判技巧,对企业利益具有难以替代的重要价值。谈判前要做好详细的准备,包括对谈判对象的了解,谈判中要确定自己的位置,做好双赢的策划。

初创企业也要善于宣传自己,创业者和业务员要准备好名片,带上产品样本,分区域、分行业,把一切有可能成为客户的单位尽量拜访到,尽量衣着大方整洁、态度坦然、口齿清楚地向被拜访者介绍公司和产品。要把交换来的名片保存好,随着名片的散发和积累,客户群就形成了。

企业宣传的方式有多种,广告是企业主要的宣传方式。出色的公关活动(包括公益活动)能使企业一举获得知名度和美誉度。企业的营销网络是企业最具价值的资产,让产品能够迅速与消费者见面,迅速地让他们试用、购买,比广告、公关更重要。

8. 依法纳税

根据我国税法的规定,所有企业依法报税和纳税。与企业和企业主有关的主要税种有:增值税、营业税、企业所得税、个人所得税、消费税、关税、城市建设维护税、教育费附加等。税务办理的步骤包括税务登记、纳税申报和纳税缴纳。

🔔 小贴士

YBC 创业须知
（以北京为例，其他地区类同）

YBC 即"中国青年创业国际计划"，是由团中央、全国青联发起的旨在帮助中国青年创业的国际合作项目。主要扶持具有创业意愿和潜力的失业、待业青年，为其提供 3 万～5 万元的创业启动资金（无息），并提供为期三年的"一对一"导师支持。该创业方式已越来越受到年轻人的关注。

一、申请条件

（1）年龄在 18～35 岁。

（2）失业、半失业或者待业。

（3）有一个很好的商业点子和创业激情。

（4）筹措不到启动资金。

（5）项目处在筹备期或者起步期（运行不满一年）。

二、申报流程

（一）网上/电话报名

（1）YBC 中国青年创业国际计划网站（www. ybc. org. cn），团市委网站 www. bjyouth. gov. cn，北京青年宫网站（www. bjqng. com. cn）青年人才网页，从中下载"创业计划书模版"，以此为参考构思填写个人的创业计划书。

（2）将个人的创业计划书提交中国青年创业国际计划北京办公室，方式为：从网上发到北京青年人才邮箱 bjqnrc@yahoo.com.cn。

（二）初审

经过 YBC 北京办公室对青年创业项目进行第一次筛选。

（三）提交材料

初审通过后，创业青年个人提交相关材料。

（四）第二次筛选

经过北京办项目评审委员对青年的创业计划书、创业能力及创业前景分析和会审评估、面试、实地考察。

（五）评估审批

经全国办项目评审委员会评估、审批。

（六）签署协议

项目审批通过后，创业青年签署相关协议书，包括资助人与受资助人之间的资助协议书，创业导师与创业者之间的创业导师资助协议，受资助还款补充协议。

（七）按期还款

创业青年得到 YBC 提供 3 万～5 万元的创业启动金后，三个月内开始还款，分三年还完，每月 5 日前，按期还款。

三、创业青年个人提交相关材料说明

（1）创业计划书（查看创业构想）。

（2）资金申请书（明确申请资金数额）。

（3）个人信用核查表（资信）。

（4）联系人信用核查表（资信）。

（5）本人及两名联系人身份证复印件（确认身份）。

（6）营业执照复印件（确认创业属实）。

（7）本人户口本全部内容复印件（确认属地）。

（8）房屋租赁协议（确认场地合法）。

（9）特殊及特许行业提供相关合法有效证明（确认从业资格）。

（10）其他有关资料。

资料来源：创业网 http://www.cye.com.cn.

【关键术语】

创业、创业能力、创业项目、创业计划、企业设立、企业管理

【请你筹划】

请参照 YBC 创业计划书模板，结合自身的兴趣、专业和市场调研情况，尝试一下创业的流程。

附　　录

附录 A　国务院办公厅关于做好 2014 年全国普通高等学校毕业生就业创业工作的通知

国办发〔2014〕22 号

各省、自治区、直辖市人民政府，国务院各部委、各直属机构：

为进一步做好 2014 年全国普通高等学校毕业生（以下简称高校毕业生）就业创业工作，经国务院同意，现就有关问题通知如下。

一、高度重视高校毕业生就业创业工作

高校毕业生是国家宝贵的人才资源。做好高校毕业生就业创业工作，对于保持就业形势稳定，促进经济社会健康发展具有重要意义。近年来，各地区、各有关部门认真贯彻落实党中央、国务院的决策部署，高校毕业生就业创业工作取得积极进展。2014 年，全国高校毕业生数量继续增加，就业工作任务十分艰巨。对此，党中央、国务院高度重视。党的十八届三中全会、中央经济工作会议对做好当前和今后一段时期高校毕业生就业创业工作提出明确要求，国务院对做好今年高校毕业生就业创业工作做出新的部署。各地区、各部门要切实将思想和行动统一到党中央、国务院的决策部署上来，充分认识做好高校毕业生就业创业工作的重要性和紧迫性，聚焦重点难点，继续把高校毕业生就业创业摆在就业工作的首要位置和整个经济社会发展的重要位置。要多方位拓宽就业渠道，结合产业转型升级开发更多适合高校毕业生的就业岗位，尤其要加快发展就业吸纳能力强的服务业，着力发展研发设计、现代物流、融资租赁、检验检测等对高校毕业生需求比较集中的生产性服务业，同时加快发展各类生活性服务业，拓展新领域，发展新业态，不断提高服务业从业人员比重。要充分发挥市场配置人力资源的决定性作用，着力改革创新，完善政策措施，强化就业创业服务，改善就业创业环境，引导高校毕业生转变就业观念，力争实现高校毕业生就业和创业比例都有所提高，确保高校毕业生就业形势稳定。

二、鼓励高校毕业生到城乡基层就业

各地区要结合城镇化进程和公共服务均等化要求，充分挖掘教育、劳动就业、社会保障、医疗卫生、住房保障、社会工作、文化体育及残疾人服务、农技推广等基层公共管理和服务领域的就业潜力,吸纳高校毕业生就业。要结合推进农业科技创新、健全农业社会化服务体系等,引导更多高校毕业生投身现代农业。全面落实高校毕业生到中西部地区和艰苦边远地区县以下基层单位就业的学费补偿和助学贷款代偿政策,尚未制定学费补偿和助学贷款代偿办法的地区,要在年内出台。高校毕业生在中西部地区和艰苦边远地区县以下基层单位从事专业技术工作,申报相应职称时,可不参加职称外语考试或放宽外语成绩要求。充分挖掘社会组织吸纳高校毕业生就业潜力,对到省会及省会以下城市的社会团体、基金会、民办非企业单位就业的高校毕业生,所在地的公共就业人才服务机构要协助办理落户手续,在专业技术职称评定方面享受与国有企事业单位同类人员同等待遇。继续统筹实施好大学生村官、"三支一扶"等各类基层服务项目,健全鼓励高校毕业生到基层工作的服务保障机制。各地要为高校毕业生参加实习、见习、志愿服务等活动创造条件,并将参加实习、见习、志愿服务等活动作为高校毕业生求职的实践经历。要加大工作力度,健全体制机制,鼓励支持更多高校毕业生参军入伍。

三、鼓励小型微型企业吸纳高校毕业生就业

各地区、各有关部门要认真落实《国务院关于进一步支持小型微型企业健康发展的意见》(国发〔2012〕14号),为小型微型企业发展创造良好环境,推动小型微型企业在转型升级过程中创造更多岗位吸纳高校毕业生就业。对小型微型企业新招用毕业年度高校毕业生,签订1年以上劳动合同并按时足额缴纳社会保险费的,给予1年的社会保险补贴,政策执行期限截至2015年年底。科技型小型微型企业招收毕业年度高校毕业生达到一定比例的,可申请最高不超过200万元的小额担保贷款,并享受财政贴息。对小型微型企业新招用高校毕业生按规定开展岗前培训的,各地要根据当地物价水平,适当提高培训费补贴标准。

四、实施大学生创业引领计划

2014年至2017年,在全国范围内实施大学生创业引领计划。通过提供创业服务,落实创业扶持政策,提升创业能力,帮助和扶持更多高校毕业生自主创业,逐步提高高校毕业生创业比例。各地要采取措施,确保符合条件的高校毕业生都能得到创业指导、创业培训、工商登记、融资服务、税收优惠、场地扶持等各项服务和政策优惠。各高校要广泛开展创新创业教育,将创业教育课程纳入学分管理,有关部门要研发适合高校毕业生特点的创业培训课程,根据需求开展创业培训,提升高校毕业生创业意识和创业能力。各地公共就业人才服务机构要为自主创业的高校毕业生做好人事代理、档案保管、社会保险办理和接续、职称评定、权益保障等服务。

各地区、各有关部门要进一步落实和完善工商登记、场地支持、税费减免等各项创业扶持政策。拓宽高校毕业生创办企业出资方式,简化工商注册登记手续。鼓励各地充分利用现有资源建设大学生创业园、创业孵化基地和小企业创业基地,为高校毕业生提供创业经营场所支持。对高校毕业生创办的小型微型企业,按规定落实好减半征收企业所得税、月销售额不超过2万元的暂免征收增值税和营业税等税收优惠政策。对从事个体经营的高校毕业生和毕业年度内的高校毕业生,按规定享受相关税收优惠政策。留学回国的高校毕业生自主创业,符合条件的,可享受现行高校毕业生创业扶持政策。

各银行业金融机构要积极探索和创新符合高校毕业生创业实际需求特点的金融产品和服务方式,本着风险可控和方便高校毕业生享受政策的原则,降低贷款门槛,优化贷款审批流程,提升贷款审批效率。要通过进一步完善抵押、质押、联保、保证和信用贷款等多种方式,多途径为高校毕业生解决反担保难问题,切实落实银行贷款和财政贴息。在电子商务网络平台开办"网店"的高校毕业生,可享受小额担保贷款和贴息政策。充分发挥中小企业发展专项资金的积极作用,推动改善创业环境。鼓励企业、行业协会、群团组织、天使投资人等以多种方式向自主创业大学生提供资金支持,设立重点面向扶持高校毕业生创业的天使投资和创业投资基金。对支持创业早期企业的投资,符合条件的,可享受创业投资企业相关企业所得税优惠政策。

五、深入实施离校未就业高校毕业生就业促进计划

各地区要将离校未就业高校毕业生全部纳入公共就业人才服务范围,采取有效措施,力争使每一名有就业意愿的未就业高校毕业生在毕业半年内都能实现就业或参加到就业准备活动中。各有关部门、各高校要密切协作,做好未就业高校毕业生离校前后信息衔接和服务接续,切实保证服务不断线。教育部门要将有就业意愿的离校未就业高校毕业生的实名信息及时提供给人力资源社会保障部门。人力资源社会保障部门要建立离校未就业高校毕业生实名信息数据库,全面实行实名制就业服务。各级公共就业人才服务机构和基层就业服务平台要及时主动与实名登记的未就业高校毕业生联系,摸清就业需求,提供有针对性的就业服务。教育部门和高校要加强对离校未就业高校毕业生的跟踪服务,为有就业意愿的高校毕业生持续提供岗位信息和求职指导。

各地区要结合本地产业发展需要和高校毕业生就业见习意愿及需求,扩大就业见习规模,提升就业见习质量,确保凡有见习需求的高校毕业生都能得到见习机会。根据当地物价水平,适当提高见习人员见习期间基本生活补助标准。高校毕业生见习期间参加职业培训的,按现行政策享受职业培训补贴。

各地区要继续推动离校未就业高校毕业生技能就业专项行动,结合当地产业发展和高校毕业生需求,创新职业培训课程,提高职业培训的针对性和实效性。在高校毕业生集中的城市,要提升改造一批适应高校毕业生特点的职业技能公共实训基地。国家级重点技工院校和培训实力雄厚的职业培训机构,要选择一批适合高校毕业生的培训项目,及时向社会公布。

六、加强就业指导、就业服务和就业援助

各地区、各有关部门、各高校要根据高校毕业生特点和求职需求,创新服务方式,改进服务措施,提高服务质量,促进更多的高校毕业生通过市场实现就业。加强网络信息服务,建立健全全国公共就业信息服务平台,加快招聘信息全国联网,更多开展网络招聘,为用人单位招聘和高校毕业生求职提供高效便捷的就业信息服务。积极开展公共就业人才服务进校园活动,为高校毕业生送政策、送指导、送信息,特别是要让高校毕业生知晓获取就业政策和岗位信息的渠道。精心组织民营企业招聘周、高校毕业生就业服务月、就业服务周、部分大中城市联合招聘高校毕业生专场活动和每季度的全国高校毕业生网络招聘月等专项服务活动,搭建供需信息平台,积极促进对接。高校要加强就业指导课程和学科建设,积极聘请专家学者、企业人力资源经理、优秀校友担任就业导师。

各地区、各高校要将零就业家庭、优抚对象家庭、农村贫困户、城乡低保家庭以及残疾等就业困难的高校毕业生列为重点对象实施重点帮扶。享受城乡居民最低生活保障家庭的毕业年度内高校毕业生的求职补贴要在离校前全部发放到位,求职补贴标准较低的要适当调高标准。各地可结合本地实际将残疾高校毕业生纳入享受求职补贴对象范围。党政机关、事业单位、国有企业要带头招录残疾高校毕业生。离校未就业高校毕业生实现灵活就业的,在公共就业人才服务机构办理实名登记并按规定缴纳社会保险费的,给予一定数额的社会保险补贴,补贴数额原则上不超过其实际缴费的2/3,最长不超过2年,所需资金从就业专项资金中列支。

七、进一步创造公平的就业环境

各地区、各有关部门要积极采取措施,促进就业公平。用人单位招聘不得设置民族、种族、性别、宗教信仰等歧视性条件,不得将院校作为限制性条件。省会及以下城市用人单位招聘应届毕业生不得将户籍作为限制性条件。国有企业招聘应届高校毕业生,除涉密等特殊岗位外,要实行公开招聘,招聘应届高校毕业生信息要在政府网站公开发布,报名时间不少于7天;对拟聘人员应进行公示,明确监督渠道,公示期不少于7天。各地区、各有关部门要严厉打击非法中介和虚假招聘,依法纠正性别、民族等就业歧视现象。加大对企业用工行为的监督检查力度,对企业招用高校毕业生不签订劳动合同、不按时足额缴纳社会保险费、不按时支付工资等违法行为,及时予以查处,切实维护高校毕业生的合法权益。

各地区、各有关部门要消除高校毕业生在不同地区、不同类型单位之间流动就业的制度性障碍。省会及以下城市要放开对吸收高校毕业生落户的限制,简化有关手续,应届毕业生凭《普通高等学校毕业证书》《全国普通高等学校毕业生就业报到证》,与用人单位签订的《就业协议书》或劳动(聘用)合同办理落户手续;非应届毕业生凭与用人单位签订的劳动(聘用)合同和《普通高等学校毕业证书》办理落户手续。高校毕业生到小型微型企业就业、自主创业的,其档案可由当地市、县一级的公共就业人才服务机构免费保管。办理高校毕业生档案转递手续,转正定级表、调整改派手续不再作为接收审核档案的必备材料。

八、推动创新高校人才培养机制

深化教育改革,积极调整教育结构,加快发展现代职业教育,深化校企合作、工学结合,培养生产、建设、服务、管理一线的应用型和技能型人才。高校要明确办学定位,突出办学特色,加强就业教育,提高人才培养质量。各高校自2014年起要发布高校毕业生就业质量年度报告,完善就业与招生计划、人才培养、经费拨款、院校设置的联动机制,充分听取行业主管部门、经济部门、就业部门以及有关行业组织的意见,促进人才培养更好地适应经济社会发展需要。有关部门要开展产业升级人才需求预测研究,健全岗位需求统计调查制度,适时向社会发布行业人才需求信息,引导高校优化学科专业结构,探索制定行业岗位标准,促进高校依据市场需求完善专业培养课程。

九、加大宣传工作力度

各地区、各有关部门、各高校要高度重视宣传工作。要大力宣传党和政府对高校毕业生就业创业工作的重视和采取的政策措施,大力宣传高校毕业生到基层和中小微企业就业创业的先进事迹和典型经验,以正确的舆论导向引导社会各方面全面客观地看待当前就业形势,共同关心高校毕业生就业创业工作。教育部门和高校要将就业创业政策宣传到每一名高校毕业生,引导高校毕业生转变就业观念,以积极向上的心态走向社会,先就业、再择业,在平凡的岗位上创造不平凡的业绩。人力资源社会保障部门要深入用人单位进行政策宣传,引导用人单位履行社会责任,挖掘就业岗位吸纳更多高校毕业生就业。要在充分利用报纸、广播、电视等传统媒体的基础上,积极探索使用微博、微信、手机客户端等新媒体,深入解读促进高校毕业生就业创业的各项优惠政策。同时,密切关注舆情动态,及时了解和回应社会关切,掌握舆论主导权。

十、加强对高校毕业生就业创业工作的组织领导

各地要将高校毕业生就业工作列入政府政绩考核内容,进一步健全政府促进就业责任制度,在制定经济社会发展规划、调整产业结构和产业布局时,把高校毕业生就业作为重要目标予以考虑。要切实加大就业专项资金的投入力度,确保各项促进高校毕业生就业创业政策落到实处。就业工作联席会议成员单位要切实履行职责,加强协作配合,共同做好高校毕业生就业创业工作。各地区、各有关部门要按照本通知精神,制定具体措施,切实抓好贯彻落实。

国务院办公厅

2014 年 5 月 9 日

附录 B　人力资源和社会保障部关于做好 2014 年全国高校毕业生就业工作的通知

人社部函〔2014〕24 号

各省、自治区、直辖市及新疆生产建设兵团人力资源社会保障厅(局):

2014 年,高校毕业生就业总量压力进一步加大,工作任务更加繁重。党中央、国务院对此高度重视,党的十八届三中全会和中央经济工作会议做出了新的部署。各地要认真贯彻落实中央要求,继续把高校毕业生就业摆在就业工作的首位,坚持市场导向,着力改革创新,完善政策措施,加大工作力度,力争实现今年高校毕业生就业水平有新提高,确保高校毕业生就业形势稳定。现就有关事项通知如下。

一、落实和完善高校毕业生就业创业扶持政策

各地要结合实际,进一步抓好促进高校毕业生就业创业各项政策措施的落实和完善,确保符合条件的高校毕业生和用人单位都能得到相应的政策支持。会同有关部门全面落实和完善鼓励中小微企业吸纳高校毕业生就业的税收、金融、社保补贴等政策,积极引导高校毕业生到中小微企业就业。会同有关部门统筹实施"选聘高校毕业生到村任职""三支一扶""大学生志愿服务西部计划""农村义务教育阶段学校教师特设岗位计划"等基层服务项目。会同财政、教育部门将求职补贴在离校前全部发放给城乡低保家庭毕业年度的高校毕业生。对符合政策扶持条件的毕业学年高校毕业生,及时发放《就业失业登记证》,进一步畅通高校毕业生在校期间享受政策的渠道。要按照十八届三中全会决定对做好高校毕业生就业工作的部署要求,结合本地经济社会发展需求,积极会同有关部门在结合产业升级开发就业岗位、购买基层岗位吸纳高校毕业生就业、健全高校毕业生基层工作的服务保障机制、激励高校毕业生自主创业等方面进行探索和创新,完善相关政策,逐步形成有利于促进高校毕业生到基层和生产服务一线就业创业的政策导向。

二、深入实施离校未就业高校毕业生就业促进计划

就业促进计划是确保离校未就业高校毕业生尽快实现就业的重要举措,各地要高度重视,及早部署,精心组织,力争使每一名有就业意愿的未就业毕业生在毕业半年内都能实现就业或参加到就业准备活动中。要积极联合教育部门和高校共同实施就业促进计划,面向高校广泛发布就业促进计划内容、参加渠道、公共就业人才服务机构信息等,动员高校将就业促进计划宣传到每一个未就业高校毕业生。做好离校未就业高校毕业生信息衔接工作,力争在离校前获得未就业高校毕业生实名信息,并做好未就业毕业生离校前后的跟踪管理,切实保证服务不断线。要全面落实实名制就业服务,对部里分解下发的本省(自治区、直辖市)生源的未就业高校毕业生要主动联系,准确掌握个人基本信息、求职意愿和就业需求。要结合本地实际拓展一批优质见习企业,扩大就业见习规模,确保有见习需求的毕业生都能得到见习机会。深入实施离校未就业高校毕业生技能就业专项活动,对有培训意愿的毕业生组织开展适合产业发展需求和毕业生自身特点的职业技能培训,提高就业能力,并按规定落实好职业培训补贴政策。要将零就业家庭、城乡低保家庭、农村贫困户、残疾等就业困难的未就业高校毕业生列为重点对象,实施重点帮扶,促进其尽快就业。

三、启动实施新一轮大学生创业引领计划

新一轮大学生创业引领计划将于今年启动实施。各地要创新工作思路,完善政策措施,扶持更多高校毕业生自主创业,逐步提高大学生创业比例。对有创业意愿的大学生提供创业培训,按规定给予培训补贴,切实提升创业能力。进一步落实创业扶持政策,对符合条件的及时提供小额担保贷款及贴息、税收减免等政策扶持。加强创业指导和服务,为创业大学生提供政策咨询、信息服务、项目开发、风险评估、开业指导、融资服务、跟踪扶持等"一条龙"创业服务。积极推进创业孵化基地建设,为创业大学生提供场地支持和孵化服务。

四、改进和加强公共就业人才服务

各地要根据高校毕业生特点和求职需求,创新服务方式和手段。在服务内容上更加突出就业信息服务,在服务对象上更加突出二、三本高校毕业生,在服务方式上更加突出信息技术的应用,在服务态度上多一些主动、多一分热情、多一分关怀。同一城市的公共就业人才服务机构之间要实现业务互通,数据共享,标准统一,让毕业生享受同等服务。要组织好全国性系列专项服务活动,切实提高服务质量。积极开展公共就业人才服务进校园活动,组织人社厅(局)长、企业人力资源经理、职业指导师校园行,为高校毕业生送政策、送指导、送信息;精心组织民营企业招聘周、高校毕

业生就业服务月、就业服务周、部分大中城市联合招聘高校毕业生专场活动和每季度的全国高校毕业生网络招聘月活动,搭建供需信息平台,积极促进对接。各级公共就业人才服务机构要按照我部正在开展的窗口单位改进作风专项行动有关要求,落实首问负责制、全程代理制、一次性告知制、限时办结制和责任追究制,做到办事程序公开、办事依据公开、办事时限公开、办事结果公开,不断提升服务能力,提高就业服务的满意度。

五、进一步加大高校毕业生就业工作宣传力度

各地要高度重视高校毕业生就业宣传工作,牢牢把握正确的舆论导向,加强主动宣传、正面宣传。在宣传内容上,重点宣传各地促进就业创业的政策措施,提高政策知晓度;重点宣传高校毕业生到基层、中小企业就业创业的先进典型,引导高校毕业生转变就业观念;重点宣传就业形势,引导社会理性看待高校毕业生就业形势,形成正确的舆论导向。在宣传形式上,既要依托广播、电视、报纸等传统媒体,还要积极应用微博、微信、手机报等青年人喜爱的形式广泛开展宣传,强化宣传效果。在宣传风格上,要注重实用性,使用高校毕业生熟悉的语言宣讲形势、解读政策、宣传典型,扩大影响力。在宣传组织上,要动员相关部门、高校、媒体等积极参与,抓住高校毕业生就业高峰时间节点集中开展宣传。同时,要加强舆情监测,及时了解和回应社会关切,掌握舆论主导权。

各地要积极争取当地党委政府对高校毕业生就业工作的重视和支持,把做好高校毕业生就业工作作为政治任务,力争将高校毕业生就业工作列入政府政绩考核内容,进一步健全政府促进就业的责任制度。要切实发挥牵头部门职责,加强统筹协调,充分发挥就业联席会议成员单位的职能优势,明确分工,落实责任,密切配合,形成合力。要结合本地实际,制定工作方案,进一步细化工作目标、工作措施、工作进度和工作要求,加强督促检查和分类指导,确保各项工作落到实处。

资料来源:人力资源社会保障部网站

2014 年 2 月 26 日

附录 C　教育部关于做好 2015 年全国普通高等学校毕业生就业创业工作的通知

教学〔2014〕15 号

各省、自治区、直辖市教育厅(教委),有关省、自治区人力资源社会保障厅,部属各高等学校:

高校毕业生就业创业工作是教育领域重要的民生工程,党中央、国务院高度重视,明确要求强化就业创业服务体系建设,提升大学生就业创业比例。2015 年宏观就业形势面临多重压力,高校毕业生规模进一步加大,就业创业工作任务十分艰巨。为贯彻落实党的十八大和十八届三中、四中全会精神,全力做好2015年高校毕业生就业创业工作,现就有关事项通知如下。

一、全面推进创新创业教育和自主创业工作

各地各高校要把创新创业教育作为推进高等教育综合改革的重要抓手,将创新创业教育贯穿人才培养全过程,面向全体大学生开发开设创新创业教育专门课程,纳入学分管理,改进教学方法,增强实际效果。坚持理论与实践相结合,组织学生参加各类创新创业竞赛、创业模拟等实践活动,着力培养学生创新精神、创业意识和创新创业能力。高校要建立弹性学制,允许在校学生休学创业。高校要聘请创业成功者、企业家、投资人、专家学者等担任兼职导师,对创新创业学生进行一对一指导。

要加大对大学生自主创业资金支持力度,多渠道筹集资金,广泛吸引金融机构、社会组织、行业协会和企事业单位为大学生自主创业提供资金支持。建设一批大学生创业示范基地,继续推动大学科技园、创业园、创业孵化基地和实习实践基地建设,高校应开辟专门场地用于学生创新创业实践活动,教育部工程研究中心、各类实验室、教学仪器设备等原则上都要向学生开放。实施好新一轮大学生创业引领计划,落实创业培训、工商登记、融资服务、税收减免等各项优惠政策,鼓励扶持开设网店等多种创业形态。完善大学生创业服务网功能,提供项目对接、政策解读和在线咨询等服务。

二、大力引导高校毕业生到基层就业

各地各高校要进一步健全鼓励毕业生到基层就业的服务保障机制,落实和完善学费补偿和助学贷款代偿、后续升学和就业服务等政策。要会同有关部门继续组织实施好"农村教师特岗计划""西部计划""大学生村官""三支一扶"等各类基层服务项目,通过定期走访、跟踪培养等方式关心毕业生的工作、成长和发展。主动配合政法部门,研究制定健全从政法专业毕业生中招录人才的规范便捷机制的具体办法,促进政法专业毕业生就业。

积极会同有关部门加大政府购买力度,开发更多基层公共管理和社会服务岗位吸纳毕业生就业。推进高校与二、三线城市战略性合作,持续开展二、三线城市面向毕业生的专场招聘活动,努力为区域经济社会发展提供人才和智力支持。进一步创造条件,引导毕业生到城乡基层、中西部地区、艰苦边远地区和中小微企业就业,会同有关部门抓好吸纳毕业生就业的社保补贴、培训补贴、税费减免、毕业生落户、人事档案管理等政策的落实,支持更多毕业生到基层建功立业。

要继续做好大学生征兵工作,巩固近年来大学生征兵工作成果,完善大学生入伍政策体系和长效机制。与兵役部门密切配合,建立定期会商机制,提早部署2015年大学生征兵工作。创新宣传发动方式,办好"入伍政策网上咨询周""征兵宣传月"等活动,形成良好舆论氛围。开设大学生入伍绿色通道,在暑假前完成体检、政审和预定兵员工作。进一步完善和落实学费补偿贷款代偿学费减免、退役后复学升学、就业创业等政策,鼓励更多大学生投身军营、报效国家。

三、强化就业指导服务

各地各高校要建立健全职业发展和就业指导服务体系。加强就业指导课程和学科建设,要结合当前经济发展新业态和新常态,及时将学科专业动态和行业发展成果融入课堂教学,提高课堂教学的参与度和吸引力。深入开展个性化辅导与咨询,帮助毕业生合理确

立职业目标，及时疏导毕业生求职过程中的焦虑、依赖等心理问题，增强其应对竞争及挫折的抗压能力。积极组织职业规划大赛、职业体验项目等课外活动，充分发挥就业实践活动的带动作用，进一步提高就业指导的覆盖面和实效性。

要充分发挥校园就业市场的主渠道和基础性作用，深入挖掘岗位，积极组织多种形式的校园招聘活动，确保招聘活动场次、岗位数量进一步增加，信息质量进一步提高。深入推进就业信息网建设，充分运用"全国大学生就业信息服务一体化系统"，实现招聘活动联合联动、招聘信息有效共享。结合国家新推出的"一带一路""互联互通"和亚太自由贸易区等重大战略，探索毕业生就业创业的新渠道、新形态。进一步加强对招聘活动的规范管理和招聘信息审核，教育行政部门和高校组织的招聘活动要严格执行"三严禁"，切实营造公平就业环境。充分利用"全国高校毕业生就业管理与监测系统"，及时更新、按时报送高校毕业生就业信息，严禁任何形式的就业率造假。

要进一步加大对就业困难毕业生的帮扶力度，准确掌握家庭困难毕业生、少数民族毕业生、女性毕业生、残疾毕业生等各类困难群体的具体情况，指定专人负责，实行"一生一策"动态管理、精准帮扶。认真做好低保家庭毕业生的求职补贴发放工作，有条件的地方应将享受国家助学贷款毕业生纳入求职补贴对象范围。要针对困难毕业生的不同特点和需求，通过举办专场招聘活动、技能培训、岗位推荐等多种方式，帮助他们实现就业。对离校未就业毕业生持续提供就业信息和服务，会同有关部门实施好"离校未就业促进计划"，切实做到"离校不离心、服务不断线"。

四、进一步加强思想教育和政策宣传

各地各高校要把思想教育作为促进就业创业的先导性工作，积极组织毕业生深入学习领会习近平总书记系列重要讲话和给毕业生的回信精神，着力培育和践行社会主义核心价值观，引导毕业生把个人梦想融入中国梦的伟大实践，主动到国家需要的地方建功立业。要结合青年学生特点，组织引导毕业生深入城乡基层和生产一线实习实践，促进他们知国情、接地气、转观念、长才干。要通过优秀校友讲体会、专家学者讲形势、创业典型讲经验等多种形式，帮助毕业生调整就业预期，规划职业生涯，积极主动就业创业。

要高度重视高校毕业生就业创业政策宣传，建立教育部门、高校、院系、班级四级联动的政策宣传网络，努力让每一位毕业生都知晓、用好政策。要充分利用微博、微信、手机报等新媒体，使用海报、图表等毕业生喜闻乐见的方式，及时宣传解读国家出台的促进就业创业的政策措施。要根据毕业生的就业意向和求职需求，分时段、分类别推送基层就业、自主创业、参军入伍、困难帮扶等政策措施，提高政策宣传的针对性和有效性。

五、推动高等教育更好适应经济社会发展需要

各地各高校要以提高质量为核心，结构调整为突破，加快推进高等教育综合改革，进一步优化区域布局结构、培养层次结构和学科专业结构。引导一批普通本科高校向应用技术型高校转型发展，继续扩大专业学位研究生类型和规模。完善专业预警、退出和动态调整机制，及时调减就业率持续较低的专业招生计划，使学科专业结构与经济社会发展需要相适应、与就业对接。探索建立高校毕业生就业和重点产业人才供需协调机制，推进校地合作、校产联合、校企对接，构建高校与有关部门、科研院所、行业企业协同育人机制。推动大学生参加形式多样的实习实训、社会实践和志愿活动，增强就业创业能力。

要进一步健全高校毕业生就业质量年度报告制度,完善报告内容和发布方式,9月份发布高校毕业生就业状况,12月底面向社会发布高校毕业生就业质量年度报告。加强毕业生就业创业与职业发展状况跟踪调查,完善就业质量评价指标体系,把大学生创新创业能力、就业创业状况作为高校评估重要内容。建立和完善就业与招生计划、人才培养、经费拨款、院校设置、专业调整的联动机制,建立健全激励和约束机制,推动高校不断优化人才培养结构,提高培养质量,实现特色发展。

六、加强就业创业工作组织领导

　　各地各高校要继续把高校毕业生就业创业工作摆在突出重要位置,加强组织领导,健全责任制度,明确任务分工,统筹推进工作。要创新服务方式和手段,加强督促检查和分类指导,及时研究解决工作中出现的新情况、新问题。要结合本地本校实际,切实加大就业创业资金投入力度,制定出台更加有力的政策措施,确保完成就业工作目标任务。

　　各高校要深入实施就业创业工作"一把手"工程,主要负责同志亲自抓,分管负责同志具体抓,形成就业、招生、教学、学生工作等部门联动工作机制。要进一步加强就业创业工作保障,切实做到"机构、人员、场地、经费"四到位,重点建设一批示范性就业指导机构。要把就业指导教师专业技术职务评聘工作落到实处,进一步推进就业创业指导教师专业化、专家化。进一步优化就业服务流程,简化相关环节和手续,为毕业生就业创业提供高效便捷的服务,确保毕业生文明有序离校。

教育部

2014 年 11 月 28 日

附录 D　2014 年国家鼓励高校毕业生就业创业新政策

一、鼓励高校毕业生到城乡基层就业的政策

　　1. 各地区要结合城镇化进程和公共服务均等化要求,充分挖掘教育、劳动就业、社会保障、医疗卫生、住房保障、社会工作、文化体育及残疾人服务、农技推广等基层公共管理和服务领域的就业潜力,吸纳高校毕业生就业。

　　2. 各地区要结合推进农业科技创新、健全农业社会化服务体系等,引导更多高校毕业生投身现代农业。

　　3. 继续统筹实施好大学生村官、"三支一扶"等各类基层服务项目,健全鼓励高校毕业生到基层工作的服务保障机制。高校毕业生到中西部地区和艰苦边远地区县以下基层单位就业的,实行学费补偿和助学贷款代偿政策。

　　4. 高校毕业生在中西部地区和艰苦边远地区县以下基层单位从事专业技术工作,申报相应职称时,可不参加职称外语考试或放宽外语成绩要求。

　　5. 充分挖掘社会组织吸纳高校毕业生就业潜力,对到省会及省会以下城市的社会团体、基金会、民办非企业单位就业的高校毕业生,所在地的公共就业人才服务机构要协助办理落户手续,在专业技术职称评定方面享受与国有企事业单位同类人员同等待遇。

二、鼓励小型微型企业吸纳高校毕业生就业的政策

1. 各地区、各有关部门要认真落实《国务院关于进一步支持小型微型企业健康发展的意见》（国发〔2012〕14号），为小型微型企业发展创造良好环境，推动小型微型企业在转型升级过程中创造更多岗位吸纳高校毕业生就业。

2. 对小型微型企业新招用毕业年度高校毕业生，签订1年以上劳动合同并按时足额缴纳社会保险费的，给予1年的社会保险补贴，政策执行期限截至2015年年底。

3. 科技型小型微型企业招收毕业年度高校毕业生达到一定比例的，可申请最高不超过200万元的小额担保贷款，并享受财政贴息。

4. 对小型微型企业新招用高校毕业生按规定开展岗前培训的，要求各地根据当地物价水平，适当提高培训费补贴标准。

三、激励高校毕业生自主创业的政策

1. 2014年至2017年，在全国范围内实施大学生创业引领计划。通过提供创业服务，落实创业扶持政策，提升创业能力，帮助和扶持更多高校毕业生自主创业，逐步提高高校毕业生创业比例。

2. 各地要采取措施，确保符合条件的高校毕业生都能得到创业指导、创业培训、工商登记、融资服务、税收优惠、场地扶持等各项服务和政策优惠。

3. 各高校要广泛开展创新创业教育，将创业教育课程纳入学分管理，有关部门要研发适合高校毕业生特点的创业培训课程，根据需求开展创业培训，提升高校毕业生创业意识和创业能力。

4. 各地公共就业人才服务机构要为自主创业的高校毕业生做好人事代理、档案保管、社会保险办理和接续、职称评定、权益保障等服务。

5. 各地区、各有关部门要进一步落实和完善工商登记、场地支持、税费减免等各项创业扶持政策。拓宽高校毕业生创办企业出资方式，简化工商注册登记手续。

6. 鼓励各地充分利用现有资源建设大学生创业园、创业孵化基地和小企业创业基地，为高校毕业生提供创业经营场所支持。

7. 对高校毕业生创办的小型微型企业，按规定落实好减半征收企业所得税、月销售额不超过2万元的暂免征收增值税和营业税等税收优惠政策。

8. 对从事个体经营的高校毕业生和毕业年度内的高校毕业生，按规定享受相关税收优惠政策。

9. 留学回国的高校毕业生自主创业，符合条件的，可享受现行高校毕业生创业扶持政策。

10. 各银行业金融机构要积极探索和创新符合高校毕业生创业实际需求特点的金融产品和服务方式，本着风险可控和方便高校毕业生享受政策的原则，降低贷款门槛，优化贷款审批流程，提升贷款审批效率。通过进一步完善抵押、质押、联保、保证和信用贷款等多种方式，多途径为高校毕业生解决反担保难问题，切实落实银行贷款和财政贴息。

11. 在电子商务网络平台开办"网店"的高校毕业生，可享受小额担保贷款和贴息政策。

12. 充分发挥中小企业发展专项资金的积极作用，推动改善创业环境。鼓励企业、行业协会、群团组织、天使投资人等以多种方式向自主创业大学生提供资金支持,设立重点面向扶持高校毕业生创业的天使投资和创业投资基金。对支持创业早期企业的投资,符合条件的,可享受创业投资企业相关企业所得税优惠政策。

四、促进离校未就业高校毕业生就业的政策

1. 各地区要将离校未就业高校毕业生全部纳入公共就业人才服务范围,采取有效措施,力争使每一名有就业意愿的未就业高校毕业生在毕业半年内都能实现就业或参加到就业准备活动中。

2. 有关部门、各高校要密切协作,做好未就业高校毕业生离校前后信息衔接和服务接续,切实保证服务不断线。教育部门要将有就业意愿的离校未就业高校毕业生的实名信息及时提供给人力资源社会保障部门。人力资源社会保障部门要建立离校未就业高校毕业生实名信息数据库,全面实行实名制就业服务。

3. 各级公共就业人才服务机构和基层就业服务平台要及时主动与实名登记的未就业高校毕业生联系,摸清就业需求,提供有针对性的就业服务。教育部门和高校要加强对离校未就业高校毕业生的跟踪服务,为有就业意愿的高校毕业生持续提供岗位信息和求职指导。

4. 各地区要结合本地产业发展需要和高校毕业生就业见习意愿及需求,扩大就业见习规模,提升就业见习质量,确保凡有见习需求的高校毕业生都能得到见习机会。要根据当地物价水平,适当提高见习人员见习期间基本生活补助标准。高校毕业生见习期间参加职业培训的,按现行政策享受职业培训补贴。

5. 各地区要继续推动离校未就业高校毕业生技能就业专项行动,结合当地产业发展和高校毕业生需求,创新职业培训课程,提高职业培训的针对性和实效性。在高校毕业生集中的城市,要提升改造一批适应高校毕业生特点的职业技能公共实训基地。国家级重点技工院校和培训实力雄厚的职业培训机构,要选择一批适合高校毕业生的培训项目,及时向社会公布。

五、加强就业指导和服务的政策

1. 各地区、各有关部门、各高校要根据高校毕业生特点和求职需求,创新服务方式,改进服务措施,提高服务质量,促进更多的高校毕业生通过市场实现就业。

2. 加强网络信息服务,建立健全全国公共就业信息服务平台,加快招聘信息全国联网,更多开展网络招聘,为用人单位招聘和高校毕业生求职提供高效便捷的就业信息服务。

3. 积极开展公共就业人才服务进校园活动,为高校毕业生送政策、送指导、送信息,特别是要让高校毕业生知晓获取就业政策和岗位信息的渠道。

4. 精心组织民营企业招聘周、高校毕业生就业服务月、就业服务周、部分大中城市联合招聘高校毕业生专场活动和每季度的全国高校毕业生网络招聘月等专项服务活动,搭建供需信息平台,积极促进对接。

5. 高校要加强就业指导课程和学科建设,积极聘请专家学者、企业人力资源经理、优秀校友担任就业导师。

6. 各地区、各高校要将零就业家庭、优抚对象家庭、农村贫困户、城乡低保家庭以及残疾等就业困难的高校毕业生列为重点对象实施重点帮扶。

7. 要在高校毕业生离校前,将享受城乡居民最低生活保障家庭的毕业年度内高校毕业生的求职补贴全部发放到位,求职补贴标准较低的要适当调高标准。

8. 鼓励各地结合本地实际将残疾高校毕业生纳入享受求职补贴对象范围。党政机关、事业单位、国有企业要带头招录残疾高校毕业生。

9. 离校未就业高校毕业生实现灵活就业的,在公共就业人才服务机构办理实名登记并按规定缴纳社会保险费的,给予一定数额的社会保险补贴,补贴数额原则上不超过其实际缴费的2/3,最长不超过2年,所需资金从就业专项资金中列支。

六、创造公平就业环境的政策

1. 各地区、各有关部门要积极采取措施,促进就业公平。用人单位招聘不得设置民族、种族、性别、宗教信仰等歧视性条件,不得将院校作为限制性条件。省会及以下城市用人单位招聘应届毕业生不得将户籍作为限制性条件。

2. 国有企业招聘应届高校毕业生,除涉密等特殊岗位外,要实行公开招聘,招聘应届高校毕业生信息要在政府网站公开发布,报名时间不少于7天;对拟聘人员应进行公示,明确监督渠道,公示期不少于7天。

3. 各地区、各有关部门要严厉打击非法中介和虚假招聘,依法纠正性别、民族等就业歧视现象。加大对企业用工行为的监督检查力度,对企业招用高校毕业生不签订劳动合同、不按时足额缴纳社会保险费、不按时支付工资等违法行为,及时予以查处,切实维护高校毕业生的合法权益。

4. 各地区、各有关部门要消除高校毕业生在不同地区、不同类型单位之间流动就业的制度性障碍。省会及以下城市要放开对吸收高校毕业生落户的限制,简化有关手续,应届毕业生凭《普通高等学校毕业证书》《全国普通高等学校毕业生就业报到证》,与用人单位签订的《就业协议书》或劳动(聘用)合同办理落户手续;非应届毕业生凭与用人单位签订的劳动(聘用)合同和《普通高等学校毕业证书》办理落户手续。

5. 高校毕业生到小型微型企业就业、自主创业的,其档案可由当地市、县一级的公共就业人才服务机构免费保管。办理高校毕业生档案转递手续,转正定级表、调整改派手续不再作为接收审核档案的必备材料。

资料来源:教育部网站

2014年6月11日

附录E 大学生就业其他有关法律法规和文件

1. 中华人民共和国劳动法(1994年7月5日第八届全国人民代表大会通过)。

2. 中华人民共和国劳动合同法(2007年6月29日第十届全国人民代表大会常务委员会第二十八次会议通过,2012年12月28日第十一届全国人民代表大会常务委员会第三十次会议通过该法修改决定,自2013年7月1日起施行修改后劳动合同法)。

3. 关于实施大学生志愿服务西部计划的通知[中青联(2003)26 号]。

4. 关于引导和鼓励高校毕业生面向基层就业的意见(中办发[2005]18 号)。

5. 教育部关于做好"本科教学工程"国家级大学生创新创业训练计划实施工作的通知(教高函〔2012〕5 号)。

附录 F 国内部分求职网站

1. 中国高校毕业生就业信息网 http://www.myjob.edu.cn

2. 全国学校毕业生就业网站 http://www.gradnet.edu.cn

3. 中国人才招聘网 http://www.cnzhaopin.com

4. 学生求职网 http://www.job2student.com

5. 北京高校毕业生就业信息网 http://www.bjbys.net.cn

6. 中国人才在线 http://www.51000.cn

7. 前程无忧网 http://www.51job.com

8. 中国招聘求职网 http://www.528.com.cn

9. 中华英才网 http://www.chinahr.com

10. 智联招聘 http://www.zhaopin.com

11. 北京人才市场 http://www.bjrc.com

12. 北方人才网 http://www.tjrc.com.cn

13. 行业招聘 http://www.job36.com

14. 黑龙江人才市场 http://www.rc.com.cn

15. 云南人才市场 http://www.ynjob.net

16. 苏州人才市场 http://www.01rc.com

17. 成都人才市场 http://www.rc114.com

18. 上海人才市场网 http://www.hr.net.cn

推荐网站：

1. 北京高校毕业生就业信息网 http://www.bjbys.net.cn/

2. 创业网 http://www.cye.com.cn/

3. 国家教育部 http://www.moe.gov.cn/

4. 中国就业 http://www.lm.gov.cn/index.htm

5. 青年创业网 http://www.qncye.com/

6. 国家人力资源和社会保障部 http://www.mohrss.gov.cn/

7. 大学生创业网 http://www.studentboss.com/

8. 小本创业网 http://hot.36578.com/items/

9. 中国大学生创业网 http://www.chinadxscy.com/

10. 全国大学生创业服务网 http://cy.ncss.org.cn/

参 考 文 献

[1] 宋专茂.大学生就业心理辅导[M].广州：暨南大学出版社,2004.

[2] 曹操战.职业能力测试范本[M].广州：暨南大学出版社,2006.

[3] 王芳.如何签订劳动合同[M].北京：法律出版社,2007.

[4] 叶红.大学生创业法律实务[M].北京：清华大学出版社,2009.

[5] 清渠.大学生创业必读手册[M].北京：时事出版社,2009.

[6] 任宪法.白手创业[M].北京：中国经济出版社,2009.

[7] 杰克·M.卡普兰.创业学[M].北京：中国人民大学出版社,2009.

[8] 金和.中国青年创业指南[M].北京：中国纺织出版社,2009.

[9] 王滟.规避创业风险有绝招[M].北京：中国经济出版社,2009.

[10] 吕一枚.就业指导与创业教育[M].北京：北京理工大学出版社,2010.

[11] 谢良敏.劳动合同全程指南：劳动合同签订、履行、解除、纠纷解决操作实务详解[M].北京：法律出版社,2011.

[12] 杨明海.创业实务[M].北京：电子工业出版社,2011.

[13] 杨晓慧.高校毕业生就业状况监测研究[M].北京：人民出版社,2011.

[14] 余江舟.以创新创业教育培养学生综合素质[J].中国高等教育,2012(3).

[15] 王丽娟.高志宏.大学生创新创业教育研究[J].中国青年研究,2012(10).

[16] 李立春.丁波.高等院校创新创业教育模式的探索[J].经济师,2012(7).

[17] 马欣川.人才测评——基于胜任力的探索[M].北京：北京邮电大学出版社,2013.

[18] 徐笑君.职业生涯规划与管理[M].成都：四川人民出版社,2013.

[19] 孙长缨.当代大学生就业研究[M].北京：高等教育出版社,2014.

[20] 麦克斯研究院.就业蓝皮书——中国大学生2014年就业报告[M].北京：社会科学文献出版社,2014.

[21] 吕国荣.从优秀员工做起——职场人士成功的起点和必由之路[M].北京：化学工业出版社,2014.